高职院校教育通识课程论纲

邢运凯　著

ZHEJIANG UNIVERSITY PRESS
浙江大学出版社

图书在版编目(CIP)数据

高职院校教育通识课程论纲/邢运凯著. —杭州：浙江大学出版社，2011.1

ISBN 978-7-308-08275-4

Ⅰ.①高… Ⅱ.①邢… Ⅲ.①高等学校：技术学校—课程—教学研究 Ⅳ.①G718.5

中国版本图书馆 CIP 数据核字（2010）第 253297 号

高职院校教育通识课程论纲

邢运凯　著

责任编辑	李玲如
封面设计	魏　清
出版发行	浙江大学出版社
	（杭州市天目山路 148 号　邮政编码 310007）
	（网址：http://www.zjupress.com）
排　　版	杭州大漠照排印刷有限公司
印　　刷	杭州日报报业集团盛元印务有限公司
开　　本	710mm×1000mm　1/16
印　　张	15.5
字　　数	312 千
版 印 次	2011 年 2 月第 1 版　2011 年 2 月第 1 次印刷
书　　号	ISBN 978-7-308-08275-4
定　　价	40.00 元

通识教育历史悠长,最早可以追溯到早期"提供心灵的训练和教养"的自由教育,而现代意义上的通识教育则可认为是从 1945 年哈佛大学提出的《自由社会中的通识教育》这一报告之后而蓬勃发展起来的。此报告刊出后广受关注,日后影响也很大,甚至被称为第二次世界大战后通识教育的经典,并成为对当今高等教育有重大影响的教育思想与实践。在通常意义上,人们对"通识教育"的理解是,通识教育是大学的一种人才培养模式,其目标是通过有效的课程体系构建和施教,将接受通识教育的群体培养成为"完整的人",即具有远大眼光、通融识见、博雅精神和优美感情的人,而不只是某一专业领域的专精型人才。关于通识教育的界定,比较典型和有代表意义的还包括:"通识教育指非职业性和非专业性的教育,目的在于养成健全的个人和自由社会中健全的公民。""无论职业是什么,通识教育是为学生日常生活做准备,包括给他们一定社会的知识、信仰、语言和思维的习惯(的教育),它是对文化延续起重要作用的因素。"①

在大众化教育的背景下,高职职业技术教育培养的人才定位为"高技能人才",但是时代的发展和市场经济主导型的人才需求,已不可能接受"高技能"人才只是为了去从事某一特定的具体工作。

高职院校实施通识教育是现代科技文化发展的客观要求。当代科学技术发展迅速,信息技术、生物工程、材料、新能源等已构成一个前所未有的新的科技群。据联合国教科文组织统计,目前仅自然科学就已形成 4162 个学科门类。② 另一方面,从 20 世纪 40 年代开始,在研究和应用领域以分化为主的趋势所替代,各学科之间相互交叉与融合,直至自然科学技术与人文社会科学也开始相互结合和渗透。一些大的工程项目、科研课题、社会问题的解决,需要有多个方面的专家、多个学科的研究人员通力合作才能够完成。

21 世纪将是科学技术继续呈现分、合两种发展趋势并存,以合为主的高速发展的新时代。科学技术综合化的趋势告诉我们,一定的职业分工和专业技能训练

---

① 单中惠:《西方教育思想史》,山西人民出版社 1996 年版。

② 1996 年联合国教科文组织统计年鉴摘要课题组:《1996 年联合国教科文组织统计年鉴》教育统计摘要,第 210 页。

是必要的,专业教育给予人一定的专业知识和技能,但专业教育不应是一个人所受教育的全部,一个人无论将来从事什么样的职业,其首先是一个人,具有理性、情感、意志、欲望、兴趣等,不能把一个人的知识和能力局限在狭窄的专业教育范围内,把人作为"做事"的工具来培养。

高职院校实施通识教育,也是适应知识经济和产业结构调整作出的必然选择。知识经济取代工业经济是人类历史上的又一次深刻变革,这一变革使得"知识"在经济发展中的作用尤为明显,也使社会产业结构发生了很大的变化,以知识为基础的新兴产业迅速崛起,劳动密集型的产业结构将逐步转变为技术密集型。传统行业,如作为职业教育的主要服务对象的第三产业,不仅比重在增加,性质也在变化。高层次的产业如通信、信息、金融、保险、旅游、物业等都将有极大的发展。目前的高等职业教育定位于实用性、技能型人才的培养,现行的教育不仅不能适应知识经济的要求,更不能保证学生在多变的、层次越来越高的岗位上适应工作,同时,知识经济在呼唤具有创新精神的人才。国际21世纪教育委员会在其报告《教育——财富蕴藏其中》称"教育的任务是毫无例外地使所有人的创造才能和创造潜力都结出丰硕的成果",该报告对尊重个性发展给予了特别的强调,实际上就囊括了未来人才智能结构上所应具备的基本素质。而现行高职教育最缺乏的就是创新和个性的发展,所以为适应知识经济和产业结构的要求,高职教育必须定位到技术培训和科技应用上来,着力培养学生的创业、创新能力、自我适应和自我发展的能力,注重培养学生专业素质以外的素质,使高职教育既保持职业特色,又具有鲜明的时代特征。

当今社会终身化学习与职业岗位频繁变换的要求,也使通识教育成为高职院校的重要教育方法。据国际经济组织的权威机构在20世纪80年代中期的调查分析,科学技术的发展,将对人的职业观念、职业行为和职业状态带来重要影响。目前,在工业发达国家,一个人在业期间平均更换4~5次工作岗位。在我国,高职毕业生就业的心理预期与就业现实之间的反差,以及以职业报酬为动因形成的岗位更迭,也已出现周期缩短、频次增加的情况。这一客观趋势也迫使高职生在大学期间必须注重学习能力和个人可持续发展的培养,以适应职业岗位主动或被动变换的要求。

根据瑞士教育家 M. L. 戈德斯密德进行的大规模调查研究和对部分用人单位的人事部门及主要领导的访问,归纳出使毕业生顺利就业并取得职业成功的五个要素是:[①]

1. 就业动机及良好的个人素质(包括坚韧不拔的毅力,严谨的工作作风,充沛的体力和精力,自我管理的自主性,灵活的应变能力等);

---

① 王毅:《"新教育",向理想迈进——朱永新访谈录》,《教育发展研究》,2006年第4期。

2. 人际关系技巧(即交际能力,适应能力,与人合作沟通能力);

3. 掌握丰富的科学知识(即具有广博的、综合性的、跨学科的知识及多元化的教育背景);

4. 有效的工作方法(具有分析问题和解决问题的能力,策划运筹能力,自我管理能力);

5. 敏锐、广阔的视野(即具备创业者及企业家精神,能站在全球的角度以多向思维甚至是批判性思维方式分析和处理问题,能在世界各地寻求发展,开拓事业)。

现代信息社会的主导活动是资讯处理活动,生产方式也由劳动力密集及资本密集转变成为资讯密集型。一些高增值企业机构要求员工具备原创性、合作性、小组工作、训练同事、评估、理性分析、解决问题、决策、获取和使用信息、规划、学习和尊重多元文化等能力。而其中最为本质的素质是人才的"兼容性"。这种人才在不同的工作环境中能不断学习以适应新的工作要求,能有效地解决由不同情境引发的问题。

从上述这些要求来看,单单拥有专业知识的人才是不能适应现代社会要求的,解决问题要求多学科协同,要求有一种人生的感悟,形成与其他人沟通的共识,形成圆融和统整的人格。为了社会、人的发展和职业技术教育自身发展的需要,应该加强职业技术教育在这些方面的发展和建设。

目前,由于教育体制内外的矛盾和面临的种种压力,高职院校实施通识教育的外部环境并不理想,尤其是 2008 年开始的金融危机,进一步加大了高职院校在实施通识教育时的忧虑与干扰。对毕业生就业率的追求以及部分教育管理者的政绩心态,将高职教育的功利性和短期行为不断放大,通识教育本身的隐性效益和功能的后发性,使得通识教育的实施往往大打折扣。

但是,作为高等教育重要类型的高职教育,并不能因此而放弃通识教育,更不能一味地盲目地强调适应形势,而放弃自己精神教化的责任,恰恰相反,正是在这种社会转型、思想多元、诚信缺失的背景下,高职院校更应该责无旁贷地引导自己的学生形成善于求真的习惯,反思和批判的精神,高瞻远瞩的视野,平和高远的心态。而这些体现和标识高等教育的特质,正是通识教育的责任和历史使命所在。

目　录

第一章　引　论

源自西方的通识教育,已成为中国高等教育的一个重要教学内容,并在国内许多高校的实践中验证了成功的案例和效果。在高等教育大众化的背景下,高职教育在我国改革开放后取得跨越式发展,目前已成为高等教育的一个重要组成部分,通识教育在近年来也开始介入高职教育的教学计划并加以实施,成为与高职教育定位相匹配的教育载体和内容,在培养学生的通才,适应社会、全面发展,优化非智力因素,培养可持续发展的职业能力方面发展着越来越重要的作用。

第一节　高等教育类型观视域下的通识教育

高职教育作为中国高等教育的一个重要类型,在人才培养定位、生源结构、课程结构、教学方法、学生就业等方面都有自己的特点。通识教育在高职教育这一类型中应该体现出教育类型,并通过有效的载体适应和服务于高职教育的教育教学规律,使其凸显出高职教育的鲜明特征。

一、通识教育是社会发展的要求

当今世界,科学技术的发展出现了前所未有的态势,其特点是：速度快、规模大、作用范围广、影响深远,使学科之间既高度分化,又高度综合,并以综合及整体化为主导趋向。许多学科之间已失去原有的严格界限,新的科学技术的生长点和突破点更多地出现在各学科的交叉区域。这就对人才提出了更高的要求,不仅要求术有专攻,而且还须能深刻理解自然科学、人文科学及社会科学的相关知识。因而,文化素质教育对创新人才的培养有着极其重要的意义。我们可以看到,各领域的创新型人才大多具有良好的文化认同感。经济全球化进程中需要我们每个中国人都具有新的心智特点和智慧力量,需要共同的信念,因为每个个体都是中国社会有机进程中的一部分,只有具备一些共同心智特点的人,才能有效参与社会生活。这正是通识教育的内涵所在。

二、通识教育是高职教育快速发展的需要

在知识经济时代里,由于知识总量成倍增加,知识淘汰不断加速,大学生在校

学习的知识,在今后的职业生涯中需要不断更新。这就要求大学教育不仅要给学生传授知识,更重要的是培养学生获取知识的能力。有关专家指出:过去的文盲是目不识丁的人,现在的文盲是不懂计算机和英语的人,将来的文盲是不会学习的人。而局限于狭隘的学科专业范围,很难使人获得对世界与人生的本质意义的广泛而全面的理解。而通识教育能增强学生的推理和创造性思维的能力,能突破单一专业,产生最大的社会效益。我国改革开放后,市场经济体制的逐步建立,给整个社会发展注入了极大的活力,但随之也出现了一些消极影响,如缺乏社会责任感、道德意识淡薄、功利主义倾向严重等。通识教育的最终目标就是要形成一种能够体现人文关怀、尊重科学与民主、充满理性和自由之光的校园文化氛围,使浸润其中的人能够在不知不觉中完成思维习惯和价值取向的自然生成,真正达到"随风潜入夜,润物细无声"的教育效果。高职教育作为高等教育的一种重要类型,在中国改革开放以后迅速成长发育,目前已雄踞高等教育的半壁江山。以为社会和地方经济培养高级应用型技能人才为己任的高职教育,要立足于足够常识的获取和持续发展能力的培养,所培养出来的人不仅要能做事、会做人,还要会独立思考,勇于坚持真理和正义。

从现代高等教育的基本属性看,大学在现代社会中,不仅仅是为了解决现实社会问题和适应当前社会需要,更重要的是传授学生一生需要的最基本、最重要的思想、知识和方法,培养学生的通识思维能力,即想得更深、看得更远、判断得更准确的能力,以及未来进入社会独立自主、卓然自立的能力,指导学生如何将理论与生活结合、如何将各种知识贯通等。这种能力的养成,来自不同知识贯通的训练。大学生既是一个沿着一条相同的路走向一个共同未来的国家公民,又是很多个沿着不同道路前行的个人,这就需要通识教育和专业教育相结合。

三、通识教育是高校学子取得职业成功的奠基石

职业教育作为一种教育类型,常被理解为就业准备教育,学校更注重的是学生毕业以后是否能找到工作。其功利性和工具主义价值取向十分明显。随着中国市场经济的发展和经济结构的调整,各行业在社会发展中的地位和发展潜力也在发生变化。同时,由于现代技术的运用,职业分工也越来越细、越来越多,原有的生产方式和生活方式发生了变化,产业结构和服务有了新的变化,使我国的职业呈现动态的发展,社会对人才的需求也在不断发生变化。因此,让学生在职业岗位能力的养成过程中,把这种学习过程内化为自我学习的一种学习方法和思维过程,并在今后的转岗等过程中形成一种具有广泛应用的、可迁移的学习能力,正是职业教育应当追求的目标之一。只有通识教育与专业教育有机结合起来,才能实现其价值追求,也才是完全意义上的职业教育。

第二节 高职院校实施通识教育的必要性分析

1999 年以来,我国高等教育得到了快速发展,毕业生数逐年上涨,2007 年 5 月,教育部公布了《2008 年全国教育事业发展统计公报》,公报显示,2008 年,全国共有普通高等学校和成人高等学校 2263 所。其中,大学和专门学院 1079 所,高职(专科)院校 1184 所。全国各类高等教育总规模超过 2500 万人,高等教育毛入学率达到 23%。高职院校有 1036 所(不包括专科),占全国高校的 60.9%,在校生数574 万,占高校在校生 47%。[①] 大学生人数的增长随之而来的就是毕业生就业问题,而"成功地在受教育领域就业与发展是评价职业教育的标准"。然而,从用人单位来看,从 2006 年以后逐年招聘大学生的人数只有小幅增长,远远落后大学生人数的累积性增长。由于毕业生人数的增长和企业用人数量的增长不同步,所以在基础层面上,二者就有了供需之间的差异。对此,除了高校扩招所带来的大学毕业生数量绝对值增加的表层原因,从人力资源市场的供求关系分析,随着经济的快速发展,中国大学生快速增加是必然的事情。换言之,从中国经济需求角度分析,可以认定中国大学生并不存在人才过剩的问题。目前,我国高等教育毛入学率虽然已经达到 23%,但与发达国家的毛入学率相比还相距甚远。加拿大、芬兰、韩国等国家高等教育毛入学率都已超过 50%,而美国更是超过了 80%。在国际上,根据高等教育毛入学率,把高等教育分为三个阶段,15% 以下为高等教育精英阶段,15%～50% 为高等教育大众化阶段,50% 以上为高等教育普及化阶段。[②] 可见,我国高等教育刚刚步入第二个阶段,远远达不到普及,更谈不上过剩。就业难的根源不在于大学的不断扩招,而在于企业与毕业生之间产生了巨大的"就业鸿沟",即高校培养不出"产"、"销"对路的产品,导致产品市场滞销、库存增加。那么这些"就业鸿沟"表现在哪呢?

根据中国人力资源开发网发布的由教育部全国高等学校学生信息咨询与就业指导中心主办,人事部全国人才流动中心、劳动和社会保障部职业技能鉴定指导中心支持,中国人力资源开发网和《大学生就业》杂志社承办的一项全国性的"关注中国大学生就业"系列公益活动的调查显示,大学生人才市场的需求方对大学生就业中表现中的问题的表述有二:

一是,用人单位认为解决当前大学生就业难最重要的是"调整就业心态"。

所谓难,就是还需要进一步努力的方向,用人单位认为"调整就业心态"、"提高职业素质"、"提高学生技能"三大方面是解决就业难的最佳方法,但是无论是毕业

① 中华人民共和国教育部:《2008 年全国教育事业发展统计公报》2010 年。
② 中华人民共和国教育部:《中国教育年鉴 2008》,人民教育出版社 2010 年版。

生还是在校生在认识上与企业有很大不同。企业招聘大学毕业生时，最看重的是毕业生的"综合能力"，其次为"潜力"，第三为"品德"，而"专业技能"、"专业成绩"、"社会经历"等相对从属于次要的地位。

二是，工作中用人单位认为适应能力与专业水平同等重要。

对毕业生应具备哪些素质及能力，用人单位认为学生的适应能力与专业水平同等重要，同时，学生的品德、沟通能力、心理素质也备受用人单位重视，这与学生的认识也有些差异。许多高校应届毕业生与在校生均把"提高技能"放在了第一位，而用人单位则把这个因素排在了第三位，我们常说理论是实践的向导，由于认识的不同，学生的努力方向就与用人单位重视的方向不一致。[①]

不一致就直接导致了就业鸿沟。然而调整就业心态、提高职业素养不纯粹属于专业教育范畴。而且仅靠专业教育是无法尽其功的。另一方面，毕业生与在校生对于问题的看法惊人的相似，因此，可以说目前学生与用人单位的认识有"鸿沟"，而这种鸿沟与其说是学生自身认识的误差，不如说是学校教育在这方面没有给予足够的引导。另外用人单位看重的和学生自己也认为重要的无论是适应能力、品德，还是潜力等因素，单纯的专业训练，显然难以培养出用人单位所重视的或者说是取得就业成功的这些素质。如适应能力也可以称之为学习能力，它不仅要求人不断调整心态与发展目标，更要学会做人，学会与人共处等一系列的非专业素质。如满足不了企业对人才的需求，产生这种鸿沟就成为必然的了，在追求效益的今天，很多用人单位在用人上"宁缺毋滥"。但由此带来的就是"人才过剩"，最后由此引发许多社会问题。因此，高职实施通识教育，加强非专业素质的培养对于解决高职发展面临的问题就有其必要性。

一、高职教育人才培养定位的需要

目前，国际高等职业教育积极引入企业界的质量管理理念，强调"客户"意识、服务意识，把学生当作学校的服务对象，积极为学生的职业生涯发展服务。这也就是现代教育提出教育要"以生为本"，突出学生的主体性原则。乌申斯基有句名言："人是教育的对象"，"如果教育学希望从一切方面去教育人，那么教育就必须首先也从一切方面去了解人"。[②] 通识教育是实现高职培养目标的重要手段，也是促进学生发展的重要途径。因而对教育的接受者——高职学生的特点与需要的了解与分析是确立高职实施通识教育的一个重要前提。

---

① 中国人力资源开发网：《大学生人才市场需求及就业意向调查》。http：//www.chinahrd.net/，2010 年 6 月。

② ［俄］乌申斯基著，郑文樾选编，张佩珍、冯天向、郑文樾译：《乌申斯基教育文选》，人民教育出版社 2010 年版。

高职学生在年龄、生理特征上与其他普通高校的学生差不多。特别是近年来,高职院校招生对象开始向普通中学倾斜。在校学生多数是普通中学毕业生。高职院校的学生与普通大学的学生最大的差别就是,他们大多是一些考分偏低的学生。但是考分低并不意味着智力低。美国哈佛大学心理学家霍华德·加德纳的"多元智能理论"认为,人的大脑有七个区域,每个区域主管一种思维能力,一种智能。因而每个人都同时拥有相对独立的七种智能(言语—语言智能、音乐—节奏智能、逻辑—数理智能、视觉—空间智能、身体—动觉智能、自知—自醒智能、交往—交流智能)。这七种智能在每个人身上以不同方式、不同程度的组合、使得每个人的智能各具特点,即便是同一种智能,也有着不一样的表现形式。所以,我们很难找到一个类似于以往使用的量表那样的东西,即适用于任何人的统一的评价标准来评价一个人的聪明与否。① 加德纳认为,过去传统的测试,实际上过分强调了语言智能和数理逻辑智能,否定了其他同样为社会所需要的智能,使学生身上的许多重要潜能得不到确认和开发,因而造成了学生高分低能、低分无能的现象。

无独有偶,著名心理学家斯腾伯格揭示了人们事业成功的主要因素。他认为,一个人获得成功依赖于三种智力的平衡组合:分析性智力、创造性智力、实践性智力。② 他认为,学业智力只是分析性智力中的一小部分,它外显为学业成绩,即考分。对于具体的个人而言,这三种智力并非平均分配的,有人可能学业能力较强但实践性能力较差,有人可能创造性能力强但学业能力弱,有人可能创造性能力和实践性能力都强。③ 斯腾伯格引用了大量的例子说明,学业智力不高的人,他们中间很多人往往在解决现实生活中的实际问题或生产创造社会所需要的有效产品时表现出较高的能力。其实,这种现象我们耳闻目睹的也不少。如工匠出身的列文虎克,经过自己多年的试验和观察,发明了显微镜,并运用其发现了细菌;发明大王爱迪生小时候被认为是差学生,仅仅只上过三个月学。他们的成功主要不是通过学业智力的优势来实现的,而是通过斯腾伯格所称谓的创造智力或实践智力获得的。根据加德纳和斯腾伯格的智力理论可以推出,高职学生虽然纸笔测试的分数不高,但不能因此断定他们智力低、不聪明。相反,他们有自身的优势智力,如动手操作能力、交往活动能力、空间能力等。而智力表现形式和类型的差异使他们在兴趣、需要方面也表现出不同。④ 如,他们可能对读、写方面的言语知识或运算、逻辑推理等数理方面的知识不感兴趣,但是对个体感受、辨别、改变物体的空间关系或运动、制作等表现出极大的兴趣。由此,

---

① 李曼丽:《通识教育——一种大学教育观》,清华大学出版社1999年,第194页。
② 冯惠敏著:《现代大学通识教育》,武汉大学出版社2004年版。
③④ R. J. 斯腾伯格著,吴国宏、钱文译:《成功智力》,华东师范大学出版社1999年版。

他们对教育的需求也就不一样。相对于以进行学术研究为主的普通高校学生（学业智力上有优势）来说，高职学生需要能为他们的优势智力如创造性智力、实践性智力的开发与培养提供合适发展条件的教育，以满足他们的实际需要，并实现自己的人生理想和价值。

马斯洛的人类需求层序理论可以从另一个角度诠释现代社会中国职业教育的特征和高职院校毕业生的教育需求和就业心理趋向。马斯洛将人类的需求分为五个层次，以低向高依次是生理需求、安全需求、归属与爱的需求、尊重的需求、自我实现的需求。① 这五种基本需求的梯级上升层序，以自我实现为最高境界，那么对于高职院校的学生而言，学生通过几年的系统学习，掌握了某一专业的知识和一定的技能，可以通过在社会的空间和层次上体现自我价值获得心理满足。从教育心理分析，自我实现的需要就是要尽其所能，同时也是人的"一种想要变成越来越像人的本来样子，实现人的全部潜力的欲望"②。因此，自我实现需要就是其潜力和创造力得以充分发挥出来，让人性充分发展。换言之，自我实现也就是自我完善，它更多地表现为人对精神的追求。高职学生作为生命个体，他们具有与其他人同样的需要，即基本的谋生的需要和自我实现的需要。但是，当前的高职教育更多的是注重学生谋生的需要。从重视岗位技能的训练转向综合职业能力的培养，从满足于学生一次性就业的"终结教育观"发展到适应现代岗位多变性的"终身教育观"，③这其中，教学目标的转向和教育观的革新就包含了对学生自身发展的关注，但主要还是出自于对学生生存能力培养的考虑。在科技发展迅速、生活空间缩小的现代社会，生存能力的培养是十分重要的。但是，每个人都有改进自己、更多地实现自己的潜力、朝向人性充分发展的冲动，即自我实现的需要。现代技术的发展和生活水平的改善，为人的自我实现提供了更好的条件，也使人们的这一需要更加凸显出来。随着人们生存状态的不断改善，生活不再仅仅意味着物质上的满足，人们越来越重视精神生活，重视精神世界的发展。高职学生也不例外，他们一方面有生存的需要，另一方面也有"竭尽所能，使自己趋于完美"的需要。④ 因此，高职教育在传授谋生本领的同时，应关心学生精神世界的建构，关注学生的个性发展，促成其精神成长，以满足他们自我实现的需要和追求高质量生活的需要。

---

① 戈布尔著，吕明、陈红雯译：《第三思潮：马斯洛心理学》，上海译文出版社 1987 年版。
② 马庆发：《当代职业教育新论》，上海教育出版社 2002 年版。
③ 陈占友、江畅：《论幸福完善与享受》，《武汉交通管理干部学院学报》2000 年第 3 期。
④ S. 拉塞克、G. 雌迪努著，马胜利等译：《从现在到 2000 年教育内容发展的全球展望》，教育科学出版社 1996 年版。

二、科学技术发展对高职教育发展提出的新挑战

随着社会的发展,科学技术的突飞猛进,其速度之快,规模之大,作用范围之广,影响之深远,是历史上从未有过的。这给我们的高职教育提出了新的挑战。具体表现为:

1. 科学技术的高速发展导致了知识总量的急剧增长。

据统计,人类的科技知识,19 世纪是每 60 年增加 1 倍,20 世纪中叶是每 10 年增加 1 倍,当今则是每 1~5 年增加 1 倍。① 由于科技知识的激增,大学生在校学习的知识再多,毕业后仍然需要不断地进行知识的更新和补充。这就要求高职教育不仅要给学生传授知识、技能,更重要的是培养学生获取知识、技能的能力,以使他们走上工作岗位后与这种知识的激增和更新的形势相适应。而且科学技术的发展促使生产技术更新的周期迅速缩短,使人们的职业结构和技能结构处于经常的变化之中。每个人终身只固定在某一领域或某一专业上的局面被打破,而且必须承认,人才的培养永远滞后于社会的变化。因此必须提高未来人才的基础素质和职业转移能力,使其能在纷繁复杂和瞬息万变的就业环境中立于不败之地。而且假设职业教育就是就业教育的话,那么培养学生的社会责任感以及融入社会的实际能力则远远比学生在学校学到的专业技能更为重要和持久。

2. 以信息技术为核心的新技术革命所带来的工作性质的变化。

首先,职业种类发生变化。主要表现为产业内职业种类发生变化,这将必然导致原来的工作结构发生根本变化。有研究指出,高尖类产业的从业人员,通常是传统产业从业人员的三分之二。其次,产业间职业种类的变化,主要表现为第三产业迅速发展,就业于服务行业的人会越来越多。职业种类的变化对从业人员要求更高的职业发展。再次,岗位工作内容的变化。现代生产出现了个性化生产,这种生产对工人的普通职业能力,特别是创造能力提出了更高要求。对工人的心智技能的要求大大提高了。工作性质的这些变化,使得当前工作的完成,不仅仅依靠工人娴熟的技能,而是依靠他们宽厚的理论基础知识、问题解决能力、创造能力、团队合作能力等。而这些职业素养的培养,需要更为宽厚的通识教育为基础。只有这样,才能缩短后续的职业教育的时间,以提高质量。

三、教育应有的教化功能

教育要与社会的经济、政治、文化等相适应,培养出适应社会需要的人,这是长期以来在教育学上被公认的正确命题,也是教育工作的一个根本出发点。

① S. 拉塞克、G. 雌迪努著,马胜利等译:《从现在到 2000 年教育内容发展的全球展望》,教育科学出版社 1996 年版。

《从现在到 2000 年教育内容发展的全球展望》一书的法文版前言就指出,该书本身就是关于"整个教育内容为适应科技文化进步和劳动世界需要而演变"的思想阐释①,同时,它还指出:"从此以后教育不只应满足个人和社会的需要,而且还要回答当今世界性问题的挑战","针对未来政治、经济、科学、技术方面的不同变化,教育界应该分别相应地加以适应。我们认为这种方法非常有意义"。②高等职业教育作为现代社会经济发展的产物,它与社会经济天然的密切关系决定了它的适应性特征更为突出。而且,不管是过去、现在抑或将来,适应都是高职发展高职一个重要指导思想。但是,如果我们仅将高职教育的适应理解为满足经济发展和个人物质利益的需要,并以此为宗旨来发展高职的话,那就势必重蹈传统教育的外在适应论和工具理性主义的泥沼,使高职教育远离人的精神和价值,成为社会经济发展的工具和提升个人经济地位的手段,从而背离教育应有的意义和旨趣。而这样的适应不是我们所要的真正意义上的适应。真正的适应应该是一种积极的、全面的、指向超越的行为。

德国教育哲学家雅斯贝尔斯在《什么是教育》中曾告诫我们:"今天我们关注科技人才的培养,但对此我们必须小心从事,因为我们为科技人才的匮乏而震惊,而其所造成的后果却变得模糊。培养出来的科技人员只是服务于某些目的的专业工人,他们并没有受到真正的教育。"③"对整个教育问题的反思,必然追溯到教育的目标上去……仅凭金钱我们还是无法达到教育革新的目的,'人的回归'才是教育改革的真正的条件。"④对此,国内不少学者也认为,如果教育者和受教育者对教育目的的追求仅停留在经验层次的具体目的上,而不了解哲学层次教育目的的纷争,就难免会跌入陷阱。而一旦发现是陷阱时,对学生而言是青春已逝,对教师来说则是误人子弟。然而,单从职业教育服务于现实社会特别是促进当前社会经济发展方面的角度来看,其外在目的的影响远远超过人们对其本质目的之关注,以致出现职业教育只能培养"人力"或劳动力,而忽视了"人之为人"的真正的目的,在这种目的下所培养的只是服务于某些行业的专业工人,他们并没有受到真正的教育。⑤

在经济全球化的背景下,社会对高职培养的人才的质量、规格和标准都有新的要求。在职业教育和培训中,任何一个全面统一的人力资源开发项目,都应该以培养负责任的、自由的和成熟的个人作为目标,他们所掌握的,不仅是一定的技能和对最新技术的了解,同时还需要具备深厚的人类价值观和态度,即对自我价值、自

---

① ② S. 拉塞克、G. 雏迪努著,马胜利等译:《从现在到 2000 年教育内容发展的全球展望》,教育科学出版社 1996 年版。

③ ④ 雅斯贝尔斯著,邹进译:《什么是教育》,生活·读书·新知三联书店 1991 年版。

⑤ 丁娜仁花:《浅谈高等职业教育发展的目标》,《职业教育研究》2005 年第 6 期。

我尊重和尊严的认识,具备独立工作和团队工作的能力,诚实正直、守时负责;能够适应变化的形势,知晓和理解困难和问题,创造性地拿出解决方案,和平解决争端,良好掌握世界、自己和他人的现实情况;既有全面的综合的知识,又具备某个领域的专门知识,具备在学习型社会继续学习和接受终身教育的能力。其首要目标是开发个人的能力和天赋——用于塑造一个完整个人的认知、情感和行为的能力与天赋。① 只有当这些完成之后,才能发展一个人的适应能力、生产能力、质量和效率、耐心和坚韧、忠诚和投入、自由和责任、未来发展的方向,以及通过工作真诚为人民服务的精神。

　　教育是指向未来的。从这个意义上讲,教育的任何组成部分都具有超越现实的本性。教育担负着两种培养与发展的任务:它不仅要教会人们去改变环境(客观世界),也要教会人们改变自我(主观世界)。因此教育应当按照两种尺度来发展人,它不仅要按照现实存在的物质世界这一外在尺度来发展人,同时还应当用人的自由心灵这一内在尺度来发展人。教育要实现的目的有两种,一种是有限的目的,即指向谋生的外在的目的;另一种是更为重要的无限的目的,即指向人的自我创造、自我发展、自我实现的内在的目的。高职教育作为高等教育的一种类型,它理当具有教育自身所固有的内在属性,即除了认识、适应、改造外部物质世界之外,也负有促进人的自我完善,使人性趋于完美的使命。在全球化时代,面对科技的发展和日益增多的社会问题,加强人类自身的建设、促进人性的完美就显得更为重要。因此,发展高职需超越单纯适应经济、物质目的,走向物质与精神、知识与价值的融合,走向生命形态,是对时代精神的一种回应。

第三节　本书的研究框架及研究方法概述

　　高等职业教育作为高等教育发展中的一种类型,肩负着培养面向生产、建设、服务和管理第一线需要的高技能人才的使命,在我国加快推进社会主义现代化建设进程中具有不可替代的作用。高等职业教育从类型上看是职业技术性质的高等教育;从层次上看是职业教育的高级阶段。作为职业教育,它要体现职业教育的特性。《教育大词典》第三卷把职业教育定义为:传授某种职业或生产劳动必须的知识、技能的教育。② 《中华人民共和国教育法》中称"职业教育是国家教育事业的重要组成部分,是促进经济、社会发展和劳动就业的重要途径"③。黄炎培先生在《中华职业教育社宣言》中说:"职业教育之定义,是为'用教育方法,使人人依其个性,

---

① 雅斯贝尔斯著,邹进译:《什么是教育》,生活·读书·新知三联书店1991年版。
② 顾明远等:《教育大辞典》上海教育出版社2003年版。
③ 教育部门户网站:《中华人民共和国教育法》,http://www.moe.edu.cn/,2010年6月。

获得生活的供给和乐趣;同时尽其对群之义务',诚如其言。"①因此,从一定意义上说,"职业教育是培养人学会生存技能的社会教育活动,此定义包括三层内涵:第一,职业是人的主要生活来源,有职业技能的人就能在社会中生存下去;第二,教人学会生存,不是一次性的终结性职教活动能承担的,它要求个人不断学习,不断接受培训,学会终生学习;第三,这种活动与经济生产联系最为密切,只有掌握专业技能的人,只有不断掌握社会经济活动中的新技能,才能说学会了生存"②。

然而,当前高等职业教育培养的人才被界定为灰领、蓝领、银领等,从中我们不难发现职业教育培养的是一种"工作不太体面"的人才。而这类人才是不需要太多的文化素质、审美能力等,只要擅长动手,擅长一线操作就是"好"人才。

关于职业教育领域中的"通识教育",历来有赞同和反对两种观点。近年来,通识教育的重要性和在社会实践中的显现,使赞同在高职教育过程中实施通识教育的人越来越多。如浙江大学的王晨认为,单单拥有专业知识的人才是不能适应现代社会要求的,解决问题要求多学科协同,要求有一种人生的感悟,形成与其他人沟通的共识,形成圆融和统整的人格。③为了社会、人的发展和职业技术教育自身发展的需要,应该加强职业技术教育在这些方面的发展和建设。在职业技术教育中实施通识教育不失为一个应对的方法和途径。因此,在高等职业技术教育中实施通识教育,已成为学术界的一个共识。高等职业技术教育作为职业教育的高层次,它具有一般教育的属性,既要体现教育的一般规律,也要体现教育的终极关怀。教育总是充盈着希望,教育因其坚定的信念因而执著地追求着超越,超越是人的精神存在和意识存在的内在属性,是人的本质的深层显现。教育作为培养人的活动,首先是一种人的活动,而人的活动内在具有超越性。超越并不排斥教育事实,但其最主要的栖息之所却是教育的价值所在。"人通过教育而成为人"意味着人在教育中走向成人,人在教育中不断地成为人。④

人应该接受普通教育,因为社会各阶层的每个成员都是教员,他们往往以谈话的方式,对朋友提出劝告和与他人交往的方式发生教育作用。精神一旦形成,那么人就能够在各场合运用他所学到的知识,而技术则很容易在经验中获得。只是狭隘的技术训练无法尽其功,面对民主的现代社会,必须培养学生有效思考、沟通、适切判断力及对价值的认知能力,而且随着现代社会经济发展、科学技术的发展,职业变动和职业技能的更新频率的加速,劳动者在一生中会多次变动职业和更新职业技能,这就要求职业教育从培养人的单纯的"谋生"、"就业"本领转变为发展人的整体素质和发展其学习能力。

与此同时,高等职业技术教育还要肩负国家赋予的教育使命,教育部《关于全

---

① ② 赵丽萍:《浅析黄炎培社会化的职业教育办学方针》,《职教论坛》2006 年第 13 期。

③ ④ 王晨:《职业教育中应有通识意识》,《教育与职业》2000 年第 4 期。

面提高高等职业教育教学质量的若干意见》强调：高等职业院校要坚持育人为本，德育为先，要针对高等职业院校学生的特点，培养学生的社会适应性，教育学生树立终身学习理念，提高学习能力，学会交流沟通和团队协作，提高学生的实践能力、创造能力、就业能力和创业能力，培养德智体美全面发展的社会主义建设者和接班人。[①] 2007年5月，中共中央宣传部、教育部、共青团中央联合发布的文件中强调：各地各部门一定要教育和引导广大青年学生"努力成为理想远大、信念坚定的新一代，品德高尚、意志顽强的新一代，视野开阔、知识丰富的新一代，开拓进取、艰苦创业的新一代"。2010年7月公布的《国家中长期教育改革和规划发展纲要》提出：要注重学思结合。倡导启发式、探究式、讨论式、参与式教学，帮助学生学会学习；注重知行统一。坚持教育教学与生产劳动、社会实践相结合；注重因材施教。关注学生不同特点和个性差异，发展每一个学生的优势潜能。[②]

因此，在高等职业技术教育中如何落实与贯彻《国家中长期教育改革和规划发展纲要》精神呢？即如何做到以人为本，德育为先，培养学生的社会适应性，提高学习能力，学会交流沟通和团队协作，提高学生的实践能力、创造能力、就业能力和创业能力；如何教育和引导高职学生的成长。这一切对高职教育提出了新的更高的要求，即如何有效融合"精神、能力、技术"于高等职业技术教育之中，以实现个体职业生涯的发展，增进个体幸福，推动社会发展。这将是我们高等职业技术教育工作者思考的一个新课题。

综上所述，高等职业技术教育不仅肩负着大力发展职业教育的任务，即职业教育培养的人，既要掌握技能和技术，还要自尊、自立，具备独立工作和团队工作能力，诚实正直、守时负责；既有全面的综合知识，又具备某个领域的专门知识，具备在学习型社会继续学习的能力。同时也承担着高等教育大众化进程的主要任务，即要促进人的身心、智力、情感、审美意识、责任感和精神价值等方面的发展，使之成为一个全面发展的合格公民，在经济全球化不断深化的时代里，还要培养人的全球视野和国际沟通与交流能力，能够在不同文明之间对话，正确认识国际竞争与合作、生态环境、多元文化、和平发展等方面的国际问题，关心人类的共同发展。也就是说，高等职业技术教育不仅要开发学生谋生与自立的能力，学会生存，同时高等职业教育还需要为一个自由、公正、民主、富裕的社会培养人，更要对学生的终生幸福负责，要为学生的幸福人生奠定一个坚实的基础。今天的学生将是明天学生的家长，我们需要在他们心中唤起生命尊严意识，使他们有准备去成为一个好的爸爸

① 教育部门户网站：《关于全面提高高等职业教育教学质量的若干意见》，http://www.moe.edu.cn/，2010年5月。

② 教育部门户网站：《我国将创新人才培养模式　改革人才评价制度》。http://www.moe.edu.cn/edoas/website18/34/info1280448068912834.htm，2010年6月。

或妈妈——当他们成为父亲或母亲的时候,能够对自己孩子的成长切实负起责任。能够与社会共同教育好下一代,增进下一代个体生活的幸福与推进社会的不断进步。

在查阅了大量的资料后,发现一些高职院校为解决上述问题已经开始实施通识教育,并取得了良好的效果,在对毕业生的跟踪调查后也发现通识教育在学生进入社会状态后的良好功能。为此,有必要对在高职中实施通识教育的经验、做法进行梳理,并从理论和实务两个层面,探讨高职院校实施通识教育过程中,对于通识教育制度的设计、通识教育课程的开发、通识教育教学方案的实施、通识教育效果的评果及监测、通识课程的后续维护等一系环节的教育规律的方案,并试图从中发现和总结出具有鲜明的高职教育特征和高职院校特色的通识教育体系和实施的长效机制。

本书将努力遵循这一基本策略展开,突出通识教育元素中高等职业的“职业性”以及人才培养“高”的标准。本书首先对通识教育的相关文献知识进行梳理,然后在理清通识教育的概念的基础上,进一步理清通识教育的本质内涵及其目标,并通过通识教育理论形成的历史脉络,求证通识教育形成和发展过程的教育思想和责任取向,并分析了当前高职教育通识课程存在的问题、学生的主体需求等,说明高职实施通识教育的重要性、必要性和可行性。从第六章后,主要论述高职教育实施通识课程中的课程体系建设、课程评价、课程实施方法等一些实务研究,分别对高职通识教育的体系设计、课程结构、实施内容与实施途径提出构想建议。最后以高职院校实施通识教育的实例分析,得出通识教育在高职院校中全面实施后的效益预期和未来发展前景。

本书主要采用文献法进行研究。通过查阅各种文献资料,了解国内外通识教育的历史与现状,为了提高研究结果的可信度,搜集了比较权威性的资料,以作参考与借鉴。在文献研究的过程中,特别注意与同类资料进行反复对比,对其真实性、可靠性进行检验。

第二章 通识教育的内涵

通识教育是对近代高等教育有重大影响的一种教育思想与实践。通识教育的思想起源于亚里士多德的自由教育思想。亚里士多德认为：自由教育是自由人应受的教育，它的目的在于发展人的理性和心智以探究真理，而不是为了谋生和从事某种职业做准备。

第一节 通识教育的概念

一、通识教育的思想前提

高校中全面实施通识教育，同人们在现实社会中对精神世界的追求以社会整体道德环境、道德水准、道德诉求等思想因素有着直接的关联。

在本体论与认识论层面，通识表现为人超越有形有限的可感世界，继而通向探求和把握决定该世界"是"、"所是"的本源、本质、规律、依据、原因的无形无限世界；在人生观、价值观、历史观与审美观层面，通识表现为人超越自然生命世界与现实的生存世界进而达至追问和关怀生命的本然、终极目的、价值、理想的意义世界。如果说在本体论和知识论层面，通识所寻求的是宇宙万物的终极本质、依据与原因，那么，在人生观与价值观领域，通识所关注的则是人的生命世界的终极目的与终极意义。

人不仅是思想的动物，更是理想的动物。生存目的、生活意义与生命价值构成人的标志与尺度。对生存目的、生活意义与生命价值的观念和立场、思考与实践、回答和解决，很自然地将人分出不同的层次与品级。对此，冯友兰先生提出了人生"四境界"说。从低到高依次为自然境界、功利境界、道德境界和天地境界。自然境界与功利境界的人，是"现在就是现在"的人，而道德境界和天地境界的人，是"人应该成为的人"。① 显而易见，在意义世界领域，通识所指的不是"现在就是现在"的那种人的生活世界，而是"应该成为"的那种人的生活世界，即理想的人生世界。

在西方，通识境界是基督教所谓的彼岸世界，在古代中国是儒家所谓的理想人

---

① 冯友兰：《中国哲学简史》，北京大学出版社 1996 年版。

格世界。通识在本体论、知识与人生观、价值观两个方面是相互关联、相互影响的。局限于常识,停滞于日用,没有关于世界整体的视野和深刻的认知,就难以形成高远的、有价值的人生,同样,自私自利、患得患失的生活,也不可能真正把握整个世界。通识作为宇宙人生的"澄明之境",其实就是人类的自由与解放之境。这是人类发展的内在要求,是历史的必然趋势。人与其所认识与实践的对象的关系,是一种主体与客体、主动与被动、自由与限制的关系。对象世界是客观存在的世界,有其必然性规律。人作为一种客观实在,也有必然性规律。客观世界规律以及人自身的规律,是人活动的制约因素和支配力量,规定了人的意识与意志活动的范围、内容与形式,构成了人的自由活动的限度。但人之所以为人,就在于人不是被动地服从和听命于必然性规律的支配,而总是要利用并驾驭必然规律为自身的发展创造条件,总是要超越必然世界走向自由世界。

然而,人在多大范围和程度上取得自由,又是以对客观必然世界的本源、本质与规律的认识、理解和把握的范围与程度为前提的。对客观必然世界的本质及规律认识得越是全面、深刻,人类驾驭必然世界的能力就越大,人的自由选择的余地也就越大,就越能使外在的客体尺度服务于内在的主体自身尺度。反之,对必然世界盲目无知,在必然世界面前就会束手无策,就只能沦为必然世界的仆人。

近代以来,人类相信依靠自身的理性(经验、观察、实验与思维等)能够认识整个世界,揭示必然世界的奥秘并使之为人所支配和掌握。培根响亮地提出了"知识就是力量"的口号,笛卡儿等机械论者甚至认为世界是由单一的一系列的因果关系链条构成,只要知道了事物的起因,就能预知事物的结局,只要把握了事物的初始条件,就能控制事物的未来走向。伴随着近代以来的工业文明的巨大进步,理性在人们的生产方式、生活方式以及观念形态中,起着越来越大的作用,人类借助于理性力量,不断地认识必然世界并不断地朝着自由王国迈进。尽管理性为人类的自由与解放提供了可能性,但是,理性的作用仅仅在于提供可能性,仅仅是人类自由与解放的工具,它还不能自行达到目的。近代人类发展的悲剧,恰恰在于把自身交给了理性,将理性当成了目的,进而听任理性无节制地发展。其结果,不仅无助于人类的自由与解放,甚至使理性成了人类自由发展的对立物和异己力量。对此,人们不难从近代以来工具理性及其创造物(如科学技术、大工业、科层化的官僚制度等)导致的日益严重的普遍性的环境危机、社会危机、精神危机中得出结论。这种危机越来越强烈地呼唤人类的通识观念和通识智慧。而现代经济、科技与社会发展的一体化、全球化趋势也为人类通往通识之境开辟了广阔前景。可持续发展理念的提出,可以看作是人类自身的觉悟和人类哲学地理解和把握整个世界的时代的开始。

通识不仅意味着人类对必然世界最终真理的把握,也是人类对自身的生存与发展的终极性关怀。这种终极性关怀,具有一元性,表现为人类共同的信仰和精神。它可以穿越不同时代、民族、种族、国家以及社会无限多样、纷繁复杂、彼此分立甚至充满敌对、矛盾和冲突的观念、主义、制度与利益，并对整个人类的思想与行动起到凝聚、整合和激励的作用。不难想象，人类若是没有这种精神与信仰，就不会有自身的存在、延续与发展，一个社会、一个国家若是没有这样一种精神与信仰，也难以动员其成员去实现预定的目标，难以克服前进道路上的困惑与困难，甚至成为乌合之众、一盘散沙，不攻自破。人类如此，国家、社会如此，个人生活也是如此。人的本质不是生命存在，而是价值存在。人生的目的与意义要由价值体系来支撑，由价值体系导引下的行动来证明。生命中一旦有了确定不疑的价值体系，人就会将其作为绝对律令来信奉、遵从、行动和维护，生活从此就有了目标，生命也因此有了依靠，人就会产生安全感、附着感、充实感、丰富感和力量感。在具体的人生中不论他充当何种角色，从事什么样的活动，都会将这种活动看作实现人生价值的一个部分、一个途径、一种体验，都会认真、执著、忘我、顽强地投入全部的时间与精力，去履行和兑现神圣的诺言，去靠近最神圣的目标。在当代，实现现代化几乎是所有国家和民族的共同目标，但由于对现代化所持的物质主义、技术主义等唯理性主义的理解和实践，无论在已经现代化或者正在迈向现代化的国家、民族和社会，都不同程度地面临着深刻的精神危机。

从文艺复兴之后，西方资本主义世界高举"科学、民主、自由"的旗帜，反对宗教神学、迷信和君主专制，虽然突出了人的地位，显示了人的力量，但工具理性的单兵独进，最终信仰被理性取代，价值为知识消解。理性上升为一种新的信仰和价值观，成为人崇拜的对象和人生终极去处。理性的至尊还仅仅是形上迷失和意义危机的第一步。20世纪中叶以来，西方世界又掀起了反理性主义的人本主义（非理性主义）思潮，这些思潮的一个共同特点，就是否定理性和本质的先验性、实在性，否定生活意义的彼岸性。在他们看来，此岸的现实世界、人的感性生活才是最真实的、最有意义的，最为本质的。与其为虚幻的、并不存在的理性世界或本质世界生活，不如为获得当下的或即时的感官快乐而生活。人本主义张扬人的个性和非理性，强调人生的自我性、丰富性和差异性，强调激发人的主体性、能动性和创造性。然而，它也使人尤其是青年人的思想、情感与行为流于平面性、即时性和功利性，从一个极端滑向另一个极端。人们远离理性，厌恶崇高，追求实际的物质享乐和感官刺激，"集体无意识"地游戏人生，反对甚至亵渎一切必要的规范与权威，不讲责任与义务，自私自利，各行其是。非理性主义使人最后彻底地抛离了形而上生活与意义世界，使人失去了天堂，成为精神的永远的流浪者。①

中国在走向现代化的征程中，也出现了空前的意义危机。这种危机从19世纪末一直持续到现在。20世纪前期，随着清王朝的最后瓦解，以儒学为核心的传统

---

① 弗洛姆：《自为的人》，国际文化出版公司1988年版。

价值系统也失去了其存在的基础与合法性,维系了中国两千年社会稳定的旧的文化道德秩序分崩离析,权威地位不复存在。更有思想文化启蒙者全面批判和解构旧文化、旧道德的推波助澜,旧有的秩序已经紊乱,但新的价值体系却未得以确立,人生活在价值真空之中。面对此种境遇,先进分子和志士仁人开始致力于国民精神的重建。其中一部分人深入系统地挖掘儒学文化价值资源,希望找到儒学与现代化之间的内在关联,使儒学成为现代化的精神支柱。另一部分人则另辟蹊径,走上了意识形态建设之路。

实际上,新中国成立以来,意识形态文化一直扮演着普遍价值体系的角色。改革开放后,商品经济文化、市场经济文化、大众文化兴起,人们实实在在地回到了现实生活的本然状态。这种状态虽然激起了人们空前的致富愿望与力量,但却使人们陷入了迷恋金钱、物质享受和权利的泥潭,失却了崇高的目标和精神追求,也正因此才有种种践踏法律、违背道德与良心的社会丑恶现象和堕落行为的发生与蔓延。

解决这些问题,当务之急是通过制度建设,健全民主,强化法制,以法治国,然而更长远和更根本的则取决于心理建设和精神文明建设,修建起精神上的万里长城,为现代化发展提供源源不断的价值支撑,为民众提供安身立命之根基。正是这种考虑,使高校全面实施通识教育成为一种高等教育的必然选择。

二、通识教育的教育命题

通识教育在 19 世纪以前一般是指中小学的教育总称,第一个把它与大学教育联系在一起的是美国博德因学院的帕卡德教授。他提出给青年学生一种文学和科学的尽可能综合的教育理念。后来,梅克勒·约翰教授提出把"通识教育"与"自由教育"紧密联系起来,进一步提出"通识自由教育理念"。[1] 由于社会背景和教育哲学理论出发点的不同,人们对通识教育的理解并不完全一致,据统计,从 19 世纪初期"通识教育"一词被提出来,有一定代表意义的表述就达 50 多种。[2]

归结起来,通识教育是高等教育的组成部分,是所有大学生都应接受的非专业性教育,是一种广泛的,非专业性的,非功利性的基本知识、技能、态度的教育。"通识"即为"通才博识"之意。因此,通识教育就是通才博识教育,就是为培养大学生的人文素养,健全的人格,思想的深度,社会适应能力以及人文和社会关怀精神而实施的教育,其实质是"全面发展的人"或"全人"的培养。

通识教育是通过使受教育者掌握具有永恒普遍价值的知识、观念、工具和方法,促使受教育者身心全面和谐发展的基础性教育。大多数西方工业化国家,大学本科前两年专用于学习普通基础知识。美国的通识教育在世界教育史上堪称典

---

① ②　李曼丽:《通识教育——一种大学教育观》,清华大学出版社 1999 年版。

范,在美国大学本科低年级一般不分系,只进行普通教育。耶鲁大学对学生的普通基础课制定的指导原则要求:①

1. 熟练地掌握本国语这个工具,提高写作水平;

2. 至少掌握一门外语,并要熟悉一种外国文学,扩大眼界,吸收外国文化;

3. 通过学习古代文化来探索现代历史的前景,学习历史、哲学、美术和音乐,学习古代和现代的思想史,学习古代史和现代史;

4. 学习作为许多研究领域的基础的数学,没有掌握基本的数学,就不能认为是一个有文化的人;

5. 掌握一定的自然科学知识,应当至少熟悉一门自然科学;

6. 至少熟悉一门社会科学。

在我国,从孔子的"博学多闻"到梁启超的"中西贯通",再到蔡元培的"思想自由、兼容并包",都为通识教育提供了肥沃的土壤。但是由于十年"文化大革命"带来的巨大损失,曾一度产生了急功近利、只重专业教育的现象。改革开放以后,这种现象正逐步予以纠正,包括高职院校在内的许多高校提出了拓宽专业、淡化专业、加强基础的口号,为加强通识教育奠定了良好的基础。

通识教育的内容因学校的类型、层次不同而有所不同,但基本上应包括以下几方面内容:

1. 语言文字知识;

2. 科技知识;

3. 东西方历史与文化知识;

4. 世界观、人生观及方法论教育;

5. 体育、军事、劳动、健康教育。

"通识教育作为一种大学教育理念应该是造就具备远大目光、通融见识、博雅精神和优美情感的人才的文明教育和完备的人性教育。"②

其内容具有以下几个特点:

1. 普遍性,通识教育是对全体大学生所普遍进行的教育,其内容是比较稳定的,具有普遍意义,适应于任何职业,而不是仅适应于个别职业。

2. 永恒性,通识教育的内容一般是经过实践检验确证无误,逻辑严密的规律性知识体系、观念体系、方法体系和工具体系,这些内容具有能长期发挥作用的潜在力量。

3. 基础性,通识教育是关于人类共同的基础性的文化知识教育,内容本身不属于专业技术知识,但它是学习专业技术知识必需的基础,可以为各种专业教育提

---

① 冯惠敏:《现代大学通识教育》,武汉大学出版社 2004 年版。

② 李曼丽:《通识教育——一种大学教育观》,清华大学出版社 1999 年版。

供一个共同的学习基础,同时也为行进不断的再教育提供了认知基础和技能,它注重学生思考能力、批判能力、学习能力的培养,它制约着专业工作者专业技术水平的高度和深度。

4. 教养性,通识教育作为一种大学理念,其精神内核即为陶冶高尚的心灵与培养完善的理性。通识教育所要解决的问题是一个科学家、工程师或医生除了能够成为一个杰出的专家之外,更重要的是他应首先是一个懂得如何与社会打交道、懂得做人的人。通识教育内容具有提高人的文化素养,丰富人的精神生活,健全人的思想,陶冶人的情操,塑造人的品格的作用,它帮助人全面发展,使人成为一个完整的人。

5. 全面性,通识教育内容宽度广泛,文理兼备,涉及人文科学、社会科学、自然科学及思维科学等多种学科领域的基本知识与技能,涵盖人类知识宝库中各主要领域的精华,它要保证内容的广度,以便于受教育者能综合运用知识并使身心得到全面发展。

第二节　不同的通识教育内涵的界定

"通识教育"亦译"普通教育"、"一般教育"。19 世纪以前的美国学院课程几乎全部都是必修的,所有学生学习的课程基本相同。19 世纪初,部分美国学院开始实行选修制,学生被允许选科或者选课。这一改革打破了传统的课程制度,不同学生所学课程之间出现很大不同。[①]

一、历史上对通识教育内涵的讨论

"大学生学习的课程是否需要一些共同的部分",在是 19 世纪美国大学争论的一个焦点。美国博德因学院的帕卡德教授撰文为本科课程应该有共同部分这一观点进行辩护,他在文中提到:"我们学院预计给青年一种古典的、文学的和科学的、一种尽可能综合的教育,它是学生进行任何专业学习的准备,为学生提供所有知识分支的教学,这将使得学生在致力于学习一种特殊的、专门的知识之前对知识的总体状况有一个综合的、全面的了解。"[②] 这是通识教育最初被赋予的含义。

在 19 世纪初及以后的一段时期里,帕卡德所指的"特殊的"、"专门的"教育在高等学校中还不突出,因此他所提出的通识教育概念并未引起人们太多注意。直到 20 世纪初,"通识教育"一词开始较多地出现于一些评论学院教育的著作中,如梅克勒约翰在 1920 年出版的《文理学院》一书中,在为四年制学院中的前两年教育阶段辩护时说:"如果(四年制学院)要办得成功,在前两年的教育中应该确立通识

---

①② 　李曼丽:《通识教育——一种大学教育观》,清华大学出版社 1999 年版。

自由教育的观念。"①10 年以后,在《美国高等教育汇编》一书中,奥柏林学院的魏金斯院长也曾使用了这个词语:"因此,学院教育,部分应该是一般的,部分应该是专门的……部分应该是宽广的,部分应该是专深的。"在 1932 年出版的一份题为《自由艺术教育的变革与经验》的报告中"通识教育"一词也出现过五六次。但总的来说,通识教育在 20 世纪 30 年代以前不是一个普遍使用的词语。上面几种著作或报告也是在对其含义未加仔细考究的情况下使用的。

从 20 世纪 30 年代中期起,大学常常把恢复与共同必修课程(它们曾在选修制改革中失去地位)有关的各种教学改革、实验冠以"通识教育"之名。专家学者也越来越热衷于讨论有关通识教育的理论和实践问题,有关文献非常多。关于通识教育的内涵,在已有文献中的表述是多种多样的,迄今为止尚没有一个公认的、规范性的表述。各种文献及各个作者对"通识教育"概念的内涵几乎都有各自的界定。正如厄瑞克指出的:"每一个使用这个术语的人的头脑中都有某种限定性的概念。"因此可以说有多少个作者探讨过通识教育,就有多少种关于通识教育内涵的表述。亚瑟·列文在《本科课程手册》中曾集中列举了 10 余种关于通识教育含义的表述,其他著作中有关通识教育定义的表述也极为丰富多样。直到 1977 年,美国学者还在抱怨:"迄今为止,没有一个概念像通识教育那样引起那么多人的关注,也没有一个概念像通识教育那样引起那么多的歧义"②,以至于有的学者认为,概念的混乱是通识教育实施不力的重要原因之一。因此,如何认识通识教育的内涵是必须首先研究并回答的一个问题。

二、"理想类型"方法和对通识教育内涵的理解

人们曾经为得出一个广为认可的通识教育定义做过艰苦努力。20 世纪 30 年代,美国高等教育界几个很有影响的、由大学校长或高等教育研究专家组成的学术研究团体,为了"提出一个可以被广泛接受的通识教育的新界定",曾经通过研讨会和集体合作研究等方式进行了三次努力,可最终都以未达成任何一致意见而告终。

为了能够较为准确地理解通识教育的内涵,通过搜集了从 19 世纪初期"通识教育"一词被提出以来到目前为止的、具有一定代表意义的著作及著名学者对通识教育内涵的表述,共计 50 种左右。从这些表述看来,对通识教育内涵的理解,可以有不同的视野和方法。若把通识教育作为分析对象给予概念上的界定,则很难在一个简单的命题式的界定中说明通识教育概念所包含的所有内容,上述美国学术团体的努力失败就是一个例证。

---

① 冯惠敏:《现代大学通识教育》,武汉大学出版社 2004 年版。
② 黄俊杰:《大学通识教育的理念与实践》,华中师范大学出版社 2001 年版。

采用马克斯·韦伯的"理想类型"法研究通识教育的概念是一种比较理性的角度。所谓"理想类型",简单地说,它是一种方法,用于定义那些无法明确定义的社会事实;概念是通过突出被考察的现象的某些性质并舍弃其他性质而取得的。正如韦伯所指出的那样:理想类型"是通过单方面提高一个或更多的观点而获得的,通过把大量单个现象汇聚起来,它们同那些通过一套统一的思想形式而进行单方面强调的观点结合在一起,它具有纯粹观念上划定概念界限的重要性,现实通过它被加以衡量,以便在现实的经验内容方面为某些重要的因素分类,现实也通过它被进行比较"①。例如,可以从现代社会中提取"分化"、"市场化"、"契约"、"市民社会"等特征,而得到现代社会的理想类型,它是简化的结果,它显示出了与其他社会的不同,如与传统社会的区别;又如可以从现代资本主义中提取"资本积累"、"合理性核算"等特征,而得到现代资本主义的理想类型,以显示它与其他资本主义形式,如高利贷或军火商资本主义的区别。理想类型的描述和分析是我们认识复杂的社会事实的一个途径,正像任何模型和规律都只是复杂现象的"不完全的"概括一样,这里的理想类型分析方法,只是对无数变量中的重要部分尽可能多的概括。

根据理想类型方法,我们把分析的焦点指向已有的 50 种通识教育内涵表述中常用的若干共同核心概念,提取这些共同核心概念并分析其特性,进而从这几个最重要的核心概念的最重要的特征出发构建通识教育概念的内涵。

从已有表述对概念的使用及其侧重点来看,这些表述主要是从三个核心概念来界定通识教育概念的:

1. 通识教育的性质。通识教育是一种什么性质的教育? 已有表述是从以下这些特点来揭示通识教育的性质的:

(1) 通识教育是"高等教育的组成部分"。

(2) 通识教育是"非专业、非职业性高等教育"。如:"通识教育指非职业性和非专业性的教育……""我们应该……对职业教育和专业教育与广泛、宽厚的文化有所区分,后者旨在使一个人成为完人,使之获得在较高层次上评价促进社会进步和福利的各种知识和事务。这不是真正的实用性教育,但是可使他们更好地从事实践工作"。②

(3) 通识教育是对"所有人的教育",在高等教育层次即是对"所有大学生的教育"。如:"通识教育是培养我们所有的人,无论是作为父母亲、配偶、观光旅游者、领导人、选民、公务员、文化科学工作者、乐善好施者、公民在生活中都应具备的知识、技能和态度的教育。""通识教育……是人人所应受的教育。"

(4) 通识教育是一种"大学理念"(整个大学的办学思想)。如:"……确切地

① 黄俊杰:《大学通识教育的理念与实践》,华中师范大学出版社 2001 年版。
② 李曼丽:《通识教育——一种大学教育观》,清华大学出版社 1999 年版。

说,通识教育只是一种观念、思想……当我们说及通识教育时,我们的意思是大学教育不应该太专门了。""要谈通识教育,我们无可避免地要将它放在整个大学教育的情境下,才能对它加以比较明确的定位和阐述。"①

（5）与"自由教育"同义。如:"通识教育问题实质上是对自由和人文传统的继承……我们试图寻找一个现代意义上的自由教育的对等词,它在于塑造自由人,它旨在使学生的理性获得自由。"

英国学者贝利也认为通识教育与自由教育是相同的,他认为通识教育和自由教育是一致的,在他所著的《自由教育理论》一书中,这几个概念完全通用。狄尔登则从另外一个角度说明通识教育和自由教育是一回事,他说:"自由教育作为一种含有等级观念的教育思想好像是过时了,但是实际上它的精神并没有死亡,现在它以一个中性词汇'通识教育'而流行。"列文在 1977 年出版的《本科生课程手册》一书把自由教育和通识教育列为同义词:"自由教育是通识教育最频繁的同义词。"②

米勒教授对这种提法颇不以为然,他探讨了这两个词的历史渊源,使读者理解这两个概念之间存在着根本的区别,"它们之间存在主要差别,关于内容和方法的假定全然不同"。

史密斯对米勒所作的这种区分的有用性表示怀疑,他说:"或许做这两种对比分析是有分析价值的,但是在目前的讨论中,很少用到这种区分,也没有人去做这种认识上认同的努力,事实上学校在本科教育的非专业组成部分的讨论中,从未想到过这两种模式有本质上的区别。"

目前,美国各大学学院的"课程计划"中对通识教育和自由教育不加区分地使用也证实了史密斯的说法符合实际情况;另外,在学者中间,即使是同一个人的,一本著作这两个词常常都是被交替使用的,其中不乏赫钦斯、博克、克拉克·克尔、梅休、布鲁姆这样的学问大家。

总结以上各要点,从通识教育的性质理解通识教育的内涵,它指高等教育的一个组成部分,指非专业性教育部分,它与专业教育一起构成高等教育;它是对所有大学生进行的教育;它也指整个大学的办学理念;与自由教育同义。

2. 从通识教育目的的角度界定通识教育的内涵,如典型的界定表述③有:

"通识教育指非职业性和非专业性的教育,……目的在养成健全的个人和自由社会中健全的公民。"

"无论其职业是什么,通识教育是为学生日常生活作准备,包括给他们一定社会的知识、信仰、语言和思维的习惯的教育,它是对文化延续起重要作用的因素。"

① 李曼丽:《通识教育——一种大学教育观》,清华大学出版社 1999 年版。
②③ 宋尚桂、王希标等:《大学通识教育的理论与模式》,中国海洋大学出版社 2007 年版。

"通识教育作为大学的理念应该是造就具备远大眼光、通融识见、博雅精神和优美情感的人才的高层的文明教育和完备的人性教育。"

"通识教育……的目的是开发人的理智美德,推理、论证、哲理性智慧、艺术和谨慎。"

"通识教育旨在给学生灌输关于好公民的态度和理解。"

"对我来说,通识教育是一种提供共同核心知识并注重培养自由社会中的行为、动机和态度的一种教育。"

该类定义首先指明通识教育的目的旨在关注学生"作为一个负责任的人和公民的生活需要"的教育,关注学生"做人"方面的教育,关注人的生活的、道德的、情感的、理智的和谐发展等,总之旨在培养学生的全面素质;这一部分教育是专业教育所不能有效地、完全给予的,也不是专业教育所首先关注的;与专业教育相比较,通识教育的目的不在于专业知识与技能的陶冶和训练,而首先关注其作为社会的一分子参与社会生活的需要。

3. 从通识教育的教育内容的角度来界定通识教育的内涵。即通识教育是关于什么教育内容的教育,其中有的定义集中于教育内容的特点;有的内容集中于教育内容的组成部分;更多的是从这两方面结合起来描述的。[①]

"……我们希望给 20～25 岁的青年一种关于人类兴趣的所有学科的准确的、一般性的知识。"

"通识教育是一种使学生熟悉知识主要领域内的事实和思想的教育类型,例如自然科学、文学、历史和其他社会科学、语言和艺术,与任何与职业有关的目的无关。"

列文认为专门教育课程表示的是学生所学知识的"深度"组成部分,他自己关于通识教育的简单陈述是:"本科课程中的宽度组成部分。"

从通识教育"应该教给学生什么内容"的角度理解通识教育的内涵,它是关于人的生活的各个领域的知识和技能的教育,是非专业性的、非职业性的、非功利性的、不直接为职业作准备的知识和能力教育,其涉及的范围应该是宽广的、全面的。

以上从已有的对通识教育界定的若干主要表述,用理想类型的方法从性质、目的和内容三个角度对通识教育概念内涵作出了初步建构。简言之:就性质而言,通识教育是高等教育的组成部分,是所有大学生都应接受的非专业性教育;就其目的而言,通识教育旨在培养积极参与社会生活的、有社会责任感的、全面发展的社会的人和国家的公民;就其内容而言,通识教育是一种广泛的、非专业性的、非功利性的基本知识、技能和态度的教育。

---

① 宋尚桂,王希标等:《大学通识教育的理论与模式》,中国海洋大学出版社 2007 年版。

三、不同维度下的通识教育内涵

其一,对已有通识教育内涵表述的考察表明,通识教育是一个内涵丰富的、多维度、多阶段的历史范畴。通识教育从提出至今已将近两个世纪,它在实践中发生了很多变化,不同的历史时期赋予它一定的时代特征。通识教育作为一个概念具有多维性,因此从不同的角度认识通识教育自然会得出不同的定义,一个为大家广泛接受的命题式的形式逻辑定义迄今并不存在。因此,我们在认识和使用通识教育一词时要防止简单化,以免造成对其内涵的不完全理解。

其二,人们在使用通识教育一词时,实际存在着两种不同的用法。一种是指称大学的整个的办学思想或观念,即指大学教育应给予大学生全面的教育和训练,教育的内容既包括专业教育,也包括非专业性教育。这可以看作是关于通识教育内涵的"广义的"理解。另一种指称不直接为学生将来的职业活动作准备的那部分教育。这可以看作是对通识教育内涵的狭义理解。

有关通识教育理念的表述列于表 2-1。

表 2-1　通识教育理念描述

项　目	教育目标和理念	关键词
知识的根源	知识的本质是什么?科学知识带来了幸福吗?什么是存在、认识、真理?人类的善恶、价值是什么?为什么要探究知识的根源?	真理、根源的思索、科学
人类的自画像	人是什么?什么规定了人的行为和自我认识?作为社会动物的人类应有的姿态是什么?为什么要探究与人类相关的各方面问题?为什么要将自我从压抑中解放出来?	表现、自我理解、感性
制度与生活世界	维护人类社会秩序的制度是如何构建的?其中的问题点以及需要克服的问题是什么?为什么要探究社会构造各方面的问题?	社会与人类、构造中的变化、日常
国际化与生活异文交流	地球上有怎样的多样文化?文化间的差异会产生怎样的差异?国际共生是否有可能?	异文化交流、亚洲中的本土与文化
科学技术和环境	自然是怎样构成的?作为自然的一部分,人类面对怎样的问题?现在面临怎样的社会问题?	自然与人间、科学技术、地球环境

第三章 通识教育溯源及发展

任何一种学说或理论的形成、发展,都有其历史渊源和沿革的轨迹。循着通识教育萌芽、起源、形成、发展、改革、成熟等不同时期的历史沿革,会从通识教育不同历史节点的主流学说和核心论点中找到通识教育的本源和价值所在,并对高职教育通识课程中的实施和运行有所启发。

第一节 自由教育——通识教育的起源

由于"通识教育"是在"自由教育"的基础上发展而来,因而,在一定程度上包含着"自由教育"的特定思想和核心内容。要真正把握通识教育的本质内涵,有必要对"自由教育"的思想内涵进行梳理,它的历史渊源可以追溯到西方古希腊罗马时期的"自由教育"思想。

一、亚里士多德的"自由教育"观

希腊哲学家亚里士多德最早提出了自由教育的思想,亚里士多德把教育分成两类:一类是"自由人"的教育;一类是"非自由人"的教育。根据他的种种论述,所谓自由人的教育就是以人的理性的自由发展和德行的完善为最高目标的教育。他说"理性"是人的行为合于更公正、更美好的本性,"只有当人充分发展时,才是一个理性的动物"[①]。亚里士多德所讲的自由人就是指当时的自由公民,这种人首先是身体自由,不受他人的束缚和支配,也摆脱了繁重的为逐生达命而进行劳动的人,但是亚里士多德还强调了自由人不仅只是身体上的自由,自由人还表现在思想上的自由,可以自由地思考问题。在亚里士多德看来,自由人在体力上不是为了伺候别人,在思想上也不再是为了接受别人的意志,而是为自己活着。自由人必须既有身体的自由又有意志的自由,二者缺一不可。而且也只有自由教育才能使人的身体和心灵保持自由,使人成为自己的主人。因此,亚里士多德的自由教育是强调人的身体和思想的自由的,身心的自由不仅是自由教育的前提,而且还是自由教育的结果。

---

① 苗力田:《亚里士多德全集》(卷8),中国人民大学出版社1992年版。

亚里士多德认为，"美好生活"与幸福的追求，是一切生活活动的终极依归。人所追求的最高境界就是幸福。幸福的人是受过教育的人、有德性的人，其生活的目的，不是短暂的有限的物质财富或权利欲望，而是德行的具备、德行的发展。①

因此，外在的物质及身体的需求，乃是为了心灵，心灵是目的，物质是手段，目的之心灵不能受手段之物质所奴役；相反，必须根据心灵之目的选择寻取手段的物质。教育目的也是使人有道德、有教养，在这个方面上是和人生获得幸福的目的完全一致的。因此相对于之前的哲学家们，亚里士多德的自由教育思想体现了对人本身的关注。

同时亚里士多德还认为：一切有用的知识，并不能适合教育，显然，只有那些不能使学生趋向于机械性的活动者，才可以放入教材中。所谓的机械性科目，就是那些技艺科目，并不能使自由民的身体、心灵、智慧有助于善的行使……②此类科目，以获得工资为目的，未能给予心灵休闲，反使心灵趋向机械性的较低层次。

二、纽曼的自由教育观

纽曼是 19 世纪公认的、最权威的神学思想家和作家之一。100 多年来，《大学的理想》在英国多次再版，影响较大。简言之，剖析纽曼的"大学的理想"有以下几个观点是很值得思索的：大学的目的是自由教育，是心灵的扩增，是理性文化的培养。所谓心灵的扩增不是被动地接受一堆自己不懂的观念，它是一种动态的智力活动，是对各种观念进行减少或增加并使之有序的活动，使我们知识中客观的部分真正变成我们自己的，或者，用一个熟悉的说法，对我们所接受的信息加以消化，使之进入我们原有的思想状态中，没有这一点，扩增就无从谈起，……我坚信智力训练的第一步是把科学的、方法的、秩序的、原理的、系统的观念印入学生的心灵，把规则的、例外的、丰富而和谐的观念印入学生的心灵。经此种种历程，然后能达到具有素养的"心灵的启明"，"以便他在生命当中，能展现出一种积累的智力，精致的品位；一种坦白正直、公平正义的、沉着冷静的精神；一种高贵和虔诚的态度"。③

纽曼坚信自由教育不仅是"好"的而且是"有用"的。他说："我们对有用的理解不仅指它本身是好的，而且还指有产生'好'的趋势，或者是一种好的手段，在这种意义上，我愿意告诉诸位自由教育是一种真正完全有用的教育，尽管他不是一种职业教育。"④纽曼还强调说"好"是一回事，"有用"是另外一回事，有用的并不是都是好的，但好的却常常是有用的。好的，不仅仅是自身好，而且有产物，这是它的特点

---

① ② 苗力田：《亚里士多德全集》（卷9），中国人民大学出版社1994年版。
③ 黄坤锦：《美国大学的通识教育》，北京大学出版社2006年版。
④ 李曼丽：《通识教育—种大学教育观》，清华大学出版社1999年版。

之一。就其本身来说,还有什么东西比它本身更优秀、更美好、更完善、更令人向往,而且可以外溢,到处散布它的优点。"好"是多产的,它不仅有益于视觉,而且有益于品位;它不仅吸引我们,而且表达本身;如果自由是好的,它一定是有用的。同时,纽曼认为受过自由教育的人可以做很多事情,"因为受过自由教育的人已经学会了思考、推理、比较、辨别、和分析,他的品位雅致,判断力准确、洞察力敏锐,它或许不能成为律师、辩护人……但是他的理智所达到的状态已经使他能胜任我上面提到的任何职业中的一个"①。也就是说,自由教育不仅是有用的,而且比单纯的职业教育更有用。不仅为个人发展所需,而且也为社会发展所需,因为一个人除了职业的特定职责外,社会要求每一个人做一些其他贡献。虽然纽曼也并不认为职业教育并非一无是处,但他对职业教育的轻视与排斥也是显而易见的。对此,他还引用了另一位同代人的看法来反对职业教育,"一句话,人将被他的职业所占领,他将被从头到脚裹在制服里,他的美德、他的科学和他的思想统统套上一种外衣,而整个人便在大的技术特征的标准里被塑造、压迫、僵化"②。因此他认为大学课程选择的标准是永恒性和普遍性,以牛津所采用的古代语言和文学为最好的题材。他独尊人文而轻视科学,认为古典文学科目是经由 1000 多年的考验和保存下来而仍具有价值。当许多人认为这种古代语言"死亡了"时,他却认为正好相反,他认为有用莫过于此。教育若变为功利有用才训练,那就成了职业训练。为知识而探讨知识,为真理而追求真理,这是大学必须坚持的,也是大学存在的理由。

三、《耶鲁报告》的自由教育思想

《耶鲁报告》是 19 世纪最有影响的高等教育文献,在整个美国高等教育史中有显著位置,被认为是"美国高等教育方面一次与众不同的、负责任的、深思熟虑的尝试"。报告中说:"我们的目的不是教任何只与某种职业有关的知识,而是给所有人奠定一个共同的基础",一个"广博的、深邃的、坚实的"基础,这种基础是经过训练了的官能,和经过装备过的心灵。学院的目的"不是完成学生的教育;而是为学生的学习打基础……如果他要掌握所有科学的基本原理,至少他得被教会如何学习"。因为,当一个人进入一定的职业领域之后,他的心智上的精力必多用于他的职责,如果其思想从未涉猎过其他科目,从未进入过广宽的科学和艺术领域,他的思考习惯势必狭窄,他一定是个眼界狭窄和成就有限的人。另一方面,一个专业才能杰出,并且心灵充满一般知识的人,会更有效地在社会上发挥作用,成为更具有用的人,他的条件使他能把科学之光遍洒社会各个阶层。

关于课程,报告认为,课程扮演的角色可以是任何东西,但唯独不能狭隘。在方法上,讲课是传授知识的好方法,而且用一本阅读教材比用好几本不同教科书要

---

① ② 李曼丽:《通识教育——一种大学教育观》,清华大学出版社 1999 年版。

好,所用教材多了会成为学生懒于思考的借口。

《耶鲁报告》影响深远,在当代美国社会极度商业化,市场价值弥漫到校园,自由教育受到威胁之时,吉亚迈蒂校长适应时代的要求,重新界定自由教育,在 1984 年对毕业生讲话时指出:"自由教育不是一种不现实的教育,它是一种自我塑造的紧张的实际行动……这种自我塑造的更大目标是学会如何从自我中走出来,实现自我,超越自我,走向他人,从而塑造一个国家,使自己的国人生活得更美好。"①

在全球化浪潮蜂拥而来、高等教育面向社会开放办学的今天,耶鲁大学的自由教育理念显得既保守而特立独行,又难能可贵。在其 300 多年的发展历程中,世界环境发生了天翻地覆的变革,耶鲁大学却始终如一、毫不动摇地坚守自己的办学理念,而不为外界的诱惑所动,这种执著的精神值得全世界的教育界深思。

自由教育在其教育目的上主张发展人的"理性",轻视以满足直接需要或实用为目的的教育。自由教育论者都强调:只有发展一个人的理性才能使一个人从一时的冲动、眼前的、个别的利益中解放出来,才能使人获得正确处理人的生活和事业面临的各种问题、各种关系的见解和能力,而消除由于无知和蒙蔽造成的片面性和狭隘性。自由教育的目的是完善人的身体、灵魂以及理性,使得人热爱真理,追求正义,成为负责任的公民,并且拥有美好的生活。自由教育是非功利性的、非职业性的,所提供的教育是全面的,即照顾到身体、道德和心智能力的和谐发展。自由教育的主体是"人"本身,即落脚点与出发点是人,人本身既是教育的起点,也是教育的终点。人就是教育的目的。在教育内容上,关注知识的"全面性"和"普遍性"。自由教育者几乎都反对只给学生进行某种专门的知识训练,亚里士多德鄙视、否认这些知识的价值。同时自由教育有着鲜明的阶级性和等级性,无论是亚里士多德、纽曼还是《耶鲁报告》都强调这不是所有人的教育,只作为高等教育的少数人能够接受的教育。它与个人在社会上的政治、经济地位有关,只适合与奴隶、工匠相对的"自由人"。

自由教育的思想有着超越时空的具体要求,不讲求功利性,不追求实用性,这种教育在教育目的的界定及其合理性的证明上,几乎从不考虑学生的偏爱、兴趣、社会的需求或政治家的理想。在很长一段时间确实得到一批思想家的推崇,而且至今也还有。但是在工业革命以后,随着实用主义教育价值观、国家主义价值观、教育民主化思潮等的影响,各种具有实际用途的自然科学教育、工程教育涌入大学校园,使得自由教育不得不面对受教育者的兴趣、社会发展的要求。专业教育的不可抗拒的发展趋势和受教育者的多种多样的需求、社会发展的需要,自由教育面临着被抛弃的危险。而且进入 19 世纪以来,从社会需要的角度来看,一方面,社会需要相当数量的具有实用技能的人去充实一些适用的部门,社会生产领域越来越需

---

① 李曼丽:《通识教育——一种大学教育观》,清华大学出版社 1999 年版。

要掌握实用知识的人才；另一方面，越来越多的人希望高等学校能够提供多种多样适合个人兴趣的教育。在这种新旧教育思想的矛盾激烈的历史背景下，美国博德学院的帕卡德教授于 1928 年撰文，为大学仍应设公共课而辩护，认为作为进行专业教育的前提，大学生必须学习有关的公共课，以得到必要的共同培养，并称这部分保证学生具有一定广度的知识和技能的教育为"通识教育"。

综上所述，可以发现现代大学教育视域下的通识教育在一定程度上包含着"自由教育"的特定思想和核心内容。但不同于自由教育，两者最大的区别在于通识教育并不排斥以直接需要或实用为目的的教育。但这一点常常被忽视，因此在很多时候，自由教育与通识教育常常被混在一起使用。

第二节　通识教育在我国的发展

一、通识教育在我国的兴起

新中国成立前，我国一些著名教育家就开始倡导通识教育，并在一些著名大学实施通识教育。如 1917 年蔡元培改制中主张文理相通，并首先采用选修制、学分制，改革课程模式。这些举措为其他一些大学所仿效。20 世纪世纪 20 年代后国内的一些高校一度注意实用性和专门性，但梅贻琦、张伯苓、竺可桢、周谷城等教育家一直坚持通识教育。30 年代末政府又规定加强通识教育。

在当代中国高等教育界，尤其是高职教育界，重提"通识"教育还有其更为广阔的社会现实意义。中国高等教育从 1952 年院系调整和全面学习苏联模式以后，由于急于摆脱落后面貌，为适应工业化、现代化建设的特殊要求，工程技术专业的位置被抬得过高，文化素质教育受到前所未有的忽视与冷落。这样，就使得原来诸如清华大学、南京大学、浙江大学、山东大学等久负盛名的综合性大学在学科门类的设置上受到了很大的削弱。更为重要的是，在这一时期，中国大学教育的根本指导思想随之发生了很大的转变。这种转变在当时是必要的，也是正确的，有其巨大的历史合理性。尽管这是时代使然，但却给整个高等教育带来了很大的偏失。随着社会发展由计划经济向市场经济转轨，行业结构、产品结构变化频繁，旧行业和产品不断被淘汰，新的行业和产品不断出现，打破了部门经济、行业经济的界限，学生仅在某一方面的专业知识已经远远不够满足社会需求。

现在，当社会的发展剔除了时代所赋予这种教育模式和指导思想的历史进步意义以后，我们就会发现这种单一的、精英式的大学教育模式已经越来越多地显露出其时代的烙印。这个问题在学术界已经引起了足够的重视。许多学者已经提出了自己的见解和主张。一些学者表示，在华人地区，尤其是中国，严重的"应试教育"，过早的文理分科所造成的种种弊端，更将实施和优化通识教育的紧迫性提上了大学决策层和教学任务实施者的议事日程。近代以来,科学技术、现代工业以及对生态关注的漠视,导致了日益严重的环境危机、社会危机、精神危机,这些危机越来越强烈地呼唤人类的通识观念和通识智慧。掌握高科技或生活在高科技社会中的人,"往往由于素质上有缺陷,个性发展上畸形,导致精神空虚,人格堕落,人际关系淡漠冷酷,甚至异化为所谓的'经济动物'、'科技奴隶'、'智能强盗'"。① 科学技术的发展给社会提供了更大的多元空间和不可测性,未来的社会对人才的需求也呈现出多元性和超前性。因此,中国的现代高等教育,非常有必要借鉴西方发达国家长期致力于探索的通识教育理念。

二、通识教育在我国的融合

我国现阶段的高等教育的办学方向正处于由精英化的教育模式向大众化的教育模式转变时期。

所谓高等教育"大众化",是指一个国家适龄青年中接受高等教育的比率,即入学率在15%～50%左右。中共中央、国务院早在1999年就明确提出了高等教育发展目标,明确要通过多种办学形式积极发展高等教育,力争到2010年,我国同龄人口的高等教育入学率要从目前的9%提高到15%左右。② 因而,这就需要我们在吸取以往高等教育的经验教训的基础上,在借鉴发达国家通识教育的基础上,提出适合我国国情,体现我国特色的通识教育模式,进而探索出一条行之有效的大学通识教育之路。基于这一背景,充分考虑品德教育在整个大学教育体系中的缺失和学生整体责任意识、人文素质的滑坡等教育现状,对大学生实施有中国特色的通识教育就十分必要。这样就能在很大程度上避免走发达国家在高等教育方面所走过的弯路,同时还能将中华民族源远流长的通识思想进一步在高等教育中发扬光大。

从哲学层面分析,西方文化主要从本体论和知识论等哲学视角认识和理解通识教育,而中国文化则不止于此,中国文化更进一步扩展和深入到人生观、价值观、历史观和审美观领域,这样通识就获得了更加全面、更加深刻的意蕴,成为世界观、人生观、知识观与价值观的统一,集中反映了中国文化对学问人生、知识智慧、道德文章、做人做事等方面的完美追求。中西方文化的差异决定了我们实施通识教育的时候,更应该注意中国国情与当今民众的社会心理的差异。

通识教育与自古就有的自由教育是两个不同的概念,两者既有区别又有联系。通识教育是对自由教育的超越,因而既有继承,又有舍弃和发展。通识教育继承了自由教育对人性发展的重视,舍弃了只为少数有闲阶级服务的贵族教育色彩,成了为全体公民提供的、密切联系当前社会的、与专门教育有机结合的教育。可以说,

---

① 黄俊杰:《大学通识教育的理念与实践》,华中师范大学出版社2001年版。

② 宋尚桂、王希标等:《大学通识教育的理论与模式》,中国海洋大学出版社2007年版。

通识教育是对自由教育的现代化改造。

然而,对于通识并非全是一片赞美之声。其中有一种观点认为,通识教育是对专业教育的补充,即于自己所学专业之外,再学一些本专业外的知识和技能。在这种观念的指导下,通识教育尽管包括不少人文学科的内容,学生经过学习后也会增加一些人文知识。但这种通识教育实质上仍是科技教育的延续,而非本真意义上的通识教育,难以起到教育、完善人的作用。为此,中国现代大学教育的许多学者在实施通识教育的过程中,强调要围绕价值观念、理想人格、行为规范、思维方式、求真精神、科学意识等方面的素质要求,把人类特别是本民族积累的价值理想、品格情操等有形和无形的精神财富,把人类尤其是本民族的智慧精神、科学成就等文明历程和实践经验传授给学生,以期使之能洞察人生、完善心智、净化灵魂,担负起本民族所赋予的历史责任和义务。

事实上,当通识教育作为一种全新的教育形态和理论进入大学教育之后,就不能将通识教育仅仅在技术层面或者制度建设层面上理解,而应该将它放在哲学层面的高度加以阐释。在全球化的时代背景下,每一个民族的文化传统都必须回应全球化挑战。这种回应是两方面的:其一是改造和优化自己的文化传统,其二,向全人类贡献自己文化传统中的优秀内容,使之成为全人类共同的价值。同时,中华民族素来以具有浓厚的道德理性主义传统而著称于世。当西方民族还处于中世纪的蒙昧与浓厚的神话传说氛围笼罩中的时候,中华民族便步入理性感、道德感极强的时代。中华民族的传统文化积淀、历史文化内涵、道德文化底蕴比世界上其他任何民族都丰富。所以传统意义和模式下的道德教育,不仅包括中国历史上源远流长的优秀道德传统,而且还包括整个传统文化中的精华,尤其是历史文化中的精华。就现阶段而言,通识教育应该是在注重学生的全面发展、知识整合、人格塑造的基础上,更加注重利用丰富的民族传统文化资源的人文精神熏陶。比如,文学能熏陶人生内涵,深化对生命价值认识,具有教化劝善的功能;历史能培养历史感及社会责任,寄赋远识、庄重及洞察力;哲学则是关于世界观、方法论的学问,能锻炼辩证全面的理性思维,促使学生思想人格的健康发展。

大学通识教育,尤其是知识经济时代的大学通识教育,应该充分利用我们优秀的民族传统文化,并在将其加以改造的基础上使之成为个人加强自身素质修养,社会重建与维系共同的社会理想、社会信仰、道德支柱、社会意识脊梁的方针与策略。它充分体现了传统优秀道德文化与现代道德的完美结合,是历史传承性与时代性的有机统一。这将是一个长期的过程,也是一项艰巨而复杂的系统工程,需要全社会的通力合作与默契配合。因而这也就成为高等教育的题中应有之义,更是通识教育所致力于追求的目标之一。只有将优秀传统文化有机地融入大学通识教育中来,我们的通识教育才能真正地体现出国家特色,才能找到一条适合中国国情的可行之路来。

三、通识教育在我国的实践

尽管在现阶段通识教育尤其是高职教育类型的通识教育,还远没有在学术界达成共识,但似乎通识教育的尝试与实践已经在当代中国高等教育界崭露头角,并且取得了初步的成效。梁启超在《国学入门书目及其读法》的附录中曾经这样说:"无论学矿、学工程……皆须一读。若并此未读,真不能认为中国学人矣。"著名的历史学家、教育家周谷城先生曾经提到在暨南大学教书的情形:"……另外还教'中国通史',当时学校的学生,不论文、理、法、商,各院的学生都要学中国通史。"①查阅中国大学传统教育内容可以看出,自中国现代意义上的高等教育诞生之日起,注重学生的素质教育就受到了有识之士的关注和强调。

伴随着高等教育的发展,注重人的全面发展成为一个萦绕在每一代高等教育工作者的头脑中的问题。

20 世纪 80 年代初,北京大学校长周培源在《访美有感》中较多篇幅地谈到了通识教育问题。他谈到三点:一是美国著名大学低年级不分系,并可以转系;二是学生入学后所学课程有较大的选择性;三是任何学科的大学生都要学习人文科学和社会科学。他引述加州理工学院院长的话:"我们培养的不仅是一个工程师、一个科学家,而最根本的,我们培养的是人","学生要学习文艺、历史、社会科学,他们要懂得社会和人,因为任何一个科学家,每天、每时都在和人、和社会打交道"。② 他列述了加州伯克利化学学院和加州理工学院的部分通识教育课程。在"学术现代化"问题中,他介绍了加州理工学院社会科学学生有较好的科学或工程技术基础,毕业后可在人文科学、社会科学、商业或政府部门工作。这份报告可以看作改革开放后中国教育界重新关注通识教育的重要标志。

我国一些国家重点综合性大学和重点理工大学自 20 世纪 90 年代也进行了许多有益的探索。如北京大学的"文理双学位制";清华大学成立了"人文社会科学学院",并面向全校学生开设人文社会科学类课程;南京大学成立了人文艺术中心;浙江大学文科专业坚持从理科高中毕业生中招收,并且还鼓励理科的大学毕业生报考文科专业的研究生;华中理工大学构建的"文化素质教育模式"等③;在驻山东省的高校当中,曲阜师范大学多年来一直坚持在学校的各个院系中开设《论语》课,以文史见长的山东大学已经在全校范围内开设了《中华传统文化教育》课、文理双学士……④因此,随着国内多所大学对通识教育课程有益实践与探索的深入,通识理念也必将 21 世纪我国影响最大的大学教育理念之一。

① 黄俊杰:《大学通识教育的理念与实践》,华中师范大学出版社 2001 年版。
② 黄俊杰:《大学通识教育探索——中国台湾经验与启示》,中山大学出版社 2002 年版。
③④ 宋尚桂、王希标等:《大学通识教育的理论与模式》,中国海洋大学出版社 2007 年版。

中国高校通识教育课程的理性描述列于表 2-20。

表 2-2　中国高校通识教育课程理念描述

范围	描　述	内　容	课程数量
范围A：文化传承	从不同层面介绍中国文化的主要特质，务使学生对中国获得较宏观和全面的认识	中国文化要义、中国传统文化导论、中国文化导论、传统中国文化概论、现代中国文化概论、中国文化与现代化、中国文化及其哲学、中国哲学主流思想、中国近代思想史、中国文化与社会、中国社会、中国社会思想发展大纲、中国历史之传统与变革、中国历史变革概论、中国传统思想史、当代中国思潮、中国文化与文学、从传统到现代、中国社会变迁、中国艺术传统、中国文化与教育、中国的文化遗产等	21门
范围B：自然、科技与环境	引导学生认识自然、科学和科技，检讨人类在大自然的角色；观察科技如何改变人生、社会与自然环境，及其对人类的未来的启示	自然的秩序、人类的演化、人类与星辰、博弈和策略思想、资讯科技及经济、海洋探秘、气象学概论、材料科学概论、互联网、多媒体与咨询社会、环境教育议题、网络政治、医学科学观、临床医学科学观、科学哲学与人生、中医与中药、数码生活解码等	35门
范围C：社会与文化	加深学生对人类社会与文化的构成和表象的理解，以助其掌握当中的通则和多样性；介绍探讨社会、政治、经济或文化议题的相关理论和研究方法	双语现象、文化与翻译、翻译史、语言文化习论、现代新加坡史、了解弱势社群、认识经济指标、澳门史：东西文化的汇聚、现代社会与城市文化、价值与文化多元化、文化与神话想象、西洋音乐概览、音乐与文学、电影与电视字幕翻译、语言与文化、语言与欲望、可持续发展、生态旅游探索、风水与人居环境、全球粮食资源、中西文化特质比较、西方历史之传统与变革、日本文化与社会概论、中国历史资源与文化产业、香港电影、日本与世界、日本流行文化、东西文化中的女性主义、帝国主义殖民主义与亚太地区的发展、从电影分析日本文化与社会、世界宗教、中国文化与宗教、双城故事：上海与香港、魔法神话与超自然、性别在亚洲等	119门

范围	描 述	内 容	课程数量
范围D：自我与人文	探索人生和意义与价值之多元性；学生透过人文及相关学科，加强对自我的认识和反省	逻辑、逻辑与论辩、批判思考、男人女人与语言、香港文学欣赏、对联的文化与艺术、中国戏曲欣赏、哲学与人生、中国文物欣赏、道家与中国文化、价值与公共事务、个人成长、生命的选择：一个人成长之旅、个人心理健康与健康家庭、个人与自由、爱情哲学、思维与不朽、21世纪健康生活、生活的意义、宇宙学术与认识等	39门

第三节 通识教育的学术流派

通识教育在形成过程中，由于不同的文化背景、政治背景，尤其是不同的教育理念和对人才价值的诉求不同，出现了许多学术流派。不同学术流派的争论和实践，在一定程度上使通识教育的理论体系更加完善，通识教育的实施线路更加清晰。

一、通识教育思想的理论来源

现代通识教育的概念20世纪初在美国提出，20世纪中后期快速发展。通识教育，是相对于日益狭窄的专业教育而言的。正如前文曾经提到的那样，人们"把自由教育看作是一个广义词，而把通识教育看作是自由教育在本世纪的具体形式"①，我们可以看出自由教育的思想发展毫无疑问在通识教育的发展过程中扮演了非常重要的作用。所以在梳理通识教育概念的时候，很有必要先弄清自由教育的含义。

我国的学者曾经这样总结："自由教育也是一个不断发展变化的概念，在不同的历史时期、不同的国别，其内涵是不同的。"②而自由教育的传统也毫无疑问地看作通识教育理论的最好来源。从历史发展角度的看，自由教育的思想可以被分为古罗马希腊时期的自由教育思想的形成期、文艺复兴时期的以古典教育学科为主的自由教育时期以及工业革命开始后的自由教育内容扩展时期。古罗马希腊时期的自由教育思想核心是发展理性，标志着教育从纯粹的公民教育转向更广泛的教

---

① 宋尚桂、王希标等：《大学通识教育的理论与模式》，中国海洋大学出版社2007年版。
② 杨颉：《大学通识教育课程：借鉴与启示》，上海交通大学出版社2009年版。

育;文艺复兴时期的自由教育保持了高雅的特点,重视传授价值、轻视讲述事实、重古典文科、轻实用学科、把心智训练而不是具体技术或职业作为重点;工业革命开始后的自由教育吸收了科学学科,成为了文理兼备的教育。

（一）自由教育思想的形成时期

这一时期主要是指古罗马时期,主要特点是自由教育思想的提出和形成。最早提出自由教育这一概念的是古希腊亚里士多德,他提出的自由教育是针对当时的自由人的教育,以自由发展理性为目标。从词义上看,"自由"一词和"奴隶"一词是相对的。亚里士多德所主张的自由教育的核心是发展理性,用他的话来说,理性是人的决定性的形式或思想,正是理性最终从人身上揭示出来并且从一开始就在起作用,推动和指导人的发展过程。约在12世纪出现的大学都继承了亚里士多德所提出的自由教育思想。

（二）以古典学科为主的自由教育时期

自由教育发展的第二个时期应该说是从文艺复兴时期开始的。这个时期的主要观点是注重古典学科或文科。文艺复兴一词通常用以表示人类精神的惊人觉醒,其实质不是古代思想方式和习俗风尚的再生,而是对束缚人的狭隘的中世纪精神进行坚决的反抗,是对更丰富、更充实的个人生活的一种迫切追求。以文艺复兴为起点的古典自由教育,倡导研究古典文献,呼喊着:"回到古代去! 回到古代世界的文学艺术和宗教等方面去!"①从表面上看好像是要再现古代的自由教育,但实际上是发展了原来的自由教育,是同一些旧的信仰的决裂。这个时期的自由教育利用古典作品建立了自己的新体系,在思想上冲破了自由教育使人皈依神性的目的,认为教育是为了明确今世的目的,倡导解放人性,使个人的身心获得自由发展。可以说,文艺复兴是自由教育的一个里程碑。在高等教育中表现为重视传授价值,轻视讲述事实,重古典文科,轻实用学科,把心智训练而不是具体技术或职业作为重点。

（三）自由教育内容的扩展时期

从工业革命开始,自由教育的发展进入了第三个时期。这个时期的特点是,自由教育吸收了科学学科,成为了文理兼备的教育。同时大学本科把现代意义上的专业教育也作为自己的一项重要任务。这一时期的自由教育思想吸收了古典人文主义和功利主义的精华,兼取了两者的长处,其主要观点是,高等教育不能只是为知识而知识,还必须考虑知识的后果:不仅应进行自由教育,还应该进行专业教

① 宋尚桂、王希标等:《大学通识教育的理论与模式》,中国海洋大学出版社2007年版。

育。随着工业革命后,实用主义教育价值观、国家主义教育价值观和教育民主化思潮等的影响,各种具有实际用途的自然科学、工程教育涌入大学课堂,使得自由教育不得不面对受教育者的兴趣和社会的发展要求。专业教育的不可抗拒的发展趋势和受教育者的多种多样的需求、社会发展的需要,也使得自由教育不得不拓展其内涵来为自己辩护。

二、通识教育的理论派别

西方尤以美国大学为代表的通识教育思想可以大致分为三个理论脉络,即以纽曼和赫琴斯威为代表的理想主义,应用中形成了耶鲁——芝加哥式的理想主义风格;以杜威和克尔为代表的进步主义和实用主义,威斯康星和伯克利两所大学的观念和精神为此主义的现实体现;以康能和罗索夫斯基为代表的精粹主义和本质主义,哈佛大学和斯坦福大学的核心课程通识教育则显现了此派兼具保守和自由的校风。

（一）理想主义

此流派提出要追求普遍真理的教育目的论和构建内省思辨的方法论。此流派代表人物纽曼在其著作《大学的理念》中将大学定义为教授和学生的"学者社区",大学的目标在于"自灵的扩展和启明"[①];另一代表人物赫琴斯在芝加哥大学代理校长期间,将其理念充分发挥,大力推行经典名著课程,这些课程是文雅的而非实用的、心智的而非职业的、整体的而非割裂的、必修而非自由选修的。现代秉持理想主义思想的教育家仍极力主张通识教育。

（二）进步主义与实用主义

此流派倡导"人是万物的尺度"。西方经验主义者洛克则提出知识是后天生活经验中来,教育要提供学生在自由选择中发现自己并成长。卢梭的自然主义教育观则认为教育过程要顺应自然程序,由易而难,给学生自己个人的自由和兴趣表现。此流派应用典范有:以杜威为代表的进步主义通识教育,这种以学生兴趣为中心和自由学习的理论在 1910—1940 年间深受欢迎;之后,将杜威观念进一步发展的实用主义通识教育则强调"多元大学"概念,即大学目标、大学权力中心及大学服务对象的多元,因而学生"必须在困惑当中自行确定问题以及找到安定"、"自行挑战和抉择、自行喊停或前进"。此流派最大的目的有三:一为发展学生应对变动的社会环境及预测解决问题的能力;二为培养学生管理自由时间的能力,并满足内在需求;三为学习影响周边的政治社会能力,以促进社会公平、正义。

---

① 杨东平:《大学精神》,辽海出版社 2000 年版。

（三）精粹主义与本质主义

此流派在 20 世纪 30 年代在美国兴起，起因是反对杜威等人的进步主义思想。发动人物是美国第三任总统杰斐逊，他倡导的一项民主革命性改革内容就是"政府有责任供给贫民免费的教育"[①]。其代表人物是美国 20 世纪著名的比较教育学家康能。他担任哈佛大学校长期间倡导"大学的生命要靠文雅教育的通识教育和专业教育来维持"。1945 年推出的著名的"哈佛红皮书"，确定了包含人文、社会及自然三大学科的通识教育核心课程；另一位代表人物是罗索夫斯基，提出了兼具"职业训练"和"个人的整体健全发展"的通识教育目的，提出哈佛核心课程所致力培养的"有教养的人"的五项标准，正是在他的倡导下，哈佛大学提出了对通识教育实践具有重要意义的核心课程建设。

---

① 宋尚桂、王希标等：《大学通识教育的理论与模式》，中国海洋大学出版社 2007 年版。

第四章　通识教育的理论基础及尝试

渊源于古希腊著名教育家亚里士多德自由教育的通识教育思想，在产生与发展的过程中由于其教育哲学观乃至理论基础的不同而呈现出不同的派别，其通识教育观也因此存在着诸多差异。不仅如此，对于这些通识教育哲学流派的组成也存在不同的看法。

第一节　不同哲学模式下的通识教育

国外通识教育研究者认为通识教育的哲学主要涉及永恒主义、要素主义、进步主义和改造主义四种；与此稍有不同，当代我国的一些教育研究者认为，通识教育的三大哲学基础分别是理想主义、进步主义和要素主义，由此可以析出相应的三大通识教育哲学流派。这些观点都为我们认识通识教育哲学流派提供了线索。这里依据其哲学理论基础的不同，将通识教育哲学流派分为永恒主义、进步主义和要素主义三大派别。

一、永恒主义通识教育哲学

永恒主义通识教育哲学流派产生于 20 世纪 30 年代的美国，它是一个提倡"复古"的教育哲学流派。其代表人物主要有美国教育家赫钦斯和阿德勒、英国教育家利文斯通、法国教育家阿兰等人。永恒主义通识教育哲学的主要代表作包括：赫钦斯的《美国高等教育》、《为自由而教育》、《民主社会中教育的冲突》、《学习社会》，阿德勒的《怎样读一本书：获得自由教育的艺术》，利文斯通的《保卫古典教育》、《教育的未来》以及阿兰的《教育漫谈》等。①

永恒主义通识教育哲学的产生有其特殊的时代背景。20 世纪 30 年代正值美国经济危机期与教育变革高潮期，此时，经历了挑战的传统文科教育开始回潮，他们捍卫古典教育，因指责进步教育从而被称为"新古典主义教育"，这其中也包括了永恒主义教育哲学流派。

永恒主义通识教育思想的哲学基础是古典实在论，它渊源于古希腊亚里士多

---

① 宋尚桂、王希标等：《大学通识教育的理论与模式》，中国海洋大学出版社 2007 年版。

德学派和中世纪托马斯·阿奎那主义的传统。对于实在,永恒主义者认为"实在乃是潜存于物质之中的永恒的形式之展现"。宇宙被永恒、普遍的法则支配,事物的变化是趋向于自身本质的过程。对于认识,永恒主义者则认为,一般先于个别;"认识要经历从全面无知到经验的和意见的水平,再到理性和精神的水平"。对于价值,永恒主义者认为道德从属于"智慧"。总体看来,永恒主义者崇尚"绝对不变",崇尚理性与精神,崇尚"智慧",这些观点都影响了其对教育的基本见解。

永恒主义的代表人物赫钦斯认为,全面教育问题的答案来源于对"人性"问题的阐释。在他看来,人性是不变的,因而教育的性质也是不变的、永恒的。不仅如此,人是"一种道德的、理性的、精神的存在",教育的目的就是改善人,使其"成为人",成为"承担某种社会职责的人"。[①]

与对"专业教育"与"职业训练"的认识不同,赫钦斯认为,通识教育是"对每一个人的教育",目的是"帮助学生学会自己思考,作出独立的判断,并作为一个负责任的公民参加工作"。它培养通才,着眼于人格。对于这一点,永恒主义的另一个代表人物阿德勒也认为,"理性"(人性)是教育的根本目标,其中"理性"又分为知性与德性,从而倡导文雅教育。不仅如此,利文斯通和阿兰等人都强调古典教育,注重品格的塑造。综上可知,永恒主义者对通识教育尤其是通识教育目的的认识基本上是一致的,即都注重"理性"的培养,强调人的理性发展,注重人格的塑造。

在相对宏观的论述之后,永恒主义者又论述了高等教育与普通教育(通识教育)的关系。对此,赫钦斯指出,"高等教育与普通教育之间存在着特殊的关系。我们永远不会有一所没有普通教育的大学"。进而,他又从"效用"的角度阐述了普通教育对于大学的有用性,即"……普通教育是大学赖以存在的纽带和本质特征,大学如果缺少了普通教育就不成其为大学。……普通教育可以为学生的进一步的提高学习作准备,有助于学生日后更好地理解这个世界;同时,通过普通教育可以发展人们的阅读习惯,形成他们相应的审美标准和批判准则,这有助于学生在结束正规学校教育后,对他们所面临的现实生活进行深邃的思考并采取理智的行动。……普通教育还有一个更为深刻、宽泛的功用,即养成人们的智力美德"[②]。如此一来,赫钦斯就使得大学与社会保持了一定距离,把弘扬人的理性作为高等教育追求的最终目的。进而,他在实践上倡导大学应加强通识教育,促进人的理性发展,如此大学也就可以称为是真正探讨高深学问的机构,因而只有通过通识教育所内含的共同的理智训练,才能实现真正的探讨,"否则一所大学必然仍是一系列不同的学院和系科,它们除了拥有同样的校长和董事会之外,没有什么东西把它们联

---

① 王瑜:《影响通识教育理论的三大哲学基础》,理工高教研究 2005 年第 3 期。
② 陆有铨:《躁动的百年——二十世纪的教育历程》,山东教育出版社 1997 年版。

系起来。教授们不能相互交谈,至少不能谈任何重要的事情。他们也不希望相互理解"①。

基于古典实在论的哲学观(如实在论、价值论与人性论等)、知识观、真理观,永恒主义的代表人物赫钦斯指出:"我坚持认为,永恒的学习应该是普通教育的核心,但这并不意味着永恒的学习就是普通教育的全部。"②尽管如此,他仍然肯定了永恒学习的重要性,他认为,"这种永恒学习能抽绎出人性中的共同要素;能实现人与人之间的关系;能将我们与人类的思想精华联系到一起;同时,它也是人类进一步学习和理解世界的基础"。这与永恒主义教育目的的观是一致的,因为"教育意味着教学,教学即意味着知识,而知识是真理,真理在任何地方都是相同的"。不仅如此,在教学上,永恒主义者认为,应该注重的是方法而不是内容问题。

从具体内容上看,通识教育课程主要由永恒的学习组成,即"那些多个世纪以来的经典名著"。而"这些名著是普通教育必不可少的组成部分,因为没有它们,就不可能了解任何学科,不可能理解当今世界"。进而,赫钦斯提出在大学中应设立普通教育课程,以批判当时美国大学里杂乱无章、毫无目的的课程。他说:"我反对充塞美国很多名牌大学概览表的那些名目繁多的无聊课程如美容学、捕鱼和踢踏舞,这些课程除了帮助学生无所用心地消磨四年时光以外毫无目的。"对于通识教育课程的组成,在赫钦斯看来,"应由西方名著以阅读、写作、思维和说话的艺术组成,再加上数学,它是人类推理过程的最佳范例"③。它们能够为年轻人选择明智的行为作准备、为高深的学习打基础,能够保卫真正的大学。如此一来,这种课程又可称为名著课程,这些名著课程具有多种价值:其一,代表西方文明发展的轨迹;其二,名著中涉及诸多问题及其答案在今天仍有指导意义;其三,可以促进知识的统一。这些价值都说明名著在任何一个时代都有其较强的适用性。

在教学上,永恒主义者认为,应该注重的是方法。针对通识教育的目的与内容,永恒主义者如赫钦斯、艾德勒等人提出用阅读的方法来学习名著,训练心智,发展理性。永恒主义者的通识教育方法,注重的是思想的交流。尤其在高等教育阶段,这些方法的应用更为必要,因为"这些乃是进行理智训练,发展人的理性的最好方法"。作为结果,"受过良好阅读训练的心灵已经发展广大的分析和批判的力量。受过良好的讨论训练的心灵进一步增强了这种分析和批判的力量。通过耐心的、通情达理的辩论,人们获得在辩论中容忍对方的修养"④。

具体看来,这些教育主张具有其独特的价值。第一,科技的发展所带来的学科分化与综合的趋势,要求学生在结束正规教育后仍能够继续学习,这与通识教育的目的相同,因而,大学需要通识教育;同时也为纠正大学阶段的职业教育与专业教

①②③④ 宋尚桂、王希标等:《大学通识教育的理论与模式》,中国海洋大学出版社 2007年版。

育的偏差提供一种可能。第二,在课程方面。强调学科之间的联系性与统一性,重视"双基",这对于纠正当时占主导地位的进步主义教育的某些偏差有借鉴意义。可以说,永恒主义通识教育哲学已经不仅影响了当时美国教育理论与实践的发展,而且也成为当代各国教育进行通识教育的重要理论基础。

但是,另一方面,永恒主义通识教育哲学也存在不足:其一,从理论基础上看,永恒主义提出的人性论、教育目的论乃至课程论都是从古典实在论出发的,缺乏坚实的心理学和社会学的实证基础,这也在一定程度决定了永恒主义通识教育的最终走向衰落。其二,从具体教育内容(如课程)上看,永恒主义提倡的永恒学习、名著课程的厚古薄今倾向,严重偏离了现代社会的发展轨迹;另外,对科技文明发展的排斥也不适应现代社会的发展,这限制了其在当代社会的鲜活生命力。

二、进步主义通识教育哲学

进步主义教育哲学(亦包括通识教育哲学),兴起于19世纪90年代的美国,其主要代表人物是教育家杜威和克伯屈,尤其杜威是进步主义教育运动的创始人。在进步主义教育的发展中(尤其是20世纪初至20年代),通识教育开始凸显,期间开始出现了大量的进步主义学校,这不仅影响到了当时的初、中等教育,而且也影响到高等教育,这是进步主义通识教育发展的重要时期;20世纪30年代后,进步主义教育受到前所未有的冲击,尤其在教育领域受到当时的永恒主义与要素主义的冲击,其发展开始渐缓;这种情况到了20世纪五六十年代而达到低谷,即进步主义教育运动的解体。尽管如此,进步主义教育哲学仍对当今美国乃至世界各国的教育具有重大影响,这一点正如美国学者克雷明所说:"进步主义派提出的问题中,在他们建议的解决办法中,许多是没有时间性的。"[①]

19世纪后半期,美国的发展及其衍生的问题为进步主义教育的产生提供了坚实的背景,其中移民对新教育的需求、工业化和城市化的发展对教育变革的吁求、文化的进步对教育发展的保障以及由以上诸种发展变化而衍生的问题对新教育的呼唤成为突出的背景,进步主义教育哲学也就在此背景下诞生了。

关于进步主义教育哲学的理论基础,我国教育研究者陈其指出:"进步主义教育运动不仅是把实用主义和工具主义运用到教育,而且是在更高层次上直接反映了进化论思想。"不仅如此,机能心理学亦是进步主义教育哲学的直接理论基础;至于其教育的理论渊源,则受到法国教育家卢梭、瑞士教育家裴斯泰洛齐、德国教育家福禄贝尔等人的影响。

进步主义通识教育哲学的基本观点与进步主义教育哲学的基本观点密切相关。这里,以杜威的教育哲学思想为线索来侧重认识进步主义通识教育哲学的相

---

① 单中惠、杨汉麟:《西方教育学名著提要》,江西人民出版社2000年版。

关论述。其中,在杜威的教育论著中可以析出进步主义教育哲学的某些基本观点,例如《明日之学校》中进步学校的共同特征:"注重保持学生智力和发展,与身体健康之间的和谐;采用活动教学法,动力使学校为现实生活服务;把兴趣作为教育的出发点,促进学生对民主的认识,以培养他们的社会责任感。"[①]其具体的教育观点主要有以下三方面。

（一）教育本质

任何一种教育运动或实验都来源于对教育本身的认识。基于广泛而复杂的理论基础,进步主义者尤其是创始人杜威阐发了对教育本质的认识。

1. 教育即生活。

杜威在批判传统教育观的基础上,提出教育即生活的主张。他认为:"生活乃是人与环境相互作用并不断更新的结果。生活的内容不仅仅指生理意义上的生活,而且也包括个人与种族的全部经验。"[②]进而,他阐述了教育与生活的关系:教育使人类的生活延续,教育是生活的必需,生活为教育提供内容,对儿童来说,教育应该适应儿童社会生活的需要,学校应该成为儿童真正的生活场所。

2. 教育即生长。

它从纵向维度论述了生活的本质即生长发展,主张"教育就是不断生长"。这里,生长指的是"个体与环境相互作用对儿童整个机体所发生的生理、心理等各个方面的变化"。这种生长能决定未来社会的面貌,它表现为习惯,所以,"教育的意义就是使人获得能够使自己适应环境的种种习惯,保持有机体与环境的全面平衡"[③]。

3. 教育即经验的改造或改组。

它是从横向维度即生活的内容方面来阐述教育本质。作为进步主义教育的基本范畴,经验的改造使得生活延续,而将人对环境的动作与结果相联系,经验就具有了教育的价值。依据此种观点,杜威进一步指出,"经验的改造可能是个人的,也可能是社会的"。这亦可看出进步主义者对个体与社会的调和努力。

（二）教育目的

进步主义者对教育目的的阐述直接影响了其通识教育目的。关于教育目的,进步主义者有几个观点,其中教育即生活是对传统教育目的的直接批判,进而,他们又提出了教育目的的其他主张。其中包括良好目的的自身特性,即,第一,

①　单中惠、杨汉麟:《西方教育学名著提要》,江西人民出版社2000年版。
②　单中惠:《西方教育思想史》,山西人民出版社1996年版。
③　宋尚桂、王希标等:《大学通识教育的理论与模式》,中国海洋大学出版社2007年版。

它产生于活动之中,连贯一致;第二,它随着情况而变化;第三,它使得活动自由。在此基础上,进步主义者提出了良好教育目的的几个特征,即,它考虑到受教育者的个人固有活动和需要;它能转化为受教育者的活动进行合作的方法;它是具体的。

总体看来,进步主义者对教育目的的认识是针对传统教育目的的,进步主义教育哲学的宗旨就是生长,它涵盖了生活与经验的改造。在此基础上,进步主义学校尤其是进步主义教育学院提出了自己的通识教育主张。更为具体的通识教育目的则体现在进步主义教育学院的具体规定中。不同的学院基于"个人"和"社会"的立场规定了自己的通识教育目的,其中有的侧重于培养"个体的人",注重个体自身的发展;而有的则强调为学生进入生活做准备,注重学生社会价值观的培养。

（三）内容与方法

进步主义通识教育目的为其教育内容的选择提供了依据。在这里,进步主义者提及专业以及专业选择的前提条件,其中专业选择的前提条件,指的是帮助学生学习和了解人类文明成就的主要领域,如文学、艺术、自然科学与社会科学等领域,由此亦可以看出进步主义者在教育内容上对通识教育的重视。例如,本宁顿学院明确规定学院的前两年应该集中学习与文化有关的课程,使学生理解现代西方文明。但是与传统教育的"静态"内容不同,进步主义倡导内容的"经验"化和"活动"化。

不仅如此,进步主义者还认为,"最重要的教育内容应是在现实的社会生活中发生的问题,因为解决实际问题的能力不能通过现有的学科学习来获取"。由此可见进步主义者对基础课程与经验的调和。尽管如此,进步主义者对科目课程的兴趣不大,认为课程应该与个人的兴趣、需要和社会生活经验相结合,强调"方法"的掌握和运用。在具体的做法上,进步主义课程主要以问题解决、项目、实验等灵活多样的形式组织教学内容。

关于进步主义通识教育的方法。进步主义者提出需明确教材与教法的关系。进步主义者认为,教法须与教材统一,为此他们提出了问题教学法与设计教学法。

三、要素主义通识教育哲学

要素主义教育流派于 20 世纪 30 年代末产生于美国,在 50 年代至 60 年代中期成为一种对美国中小学教育以及高等教育产生重大影响的教育哲学流派,至 60 年代末,要素主义教育哲学开始失去其主导地位。20 世纪七八十年代则融入教育改革中。作为与进步主义教育哲学相对立的教育哲学流派,它的主要代表人物有巴格莱、科南特、贝斯特和里科弗等人,其中巴格莱作为要素主义的发起人对教育的基本问题如教育目的的价值、教育过程等进行了新的阐发,而科南特则直接论及通识教育尤其是大学通识教育问题,因此,要素主义通识教育哲学的整体思想和观点主是体现他们的通识教育认识体系中。

第二次世界大战后,社会发展使得"专门家"、"专业工作人员"的作用日益突出和重要。

这一明显的导向也使大学生对成功的界定和追求有了新的变化:某一领域的专家成为大学生追求成功的明显标志,与之相匹配,专业化教育也由此形成一种发展趋势,美国大学校园的教育者开始对专业教育上投入大量精力和时间,以期引导和引领大学生完成对成功目标的追求。①

对此,要素主义者从自己的教育理念出发,开始关注专业化教育给大学教育所带来的种种负面影响和不良作用。科南特在《教育与自由》的红皮书中认为,"我们必须意识到一个由专门家组成的社会是一个不健全的社会"②。在科南特看来,专业化教育的不足,主要体现在三个方面:第一,专业化教育不利于社会成员全面履行公民义务。他们认为,在专业化教育的引导下,完成专业化教育的大学生成为社会责任人之后,充其量是局限于某一个领域的专业人员,思想和考量问题方式的思维定式,使他们无助于全面理解和认识社会,无助于全面担当社会责任,对社会的全面发展是一个负数因素。第二,专业化教育不利于社会的发展和经济进步。主要表现为由专业化教育带来的社会人的专业分工明确,理论和技能体系单一,不利于人力资源的合理流动,在一定程度上制约社会进步和经济发展。第三,专业化教育不利于人作为个体的生存和发展。主要表现为当经过专门化教育进入社会的大学生开始独立工作生活以后,专业的限制使得他们不具备对专业以外的事物的判断和辨识,从而使专门化倾向明显的社会人生活的成本和风险增加,不利于独立生存和发展。

第二节　通识教育课程运动

通识教育运动事实上是时代需求的产物,在特定的时代背景下,教育与时代的呼唤,形成了一次又一次通识教育运动,并使通识教育步入一个良性发展的轨迹。

一、通识教育运动的产生

19 世纪以前,美国学院同英国的牛津、剑桥一样,崇尚"自由教育",以培养为

---

① 宋尚桂、王希标等:《大学通识教育的理论与模式》,中国海洋大学出版社 2007 年版。
② 单中惠:《西方教育思想史》,山西人民出版社 1996 年版。

数不多的牧师、律师及政府官员为目标,所开设的课程主要以古典人文学科为主,并且严格规定所有学生均修习同样的课程,学生没有任何选课的自由。

进入19世纪后,一方面,社会生产领域越来越需要掌握实用知识的人才;另一方面,越来越多的人希望高等学校能够提供多种多样适合个人兴趣的教育。一些具有进步民主思想的美国政治家、思想家、学者开始对传统的学院教育不满,极力主张打破传统学院教育封闭的旧框框。19世纪初德国大学提出的著名的"学习自由"和"教学自由"思想成为改革的指导原则。①

1825年,美国著名的政治家托马斯·杰弗逊模仿德国大学建立了美国第一所州立大学——弗吉尼亚大学。该校的办学宗旨之一是:允许学生在选择听课方面有完全的自由,提出并实施"平行"、"部分"课程制。"平行"课程制是指学校同时设有古代语言、现代语言、数学、自然科学、自然历史、解剖学与医学、道德哲学、法律等8个学院课程,学生可以在这8组课程之间任选一组作为自己的专修领域,一旦选定,在该组内就不准再对课程加以选择。"部分"课程是指学校允许为不打算攻读学位的学生任意选习他们感兴趣的课程。弗吉尼亚大学的"平行"、"部分"课程制的实施打破了原有学院课程的体系,为其他学院的改革开了先河。

哈佛大学教授乔治·提克诺,曾经留学德国,他积极倡导把杰弗逊在弗吉尼亚大学实行的制度用于哈佛,由于他的努力,哈佛学院正式允许高年级学生可以在各系的课程(相当于"平行"课程)内选修2~3门课程,但在各个系的课程计划之间不能自由选择。

弗吉尼亚和哈佛两校的改革对全美高等院校产生了一定影响,阿姆赫斯特学院、联合学院以及西部和东北部院校,也都先后进行了选修制的尝试性改革。

但是,这种改革一开始就受到传统势力的阻挠与反对。其中最具有代表性的是耶鲁学院的《耶鲁报告》。然而,随着美国资本主义的加速发展,人们要求教育适应学生个性、要求改革高等教育的愿望日益迫切,所以,尽管选修制改革面临传统势力的束缚与阻挠,而改革运动并未因此中断。

1839年,哈佛再次发起改革,允许学生从二年级开始即可用自然科学、现代外语和历史等课程取代原来规定必修的拉丁语和希腊语课程。1841年,哈佛学院正式批准在全校实行"平行"课程方案。时任校长昆西(Quincy Josiah)认为,这种改革是合理的,因为文理学科课程大量扩充,一个学生不可能在四年时间内把所有课程都学完,因而必须有所选择。②但由于古典课程教授的强烈反对和资金匮乏,到1846年,该校决定将选修课程的数量减少到三四年级各3门,其他一律恢复为必修课程。③

---

① ② 王丹:《西方现代教育思潮》,广西师范大学出版社2003年版。

③ 李曼丽:《通识教育——一种大学教育观》,清华大学出版社1999年版。

19世纪50年代,在美国高等学校课程改革上具有重要影响的,还有密执安大学校长亨利·塔潘,他早年也曾留学德国,对德国高等教育十分推崇,主张采用选修制,其做法比弗吉尼亚和哈佛更进一步,不仅允许学生在不同的"平行"课程之间选修课程,而且在各个"平行"课程计划内也允许学生选修课程。

塔潘的改革计划在某些政治和宗教势力的反对下,不仅未能完全实施,而且他本人也被迫辞职。从19世纪初到内战前的50余年中,实行选修制仅仅是在美国个别高等学校进行的尝试,在全国范围引起的反响不大。1879年,斯坦利·霍尔的研究估计,在19世纪初美国全国有300多所高等学校,其中绝大部分还仍然在"坚信心智训练"的自由教育哲学的控制之下。选修制改革的失败与整个社会条件发展不成熟有关。

虽然19世纪初美国学院的选修制改革收效甚微,但作为对新时代背景下学院教育的一种探索,在这次改革中还出现了一种与"平行"、"部分"课程制既有联系又有区别的课程改革计划,这就是阿姆赫斯特学院的课程改革。

阿姆赫斯特学院面对新知识的增加和社会的变化,与弗吉尼亚、哈佛等学院一样认为:以古典课程为核心的学院教育是与时代的发展不相适应的,因此力主对传统学院教育进行选修制改革。该学院教员在探讨新课程计划时,指出了一个其他学院几乎都没有注意到或注意到却没有明确提出的问题:即在传统的学院教育中,学生学习的课程整齐划一,全部都是相同的;而在选修制下,由于每个学生被允许按自己的兴趣、职业、能力来选修课程,因此每个人选修的课程都可能互不相同。同一个学生接受学院教育所学的课程,从"完全相同"到"互不相同"变化如此之大,那么对学生来说,其所学的课程是否应该有一些共同的、基本的、人人都应学习的部分? 这个问题在阿姆赫斯特学院的选修制改革中颇受关注,经过教员的充分酝酿,1826年,阿姆赫斯特学院的教师委员会向董事会提交了关于修改课程的建议。该建议指出:古典课程既不充分"自由",也不够充分"宽广",因此应该扩充。该建议为学院制定了两类课程:一类是传统的古典课程;另一类是科学课程(为一些不希望从事法、医、神的学生设计,不授予学位),学生可以在前面两类课程中选学一类;在这两类课程之间还要求有些共同的科目,该建议称共同的科目为"共同核心",包括数学(2个1/3学年)、语言艺术(包括语法、逻辑和修辞,1个2/3学年)、物理科学(包括地质学,2个2/3学年)、生物科学(包括自然史,1学年)、哲学和宗教(1个1/3学年)、历史(1学期),"共同核心"是修习两类课程的学生都必须学习的部分。① 1829年,帕卡德教授撰文为学院课程中应该有某些"共同因素"辩护,主张所有学生的教育,其课程的一部分由共同核心组成,另一部分由学生根据他们的职业兴趣和个人喜好选择。帕卡德在论文中明确提出"通识教育"概念,这标志着

---

① 李曼丽:《通识教育——一种大学教育观》,清华大学出版社1999年版。

通识教育作为一个与学院教育有关的概念的正式提出；帕卡德又表示，他的论文是在阿姆赫斯特学院教学改革的启发下有感而发的，那么阿姆赫斯特学院的课程计划事实上就是最早的通识教育思想和实践的萌芽。

阿姆赫斯特的课程计划实施了不到三年就失败了，它所提出的改革设想，以及它首倡的包括"共同核心"在内的通识教育课程计划，在当时和后来相当长的时间里并未引起人们的充分注意，帕卡德由此提出的"通识教育"概念同样也没有引起人们的注意，这是因为当时的学院教育仍在"坚信心智训练"的自由教育哲学的统治之下，而后来当生产的发展和知识的分化使专业教育迅速兴起成为不可阻挡的发展趋势时，社会思潮又转而专注于专业教育了。

二、第一次通识教育运动

19世纪60年代初期爆发的南北战争，为美国资本主义发展彻底扫清了道路，使得社会生产力获得了空前解放，科学技术也得到史无前例的发展。由于科学和技术革新在推动生产力发展上的作用日益明显，其社会地位也逐步提高。社会的发展使思想较为保守的人士不得不承认工程师、自然科学家和工业技术人员的社会作用并不比律师、医生和牧师小，进而他们承认，在高等教育的课程计划中，对工程师、自然科学家和工业技术人员的培养与对律师、医生和牧师的培养具有同等的重要性。以内战为转机的社会变化，对业已展开的高等教育选修制改革十分有利，选修制的改革运动正是借助于这样的形势掀起了新高潮。选修制的改革再次成为通识教育发展的契机。

1869年，艾略特被选为哈佛大学的校长，他在就职演说中明确宣布"本校要坚持不懈地努力建立、改善并推广选修制"。艾略特是一个社会达尔文主义者，提倡"智能上适者生存"的原则，认为大学教育应充分考虑到每个人的智力差异，只有那些关注人的个体差异的课程才能使学生"特有的官能得到最充分的发展"。他还认为，高校必须为社会发展服务。针对当时社会上普遍轻视自然科学的状况，他提出，各种学科都具有相同价值，在文学与科学之间并不存在真正的对立，他主张兼收并蓄，并把它们搞到最好。这些思想为实行选修制和开设新学科提供了理论依据。

从上述观点出发，艾略特对哈佛的课程进行了全面改革。他先在高年级开设选修课，1870—1871年哈佛课程手册中第一次按系而不是按班级列出课程。到1874—1875学年，除修辞学、哲学、历史和政治外，哈佛学院的必修课只限于一年级。1883—1884学年一年级也开始实行选修制，选修课约占该年级课程的3/5。到1895年，一年级的必修课就减少到两门英语课和一门现代外语了。至此，哈佛大学已全面实行选修制。①

---

① 李曼丽：《通识教育——一种大学教育观》，清华大学出版社1999年版。

　　在哈佛的影响下,大批院校纷纷减少或废除必修课,大大增加选修课。到 19 世纪初,不但从一开始就支持选修制的康乃尔、斯坦福等校全部实行了选修制,原来对选修制并不感兴趣的许多院校也都几乎全部废除了必修课的要求。不同的学校又根据学校传统、教育哲学、师生条件等,具体实施选修课方案。到 19 世纪末,选修制已冲破了旧传统的防线,在美国高等院校中基本确立。据 1901 年对 97 所院校的调查表明:选修课占总课程 70％以上的学校达 34 所;选修课占一半的学校达 20 所,选修课占不足一半的学校为 43 所。①

　　早在 1887 年,在选修制还没有完全实施以前,时为哈佛法学院教授的洛厄尔就撰文批评选修制的不足,他指出学生在不了解课程内容的情况下选课,带有很大的随意性。1903 年,哈佛教授会对自由选修制的实施情况做了调查。调查表明:学生们为上课所做的准备工作要比人们所设想的一般标准少得多;学生选课的标准往往不是根据课程本身的内容,而是授课时间是否方便和是否容易取得学分;还有好多课程是学生未加认真思考而草率选定的。例如,1898 年,哈佛有 55％的学生只选学初级水平课程,有 75％的学生在他们所选的课程中根本就没有中心和重点。

　　实行自由选修制所造成高等学校课程上的混乱局面,和学生本身知识过早专门化与缺乏系统性的不良后果,引起了许多教育家、学者的不满。此时,有的学者又重新回顾和肯定自由教育的价值,提出恢复自由教育课程那种"大纲性质的综合性",以纠正自由选修导致的课程的无系统性和过分专门化。一些学院为了恢复课程的"综合性"、"整体性",开始开设"通识教育课程",掀起了通识教育发展的第一次"高潮"。

　　早在 1885 年,印第安纳大学校长乔丹就提出了"主修"的概念,要求学生根据志趣选定自己集中学习的主修领域,在 4 年本科学习期间,学习从低级到高级的课程。尔后,乔丹就任斯坦福大学校长,斯坦福全面推行主修学科制,要求学生选定一个主修领域(有时要同时选定一个辅修领域),并把部分课程分配到科学、哲学、历史等 4 个必修的学科课程之中。

　　1905 年,早年特别积极地推行自由选修制的康乃尔大学也开始要求学生把 1/5 的课程"分配"在生物科学、自然科学、社会科学和人文学科 4 个门类的课程之中。随之在 20 世纪初,许多州立大学和芝加哥、斯坦福等著名私立大学陆续仿效停止实行自由选修制。

　　1909 年,洛厄尔就任哈佛校长,正式对选修制加以改造,为保留自由选修制的优点,克服它的不利方面,从 1914 年起,哈佛开始实行"集中与分配"制。学校规定:学生为了达到毕业要求必须修满 16 门课,而其中 6 门必须是本系的专业课,以便保证学习具有重点,这就是所谓的"集中"。所谓"分配",是指另外的 6 门课要从

---

① 　宋尚桂、王希标等:《大学通识教育的理论与模式》,中国海洋大学出版社 2007 年版。

3个不同的知识领域(人文学科、社会科学和自然科学)中各选2门,以保证学生具有比较宽广的知识面,余下的课任学生自由选择。

哈佛和斯坦福等院校所采取的措施,其目的就在于对学生的选课加以控制,以加深学生在某一领域(即主修领域)知识的深度,并保证学生在若干学科上知识的广度。其他学院也效仿哈佛,对自由选修制作了不同程度的调整。在哥伦比亚大学,早在第一次世界大战期间,为了限制自由选课导致的学生的知识能力的过分专门化,增加他们对社会问题、伦理观等的认识和判断能力,哥伦比亚大学开设了"战争"课程,战后,又开设了"现代文明导论课程"。"现代文明导论"原为一年的课程,到1929年扩充为两年的通识教育必修课,由历史、经济、哲学等系教师负责讲授。这种通识教育课程对美高等学校产生了很大影响,很多学院纷纷效仿。杜威称此类课程为概览课。他认为,学生需要一种涉猎,至少是对宇宙各个方面的涉猎,从中使学生可以获得一种在变化越来越大的社会中的方向性指导。在第一次世界大战前后,哥伦比亚的"战争问题课"和"现代文明导论课"成为最具影响的概览课程。"现代文明导论课程"的开设证明,在自由选修制所造成的课程过度专门化和课程结构十分混乱的状态下,为主修各种领域的学生开设共同必修的通识教育课是可行的措施。

芝加哥大学于20世纪30年代在校长赫钦斯的领导下,对本科教学进行了剧烈改革。该校把不管学生将来从事什么职业都必不可少的知识分为生物科学、自然科学、社会科学和人文学科4大类,要求本科生必须掌握这4大类的基本知识方法和理论,芝加哥大学还非常重视学生的文字表达能力。芝加哥大学的改革,进一步明确了高等学校本科通识教育课程应该关注的知识领域和内容,为通识教育课程设计奠定了一定的基础。

除上述哥伦比亚和芝加哥两校以外,布朗大学、威斯康星大学和圣约翰学院也都进行了开设通识教育课程的实验。

总之,20世纪二三十年代的第一次通识教育"高潮",就美国全国高等学校来讲,还只是少数院校参与的一次"运动",开设通识教育课程也还只是少数学院的试验性措施。但是,这次由少数著名院校倡导的课程改革运动有非常重要的作用和影响。

其一,通识教育成为美国高等院校本科课程结构中的一部分。从20世纪20年代起,不少学院都模仿哈佛等院校的做法,要求学生选定自己的"主修"领域,围绕"主修"在该系内选修7~12门课程,使学生掌握在某个学科领域基本的、比较系统完整的知识,从此保证知识的一定深度和必要的专门化;另一方面,还要求学生必须修习主修系以外的某些系所开设的入门性课程,这种课程一般被称为通识教育课程,多数学校都要求学生在社会科学、自然科学和人文学科诸领域必须修习一定数量的课程,但允许学生在具体选择学习内容上有一定自由。除此之外,各校一般还仍旧允许学生自由选修一定数量的课程,不加任何规定和限制。这样从 20 世纪二三十年代起,由主修课、通识教育课和自由选修课三大部分构成的美国高等学校本科课程的体系就初具形态了,而通识教育是主要构成部分之一。

其二,在这次通识教育运动中,各个学院对通识教育的实践形式进行了初步的、有益的探索。如哈佛大学的"集中与分配制",哥伦比亚大学的"现代文明导论课"等共同必修课形式、芝加哥大学的"分组必修制",圣约翰学院的"名著课程"等等。[1] 这些形式对后来的通识教育实践产生了深刻的影响。至今,有的形式还在沿用(如名著课程),有的经过不断修正成为通识教育实践的主要形式(如哈佛的"集中与分配制"),哥伦比亚的"现代文明导论课"至今还仍是哥伦比亚大学本科学生的共同必修课程。

这次通识教育运动的不足之处在于,由于通识教育当时主要针对选修制特别是自由选修制的弊端提出来的,因此通识教育被看作是对自由选修制的一种纠偏措施。这在一定程度上阻碍了人们从广阔的社会背景、从人的发展需要上深入讨论通识教育的重要意义,从某种程度上讲,人们对通识教育的更高层次的理性认识还不够深刻。

三、第二次通识教育运动

20 世纪 40 年代,是美国历史上又一个重大转折点,通过第二次世界大战,美国的政治、经济、军事、科技实力得到了巨大扩充,一跃成为西方资本主义世界的霸主。第二次世界大战期间美国科学技术迅速发展,许多教育家认识到,在新形势下,学校培养的人才只受过狭窄的专业训练是不行的,只有具有宽广的基本知识和理论基础,才能应付生产和科学技术提出的挑战。

1943 年春,哈佛校长科南特组织了一个专门委员会来筹划哈佛大学的本科教育。当时,在美国高等教育界已有不少人对学生知识和能力结构的过分专门化深感忧虑,科南特是其中的重要一员。因而,在科南特的指导下,该委员会的主要任务就是探讨"通识教育在自由社会中的目的"。1945 年,该委员会发表了以《自由社会中的通识教育》为题的著名报告,俗称"红皮书"。报告指出,目前高等教育的目标之一就是"如何在一种离不开专门主义制度的环境中来挽救通识教育和它的价值"。该委员会重申,在本科毕业生所要学习的 16 门课程中,应该有 6 门为通识教育课程,其中在人文学科、自然科学、社会科学三大类中,各不能少于 1 门。这部报告是迄今为止第一部系统论述通识教育的著作,成为第二次世界大战后各类高等院校改革通识教育的纲领性文件。[2]

---

① 王瑜:《影响通识教育理论的三大哲学基础》,《理工高教研究》2005 年第 3 期。

② 陆有铨:《躁动的百年——二十世纪的教育历程》,山东教育出版社 1997 年版。

第二次世界大战后,由总统杜鲁门指定成立的一个高等教育委员会在 1947 年间发表的题为《美国民主社会中的高等教育》报告书,也曾指出,本科的学位课程并没有什么意义,其主要原因就是"过度的专门化破坏了自由学科教育的统一性"。该委员会对美国社会缺乏某种共同的知识和经验深感不安,指出:"不能给基本上是多样化的高等教育提供一种统一的公共必修课程是引起人们严重关切的一个原因。其成员缺乏一个共同的知识体系的社会是没有基础文化的社会……""我们的目标是把通识教育提高到与专门教育同样的位置……制定按适当比例把这两类教育结合起来的计划,使它们互相依赖"。① 哈佛报告和战后美国高等教育委员会的报告是在第二次世界大战期间和战后科学技术跨入新的发展阶段的关键时刻发表的。这两份报告从战略高度指出了通识教育的重要性、必要性,在美国全国引起了强烈的反响,它们的建议,为许多学校接受,几乎所有的美国学院都开始着手讨论学院通识教育的目的、课程内容和教学事宜,掀起了通识教育发展史上的第二次"高潮"。这次通识教育运动在规模和影响上均超出了前一次通识教育运动。从某种程度上讲,在这次通识教育发展的高潮中,美国高等学校才普遍开始认真地对待通识教育问题,开始切实把通识教育作为课程体系中重要的组成部分加以讨论和落实。

四、第三次通识教育运动

20 世纪 60 年代初,美国介入了越南战争,1965 年夏季开始进入大规模的参战状态。这次战争,引起美国国内政治和经济上的一片混乱,成千上万的青年在战争中致死、致残,美国社会陷入危机。国内不断出现反战示威运动、民权运动、妇女运动,以及自 1964 年以来从加州伯克利大学开始、而后迅速遍及全国的学生运动。社会动乱和学生运动严重削弱了该时期美国大学的通识教育,使得通识教育进入最不景气的时期。一方面,由于高等学校内"新型"学生("非传统"学生)大量增加,高等学校受"学生消费者第一"等口号的影响,在艾略特时代红极一时的观点——任何课程都同样重要,都应由学生自己自由选择——又重新在高等学校盛行起来。校园内激进分子、部分教育改革家把规定的通识教育课程指责为"僵硬的、狭隘的、不能满足学生需要的"课程,是与学生的兴趣和需要相悖的。② 他们认为课程内容要有"适应性",要"切合需要",具有"多样性",因此要求增加选修课,甚至要求恢复艾略特时代的自由选修制成为一种明显的趋势。另一方面,由于教师本身受专门化教育的影响很深,对讲授通识教育课程准备不足,因而,通识教育课程质量不高,这更加剧了学生对通识教育课程的反感情绪。

---

① 王瑜:《影响通识教育理论的三大哲学基础》,《理工高教研究》2005 年第 3 期。
② 陆有铨:《躁动的百年——二十世纪的教育历程》,山东教育出版社 1997 年版。

卡内基教学促进基金会 1969 年的一项调查表明,全国 53% 的本科学生认为"如果把全部课程都搞成选修课,本科教育的质量就会提高"①。为了迎合取消通识教育课的要求和增加课程灵活性和适应性,全国许多年制本科学院开始授予"普通学习学位",这种学位不对学生提出主修领域和通识教育课程上的要求,只要自己选修课程达到规定的学分即可取得学位。

进入 20 世纪 70 年代以后,由于高等学校入学人数增长速度的逐渐减少和经济危机所造成的高等教育经费紧缩,高等学校为了吸引学生,特别强调适应学生的需要传授学生为进入劳动力市场所需的职业和专业技能。于是对通识教育的要求进一步降低,而选修课的比重则大大增加。

哈佛大学文理学院院长罗索夫斯基主持检讨本科课程,在 1978 年 3 月提出了新的《核心课程计划》代替哈佛自战后即开始执行的《通识教育大纲》。哈佛的核心课程计划引起了很大反响,随后讨论"核心课程"、通识教育问题的研讨会、有关的报告纷纷出现,短短几年之间,就涌现出《国家在危机中》、《投身学习——发挥美国高等教育的潜力》、《完善大学本科课程体系》等重要报告。这些报告在指出美国高等本科教育存在的问题中,均提到与通识教育有关的问题。

第三节　通识教育的组织机构

通识教育的实施并非易事,需要有专门的机构运作。在运作过程中,高校的内部结构组织是影响通识教育课程的重要因素。

一、机构的有效性

高职院校一般会有校、系、专业三层结构,这种结构划分是基于专业的分类,一般都是进行纵向分割,即校内分系,系内分专业。一般学院是作为相对独立单位而存在的,在我国高职院校里,除了公共课外,课程的设置权多在系,系一级机构往往按照自身专业要求来设置课程,在学院内教学、教师和学生等多种组织的完全重叠,加上学院内不存在学科融合的可能性,学院会带有明显的封闭的教育组织,在这种情况下,要打破学科或专业壁垒,促进交流,建立通识教育的课程体系是不可能的。而通识教育的课程建设则必须要有一个科学的课程体系,才能达到学科之间的兼容,这个体系显然不能在一个系内完成,正因为如此,必须有一个横跨各系、各专业的校内专门的机构来负责构建通识教育课程体系,最理想的是由教师广泛参与的柔性协调组织。

加强通识教育的可实施性,就要避免空洞的说教,必须设置行之有效的机构,

---

① 王丹:《西方现代教育思潮》,广西师范大学出版社 2003 年版。

增加通识教育人、财、物的投入,使之高速运转,同时,加强对通识教育的指导、协调和评估。美国的大多数高校都设有"通识教育委员会",并均有专款投入通识教育建设当中。芝加哥大学为吸引优秀教授开授通识课程学术讲座,甚至以加薪的方式来激发教师的兴趣。高职院校应借鉴这种做法。

二、成功经验的借鉴

台湾地区教育界的做法可为我们大陆提供有益的借鉴。目前,台湾教界已达成这样的共识:教育应当是全人教育,为了弥补大学教育业科系分工之后所造成的学生知识广度不够、偏离全人格之目等教育缺失,大学应加强通识教育,以平衡专才与通识教育,提高学生的教育品质。自 20 世纪八九十年代以来,台湾主要大学都立了"通识教育中心"作为通识教育的专门机构。通识教育中心成为一所大学负责推动、规划和执行通识教育的独立教学究单位,提供学生多元化的认知视野和人文体验,提供人文与科技间的交流对话等。[①] 在修课规定上,许多大学要求人文与科学学院的学生应相互在对方领域修满一定的学分。授课的方式也多种多样,如课堂教授、讲座、研讨会等。随着互联网的发展,许多通识教育中心都建立了自己的网站,一方面扩大了自己的影响,一方面也有利于进行同道间的交流,促进互相间的发展。这些做法,都可以成为我们建立通识教育的有益借鉴。

香港高校的通识教育也已积累了许多重要的经验,从组织、管理和教学方面来看,香港地区的通识教育在组织机构、管理方式等方面已经形成了比较完备的做法。香港各高校普遍设立通识教育部或通识教育中心,成立通识教育委员会,主要职能是统筹全校性的通识教育课程。香港地区的通识教育,除了正式的教学计划中设置的通识课程之外,还普遍重视讲座、活动、潜在课程等形式,强调在生活中进行潜在的通识教育。香港地区通识教育的教学方法主要以教师课堂讲授为主,同时广泛采取提问、辨析、讨论、撰写读书报告等方式,使学生更多地受到阅读、理解、批判等训练,注重学科研究方法和思路,培养学生独立学习与研究的能力。香港高校通识教育的实践经验表明,实施通识教育只有做到正式通识课程、非正式通识课程和隐性通识课程的和谐互补,做到非形式化活动与规定选修学分相结合、副修与通识教育相辅助、必修与选修相搭配,才能收到理想效果。

三、注重通识教育的研究

在通识教育的机构设置中,有条件的高职院校,应设通识教育研究中心。

通识教育研究中心可以研究的内容很多。一是关注通识教育的文化环境。比如好的宿舍环境和氛围,可以增加学生对住宿学院集体的认同。这种文化熏陶也

---

① 韩毅:《台湾高等技职院校通识教育概况》,《职教论坛》,2007 年第 21 期。

是通识教育的一部分。例如,复旦大学效仿国外住宿学院的一些做法,设立了四个书院,以老校长的名字命名的每个书院有院徽、院旗、楹联、主题色,书院宿舍楼内还有学生公共活动室、宣传栏等。二是认清通识教育与专业教育的关系。开展通识教育,并不是否定专业教育。在通识教育基础上,还要进行宽口径的专业教育。三是明确通识教育课程设置的指导思想和原则要求。这是一个永无穷尽,需要不断研究的课题。课程设置看似一张表,实际上包含着丰富的教育思想。它反映了我们对社会需求的认识,对学生的认识,对学科分类的认识,以及对大学教育全过程的认识,等等。四是加强通识教育的师资队伍。既要聘请业务能力突出的教师来上通识教育课程,继续鼓励名教授上基础课,又要建立一支专兼职相结合的导师队伍,更要加强辅导员队伍建设,始终把辅导员队伍看做是教师队伍不可分割的一部分。开展通识教育研究,一定要有国际视野,不关起门来搞,对照创建世界一流大学的目标要求,加强国际交流;一定要以实践为背景,要大力开展通识教育的实践基地,要加强对实践中遇到的问题的研究,理论研究的成果应该成为实践的先导;一定要重视研究的开放性,通识教育研究不是少数几个学者的专利,学者首先要加入,广大师生也可以提出问题,全校所有关心通识教育的教学、科研、管理人员都可以通过一定的形式加入这方面的研究。

第五章　通识教育课程的国际比较

在通识教育课程的发展过程中，不同的国家，尤其是西方一些实施通识教育历史较长的国家，根据自身国家政治、经济、文化及教育传统的需求，形成了不同的通识教育课程的模式和体系，通过不同国家的通识教育课程比较，可以发现和求证通识教育的规律，并为高职院校开展通识教育有所启示。

第一节　欧洲的通识教育

古希腊教育思想是西方教育思想发展史的渊源。在当时具有"通识教育"功能的"自由教育"思想，古希腊三大先哲苏格拉底、柏拉图和亚里士多德均有所论及，其中尤以亚里士多德的论述最为明确和细密。亚里士多德将自由教育视为与职业教育相对立的教育观念和教育模式。其《政治学》中提出，自由教育是专门为人的自由而设立的，它不应当具有适应性和职业性，而应纯粹以"使用闲暇从事理智活动"为目的。

亚里士多德的自由教育思想，是与古希腊社会的自由民和奴隶制密切相关的。"自由民"接受教育的最终目的，是为了精神的满足和快乐，是为了心灵的充盈和自由，是为了发展人的理性、心智以探究真理；而不是为了满足个人生计、获得实际利益和从事某种职业做准备。在亚里士多德看来，自由教育能够激励学生学习知识、锤炼理性、提升品位、获得心灵自由。在内容上，自由教育强调理性教育、品格教育、体育教育、艺术教育和心理教育的有机结合。自由教育思想体现了古希腊人（自由民）特别是雅典人的文化性格和人生追求，他们重视理智、德性和审美修养，但却对知识的实用价值不太重视甚至予以鄙视。

在中世纪，由于当时全部文化均处在教会的深度影响和严密控制之下，宗教剥夺了人的理性，神学成为教学的目的与手段，因而教育在此时只能依附于神学，从而沦落成为恩格斯所说的"神学的婢女"。在神学一统天下的大气候下，修道院学校依然开设了具有通识教育意义的算术、几何、天文、音乐、文法、修辞、辩论术七门课程。这七门通用课程得到了人们的普遍认可，具有权威性，被称为"七艺"。"七艺"教育的目的，是使学生趋向理性生活、学习知识、追求真理、运用智慧，最终皈依神性。"七艺"教育强调让学生靠理性去认识未知的领域，发掘与发展个人的潜能。

"七艺"始于古希腊,直到中世纪才渐趋成熟,但中世纪的"自由七艺"已背离了古希腊亚里士多德时代的自由教育初衷,它已成为学生为进入高一级学校而做准备的预备性的学科,而不再是单一的满足闲暇的教育。

文艺复兴是继古希腊罗马文化繁荣之后在欧洲出现的第二个文化高峰。作为一场规模宏大的人类理性运动,它使整个欧洲进入到"理性的觉醒时代"。恩格斯认为"这是一次人类从来没有经历过的最伟大的、进步的变革,是一个需要巨人而且产生了巨人——在思维能力、热情和性格方面,在多才多艺和学识渊博方面的巨人的时代"。① 这一时期,欧洲已经摆脱了封建神学的禁锢,致力于追求人的价值、自由、个性、素养,反对传统的经院主义和教条主义的教育,并在继承和丰富古希腊通识教育思想的基础上,逐渐形成了人文主义教育思想。当时以维多利诺为代表、后来以蒙田和莫尔为代表的人文主义教育家,继承了亚里士多德关于人的全面、和谐发展的通识教育思想,并在此基础上进行拓展,把教育中的人性置于核心地位,将人的身心和个性的全面发展作为教育的培养目标;在教育内容上丰富和发展了"七艺"的课程,积极提倡符合自由人的价值的通识教育或全面教育,而且特别注重古典文学作品的道德教育功能,以实现向道德和美的最高追求。

这时的通识教育,因为受到了人文主义的影响和推动而逐渐达到顶峰,但也埋下了近代纷争的种子。从表面上看,其教育思想的主旨是在回溯古希腊亚里士多德的主张,但其真实意义不在于复古而在于创造,它已经被其所处的时代赋予了许多新的内涵和观点。

17 世纪和 18 世纪,是欧洲从封建制度向资本主义制度过渡的关键阶段,通识教育思想在这一时期的洛克"绅士教育"思想、卢梭"自然教育"思想里都有不同程度地呈现和张扬。洛克的"绅士教育",其目的是培养符合资本主义需要的理想新人——绅士,这种绅士既要有健壮的身体,又要有"德行、智慧、礼仪和学问"。他主张学习日常生活中最有用的知识,并提出了非常广泛的教学科目,几乎包括一切领域。卢梭则认为,人的一个重要特点是理性,由于人类具有上帝赋予的理性,因此应该在"顺应内在自然"的教育下,使人的理性得到进一步发展。尽管洛克的"绅士教育"与卢梭的"自然教育"在内容上有诸多不同,但他们实际上都或多或少地继承了前人的思想,他们都强调教育要适应人的自然发展的规律和原则,从而对后世的通识教育思想流派产生了不同程度的影响。

进入 19 世纪之后,由于产业结构、社会分工、学科分化和课程分类越来越细,专业化逐步成为近代高等教育的一大特征,大学中的专业教育得以确认和发展。有的教育家主张把大学本科教育分为通识教育和专业教育两大部分。同时,人们对通识教育的含义的理解又出现了一些新的变化。特别是经过英国著名科学家和

---

① 露丝·海霍主编,赵曙明主译:《东西方大学文化》,湖北教育出版社 1996 年版。

教育家赫胥黎的改造和发展,通识教育逐渐被赋予了"普通教育"、"整体教育"的含义。赫胥黎将通识教育看作是普通公民教育,这种教育要求对自然科学和人文学科给予同等的重视,要求实施艺术与审美教育和技术教育,发展个人的理性、德性,提高他们的综合素质和修养,以培养合格的国家公民。同时,还要为受教育者胜任国家和社会要求的各种职业打下知识基础。红衣主教纽曼继承了古希腊流传的"通识教育"和英国正统的"绅士教育"思想,并在此基础上进一步确立了理性主义的大学教育价值观。他认为,心灵所享有的自由感和舒畅感,就是通识教育所渴望达到的目标和境界。

20 世纪,通识教育思想传统受到了来自实用主义、功利主义和进步主义的激烈批判。尽管如此,法国新托马斯主义教育主要代表人物马里坦、苏联著名教育家马卡连柯、英国新实在主义教育主要代表人物罗素和怀特海,依然倡导、坚持和推行通识教育、普通教育或全面教育。从而使通识教育在欧洲的主流教育范围终于站有一席之地,并进而形成各学校对学生进行人文修养开发的主要课程形式。

具体而言,欧洲的通识教育主要有两种分类方式:一是按学段分类,二是按课型或课程的组织形式分类。

一、按学段分,有中学实施和大学实施两种

1. 中学阶段就实施通识教育

虽然通识教育一般都发生在大学,但在近代欧洲实行双轨制教育的资本主义国家,他们在为资产阶级做准备的文科中学高级阶段,实施的大多是通识教育,而为无产阶级子弟就业做准备的职业性中学,实施的多半是职业教育。在 19 世纪初期,洪堡德在文科学校中推行"全面的教育",就是中学通识教育的典型。它包括三个方面:一是古典主义教育,课程主要是拉丁文、希腊文、德文;二是人类近代最新成就的教育,课程主要有数学和自然科学;三是历史、地理、宗教等方面的教育。另外,法语及其他现代外语、体操、音乐作为学生自由选修课。① 这样,经文科中学毕业考试而入大学的学生,不仅精通两种古典语言文学,心智得到了训练,而且还通过广泛阅读,获得了历史和人文学科的学识而奠定了数学、自然科学和两种现代语文的良好基础,为他们日后在大学无论专攻哪一门学术都准备了足够的条件。这样,洪堡德型大学就不再尽力进行通识教育,而让学生以研讨班的形式参加科研学习活动,大学本科就完成"专家"的培养。不过,这种方式有两方面的问题:一是修业年限不得不延长,大学毕业生年龄偏大,不但给教学带来了问题,而且学生就业也普遍较晚;二是学生学业负担过重,业余时间都被大量的家庭作业所占据。

---

① 贺国庆:《近代欧洲对美国教育的影响》,河北大学出版社 1994 年版。

英法等国的文科中学也大多实施通识教育,这些中学一直保持很高的学术水平。所以大学不是通识教育的重点实施阶段。巴黎第七大学,理科第一阶段按结构与物质科学、自然与生命科学两大门类设基础课;医科主要学习生物、物理、化学和医学方面的课程。

2. 大学阶段实施通识教育

随着科学的高度综合,知识总量快速增加,大学趋向于实行文、理、工相互渗及的课程综合化,另外,各种社会问题日益明显,加强人文道德教育的呼声日高。因此,欧洲英、法、德等国大学阶段也开始加强通识教育了。如法国有人主张,将原来在大学第一阶段按专业分别开设基础课的做法,改变为第一阶段不分专业,每个学生统一学习四个方面的课程:① 在态度、人格和方法论方面的训练;② 数理化等学科的基本知识;③ 经济和人文科学;④ 其他如口语及书面表达能力等。①

二、按课型或课程的组织形式分类

(一)大型综合课

这种课型主要出现在 20 世纪 40—60 年代,内容主要是人类文化遗产。如欧洲一些国家高校开设的文化遗产课,囊括了古今众多领域的人类文化遗产,汇合了古希腊至 19 世纪的文化史、文学、哲学、宗教、美术、音乐史、科学史等方面的伟大著作所包含的各种知识和所反映的各种思想。如此宽广的综合课由来自上述领域各个专业的教师小组共同负责。此外,早在 20 世纪 30 年代,欧洲的许多大学就开设了一种称为"科学、技术和社会"的综合性课程,系统地用政治学、经济学、社会学等学科的知识,分析科学技术发展引起的各种社会问题。

(二)系列的小型独立课

这是 20 世纪 50 年代取代大型综合课而设置的一种课型。它将文化遗产综合课分解,每一学科领域都独立设课,由于课时有限,教师采取"加工"手段,使各科知识变成"速成概要"。② 这种速成概要,使学生们在有限的时间内,学到了大量有价值的人类社会、文化方面的知识。

(三)与专业紧密相关的"卫星课"

这是 20 世纪 60 年代末 70 年代初为了弥补小型独立课的不足而添设的。它以学生主修专业为中心向外辐射,开设与此"紧密相关"的人文社科课程。对此,英国教育家阿什比举例说,叫一个想做物理学家的学生花费时间去学习西方文化遗

---

① 宋尚桂、王希标等:《大学通识教育的理论与模式》,中国海洋大学出版社 2007 年版。
② 吴雪萍等:《北欧成人通识教育特片研究》,《职业技术教育》2003 年第 23 期。

产,他可能会很不耐烦。假如叫他以物理学为学习中心,讨论物理学在历史上的影响、物理学对社会产生的结果以及物理学与伦理学的关系之类的科目,那他就会注意了。正是本着这种观点,欧洲许多大学以与学生主修专业紧密配合的方式,注意通识教育的实际效果。

（四）旨在介绍学科方法的研究报告课

让研究人员详细讲解通识教育中的某一个学科的片断,使学生了解该学科的思维方式。这种方式的通识教育是基于这样一种认识:一个物理学家所要知道的历史知识和一个语言学家所要知道的生物学知识,并不是这些知识的全部内容,而是这门学科的思维方式,或者说是这门学科独特的科学研究方法。这样,学生为了通识教育的目的而学习某门通识课程,只需听一两次反映该科独特科学方法的专题报告就可以了,而不必对该学科进行广泛阅读。

（五）集合课程模式

这种课型围绕直接涉及学生未来职业与个人生活的一些价值问题,将专业教育与通识教育有机结合起来。一般是三门课参与一个集合课程组;这三门课平时各自独立,但有几段时间一起上课。共同活动之前,三门课的教师互相了解这三门课的概要,一起研究这三门课程共同的主题、教学材料、教学时间乃至说写计划。目前已参与各种集合的课程包括商业法、普通管理、会计学、政治科学、哲学、文学、历史、电影、英语写作和语言交流等。此外,这种课程模式还准备将哲学上的道德与市场学、金融学、会计学和政策规划等课程的商业案例结合起来,将涉及国际间和各民族间的问题的不同课程结合起来,将语言和文化课程同职业管理课程结合起来。

三、欧洲通识教育的特征

（一）条件性、多样性与适应性

每一种通识教育方式的产生和运用,都有其客观背景条件。从上述欧洲通识教育形式和内容可以看出,这些客观背景条件包括:第一,社会发展状况对人才类型、素质、层次的要求,及其为教育所能提供的办学条件(包括受教育年限、图书图片资料、课程数量、设备、教室、师资等);第二,科学发展的特点与水平;第三,民族文化传统;第四,教育思想(包括人才培养模式的选择)等。

由于上述背景条件不同,不同时代各个国家的大学都在按其特定环境选择着适合自己的通识教育方式。这样,通识教育方式也就表现出异彩纷呈的多样化特点,相当长时间难以产生一种普遍适用的通识教育的方式。因此,一定时期通识教育方式的价值,就在于它对该时期社会发展状况等客观背景条件的适应性。由于历史是发展的,所以这种适应性一般来说会产生积极的效果;但是由于历史的发展是曲折的,发展的要求往往是鱼目混珠,因此盲目地被动地去适应,又会产生消极后果。关键的是要对具体情况作具体分析。

(二) 多重矛盾性

上述通识教育诸种方式有多重内在矛盾。如果它们各自"独立作战",就不免会顾此失彼。其主要体现为:

第一,学科之间广泛的联系与渗透——学科知识内部的系统与深化。大型综合课可用来打破学科孤立状态,提供一种多学科相互联系、相互渗透的手段。但它不可避免地存在这样的问题:学生只能学到一些肤浅的支离破碎的知识,而且这种课由教师小组共同负责,存在着教师间的组织与协调问题,比如小组里的哲学教师,在评阅那些主修历史或音乐专业的学生的哲学作业时,往往会困窘不安,这就是教师间缺乏沟通的结果。而系列的小型独立课,其优点缺点刚好与大型综合课相反。它只能各自顾及本学科领域知识的系统性与一定的深度,却不可避免地缺乏学科间广泛联系的契机。这种方式培养出来的学生,视野不够开阔,看问题比较简单狭隘。学术报告形式的通识课,虽可展示学科独特研究方法,但除此之外,只能给该学科只鳞片爪的知识,而无法把该学科的概貌介绍给其他专业的学生。各学科在通识教育中的价值毕竟不仅仅只是方法。

第二,学生的学习兴趣目标的合理结构。"卫星课"固然可以激起学生较强的学习兴趣,但它毕竟只是通识教育的一小部分。大多数通识教育的内容与专业并无直接关系。合理全面的通识教育目标结构中,主要的是人类对人文、艺术、社会、经济、自然等众多领域所达成的基本认识及其对人心灵的熏陶。

大型综合课和小型独立课程都是关于人类文化遗产的,对目标的完整结构性大有帮助,但容易被学生淡漠。因为当今社会目光短浅的个人急功近利性的追求,对学生消极影响较大,人们对自己的人格魅力、人文素养、审美情趣方面的要求日益忽视。

通识教育目标之一,是对多学科研究方法的掌握。而学术报告式的通识教育方式对其非专业的学生,也不易引起兴趣。因为能自觉地要求掌握多学科研究方法的学生为数不多,因此教师的引导作用非同小可。

在集合课程模式中,参加集合课程组学习的,都是自愿报名的有兴趣而来的学生。该方式所能达到的通识目标相当广泛。该方式确实是目前最好的通识教育方式。不过,它在通识教育目标的完整性上仍然存在着一些问题,即忽视了非功利的人类精神文化。

除上述两大矛盾外,通识教育方式还面临其他矛盾。如在一定时间条件下,广泛而深重的通识教育与学生恰当的学习负担之间的矛盾,学校人力物力条件的有限性与通识教育目标的完整性之间的矛盾等。

第二节　美国的通识教育

美国大学普遍重视对学生进行个性的培养及各种形式的素质教育,在推行通识教育方面更是不遗余力。留意美国的通识教育发展历史,可以看到美国历史上曾有四种通识教育运动,而每次通识教育运动的核心都是课程。

一、美国通识教育课程的四种类型

这四种类型分别是分布必修型、名著课程型、核心课程型和自由选修型。

（一）分布必修型

"分布必修"是美国大学和学院实施通识教育的一种主要形式[①],是指对学生必修的专业领域中至少应修习的课程门数作出规定的通识教育课程计划。

这种课程类型是针对当时美国高等教育过分专业化的倾向而提出来的,其指导思想就是以"宽广"为主旨,即通过这个类型通识课程的修习,以拓宽学生的知识广度,因此,在课程实施中,任课教师会向学生展示和传播各个学科和专业领域的知识内容,并以此希望学生对本专业以外的各种知识都通过习修能够有所了解和掌握,建立对事物和人类认知的广博和科学的认识体系,以此达到教育的终极目的。这类通识教育课程的比重占所有本学期课程总门数或总学分的四分之一左右。

分布必修课常常把通识教育的内容限定在几个知识领域内。虽然各个学校对通识教育的内容限定和划分名称各不相同,但总体来看,基本都包括对文学艺术、历史文化、自然科学和社会科学领域知识的学习。

分布必修课常常把通识教育的内容限定在几个知识领域中。虽然各个实施通识教育的学校的内容限定或者划分的名称不同,但从总体来看,课程的基本构成主要包括对文学艺术、历史文化、自然科学和社会科学等领域知识的学习。

从整体上看,这种分布必修课的优点主要体现在以下几个方面:第一,弥补学生专业学习的不足;第二,课程建设以原有的专业课程为基础,不需要太多的额外投入;第三,易于在管理上实施,操作简便。

（二）名著课程型

名著课程是在永恒主义教育哲学观的指导下创立的。自从 19 世纪末以来,美

---

① 李成明:《美国通识教育的历史发展》,《东南大学学报》,2007 年第 3 期。

国学校教育受实用主义教育哲学的影响，导致美国教育质量有所下降。在这种背景下，美国研究教育的学者提出永恒主义教育的哲学观，在他们看来，名著是历史上伟大人物对涉及人类生活的最基本、最重要的问题的讨论，具有永恒的价值，所以名著教育能够从素质之源上对学生给予精神营养。

名著课程中关于名著的选取，范围非常广泛。这类课程的设计在构建课程时，充分考虑了通识教育的原则，尽量体现了通识教育最大限度传授给学生广博的知识的教育理念，因此课程内容涉及政治、历史、文学、艺术、宗教、文化、建筑、自然科学等多个方面。值得一提的是，名著课程的教学方式以讨论课为主，教师在实施教学前，提前给学生布置阅读材料，要求学生以小班为单元进行讨论，讨论要有一定时间限定，教师在整个教学过程中全程辅导，不断对学生的讨论主题和观点倾向进行引导和更正。与此同时，为了使讨论课行之有效，名著课程型还对学生辅以基本技能课，包括语言、数学、实验、音乐等。①

这一通识课程类型的优点在于，名著的研读过程，也是学生在思想上与先哲对话的过程，借助这一过程，学生可以深入思考社会人生的本质问题，其思维水平和解决问题的能力都会有潜移默化的提高，与此同时，学生的精神受到陶冶，态度价值观也逐渐成熟。

（三）核心课程型

这一课程出现在美国的 20 世纪 70 年代末，是一种以向学生提供共同知识背景为目的的课程设置。

核心课程型的出现，是几种教育哲学混合影响的产物，是在借鉴吸收要素主义、永恒主义和进步主义诸家教育哲学的思想的基础上提出的。该课程的指导思想一方面有要素主义的成分，比如重视学生对于几种基本知识和能力的学习及其掌握；另一方面又有永恒主义的成分，强调通识教育实施都所推荐的知识和能力，对于任何人来讲都是一样的，同时还体现出进步主义的成分，强调要给予学生在通识教育课程学习过程中一定的自由权和选择权。

从教育理论的角度分析核心课程型的通识教育内容，可以看出核心课程设置打破了传统的按学科设课的模式，强调课程设置要有利于培养学生的有关方面的能力，而不在于让学生掌握某一个专业或学科的系统知识。因此，核心课程的跨专业性的内容分量较大，并且特别重视有关道德、文化、艺术方面的内容。

与其他类型的通识课程不同的是，核心课程的教学工作多由来自不同专业的教师承担。在教师承担核心课程之前，这些教师要经过严重的系统培训，在对他们进行的教师资格和教学素质的考量中，要求他们既有深厚的专业功底，又要具有融

---

① 李成明：《美国通识教育的历史发展》，《东南大学学报》2007 年第 3 期。

会贯通的能力与视角,不拘泥于专业的限制。在这部分教师的考核中,有关机构要求他们在课程内容、讲授方法、教学环节等不同内容的选择上,都要严格执行通识教育的目标和教育理念。核心课程讲求课堂讲授与研讨课并重,每个学生要根据其主修课程的不同,可以在相关领域免修或主修,同时通过在其他领域多修几门课程以补足通识教育的学分要求。

核心课程型经过不断的积累的改革,在课程结构、施教方法、教学内容和教学考核上都渐趋成熟,已经成为今天美国通识教育最具代表性的课程模式。美国的教育学专家认为,同通识教育的课程类型相比,核心课程型最完美和最直接地体现了通识教育的本源和教育理念。

(四) 自由选修型

作为建立在杜威进步主义教育哲学基础上形成的通识教育课程类型,相同于选修型的课程特征主要体现在,课程本身没有任何特别规定的通识教育计划,学生可以根据自己的兴趣自行制定一个属于自己的通识教育计划。

这一类型的通识教育课程强调个人的不同生活和经验的需要,强调以学生兴趣为中心,主张自由选修,反对必修。有人甚至提出通识教育旨在培养"自由人",由学校对通识教育做出种种规定和限制都是与此项教育的目的相悖的,主张所有的课程都由学生自由选修。目前,按自由选修方式实施通识教育的学校已经很少,这种课程模式一味满足学生的兴趣,难以产生全体学生共同必修科目,学校的日常管理和办学质量都难以保证。因此,大部分教育界学者认为,自由选修型的通识课程类型是通识课程设置中风险最大的一种形式。

二、美国通识教育课程案例

第二次世界大战以后,美国许多高校在特殊的历史节点开始了对美国高校教育的反思。当时已跻身世界一流大学的美国麻省理工学院的管理者认为,技术和社会的问题如此错综复杂地交织在一起,以及人文学和社会学已成为人的职业的重要组成部分。基于这个认识,他们开始在教学的诸个环节强调科学和人文学的联系,培养学生从两个焦点看问题的能力,便成为指导麻省理工学院办学和教育的重要思想,人文课成为理工各科学生的第一主修课。

许多美国的高校在第二次世界大战以后对本校的课程结构进行了彻底的改革,其改革的主要思路是扩大基础教育,尤其是加大人文学教育的比重,在每个学科或专业的课程构成中,增加人文课程,增加人文学课时,提高人文学的学分权重,从而使人文学教育成为美国许多高校的重要教学内容。以美国麻省理工学院为例,该院在经过1986年的改革之后,通识教育的课程在总课程量中所占的比重达到50%以上,即在33门学位课程要求中,通识教育课程有17门,其中,人文与社会科学 8 门(包括交流课程 2 门),自然科学 6 门,科学与技术限制性选修 2 门,实验课程 1 门。[①]

具体而言,该院通识教育课程的结构包括三个方面。

1. 人文社科的课程设置与要求

要求学生在校期间要修满 8 门人文、艺术和社科课程,包含 5 个领域,分文学、语言思想和价值、视觉和表演艺术、文化与社会研究、历史研究等。详见表 5-1。

表 5-1　通识教育课程选择的五个科目领域

类　别	描　　述	内　　容	课程数量
文学	主要是由一些古文和流派组成	主流诗人、美国文学、喜剧、世界女性作家等	14 门课
语言思想和价值	主要研究人们在探讨个体以及个体在宇宙中的位置时所需要的概念、原则以及表达模式	哲学的问题、什么是生活的最好方式、思考我们的生活;在进化和发展中的哲学问题、语言学介绍等	15 门课
视觉和表演艺术	一部分是有关于历史和分析的,另一部分是关于艺术创作的	主要有音乐、视觉艺术、戏曲和舞蹈,如视觉艺术介绍、艺术历史介绍、现代艺术介绍、戏曲介绍、戏剧实践基础等	16 门课
文化与社会研究	通过对社会、文化、经济、政治宗教组织和行为的分析来研究人类社会	考古学、心理学、公共政策基础、拉丁美洲研究、人类学、女权运动等	28 门课
历史研究	主要是关于人类、机构或者国家在相当长的时间内的发展	美国名著、文明古国希腊、文明古国罗马、中世纪经济史的比较、环境史的介绍、1500—2000 年的东亚、现代科学的兴起等	20 门课

2. 科学技术领域的课程设置与要求

这一领域的要求主要是为了拓展和加深对基础学科的教育,也使每个学生有机会对自己的专业有更进一步的了解,同时对那些还没选定专业的学生提供帮助,使他们实现自己的兴趣尽快确定发展方向。

这类课程通常是对某一领域的基本概念、原理的系统化介绍,或者是讲解专业领域的一些观点、动向等。

---

① 宋尚桂、王希标等:《大学通识教育的理论与模式》,中国海洋大学出版社 2007 年版。

3. 实验的要求

主要是针对高年级学生。强调研究问题时的分析方法和实验方法,要重视对结果的讨论和分析,一般由两到三个学生组成一组。

对实验的要求是以课程串的模式实现的。详见表 5-2。课程串模式的优点是,一方面使学生的选修通识课程不能盲目随意,而必须符合学校的课程选修原则,另一方面又通过课程串满足了学生个性发展、兴趣需要及为专业学习进行准备的学习设计。

表 5-2 通识教育的课程组合

课程领域	课程串数	主要内容
化学	3	串 1. 侧重固体化学
		串 2. 侧重基本化学原理的应用
		串 3. 侧重基本化学原理的应用
物理	4	串 1. 针对大多数人的需要
		串 2. 与串 1 的内容大体相同,但对数学要求较高
		串 3. 含有实验内容
		串 4. 针对中学学习中数学与物理联系较少的学生
微积分	3	串 1. 比较适合大多数学生
		串 2. 理论性较强
		串 3. 比较强调应用
生物	3	串 1. 学习时间需要 1 学年,中学有效成绩可替代
		串 2. 只在春季学期提供
		串 3. 只在春季学期提供
人文社会科学	5	串 1. 侧重作品背景、传统和体裁的解释
		串 2. 侧重思维方式和思辨,强调哲学、概念和道德基础
		串 3. 一组从音乐、视觉艺术、戏剧和电影等中组合的课程,部分侧重历史分析,部分强调艺术的创造性
		串 4. 从社会、文化、经济、政治和宗教等方面,研究人类社会
		串 5. 从历史的角度研究人类、组织和国家的变化发展

第三节　我国台湾地区技职院校的通识教育

在台湾高等技职院校课程体系构架中,通识教育课程和专业知识技能教育课程是两大重要支柱课程。通识即为"通才博识"之意,因此,通识教育就是通才博识教育,就是为提高学生的人文素养、健全的人格、思想的深度、社会适应能力以及人文和社会关怀精神而实施的教育。

早在20世纪的50年代,台湾的一些大学就提出"通才教育"的办学理念并予以尝试,台湾的教育管理部门通令各个公私立大学及独立学院设立"大学通识教育选修科目"。这样,通识教育正式成为台湾各大学课程的一部分。高等技职院校因其教育的专业性,更需要通识教育来实现自己的教育理念,因而,重视通识教育成为台湾高等技职院校的一个重要特色。

一、台湾通识教育的目标

台湾通识教育一方面是回应社会的需求,另一方面是秉承办学机构的教育理念设计的。过去数十年,在社会、经济、文化多元化的环境中,大学的教育越来越专业化、专门化,以满足社会对专业人才的需求。21世纪是知识经济时代,知识经济时代所需要的人才,除具备专业知识及技能之外,更应该具有较高的人文素养、健全的人格、较高社会适应能力和人文关怀精神。基于这样的认识,各大学在提升本专业水准以外,着力于通识教育,即在专业知识和技能之外,为学生提供在其他领域学习的环境。与之相适应,台湾高等技职院校在办学理念上发生很大的变化,都提出以"全人教育"为本学校的教育目标。如台北科技大学的教育目标为"以均衡发展德、智、体、群、美、技,健全学生全人格教育"。朝阳科技大学曾胜光校长的办学宣示为:"一、专业知能与通识教育;二、语文教学与协调沟通能力;三、实施劳作教育、培养整洁的习惯;四、办理生涯辅导、开创个人美满人生;五、鼓励社团活动、强调团队意识与荣誉;六、尊重学术自由兼顾校园伦理与民主,藉以模塑(勤学、敦品、力行的朝阳人)之原则下完成的全人教育之陶铸。"[1]为推行与实现上述理念,通识教育和专业知识技能教育共构完整丰富的学习内涵。"全人教育"也就成为通识教育的重要目标。

台湾高职院校尽管发展的历程各不相同,但在高职教育理念上都具有一个鲜明的特点,即树立高职通识教育观,并以此来引导学校的发展。弘光科技大学认为,教育是教人成人的过程,又由于学校以职业技术教育(台湾称技职教育)为办学宗旨,因此,通识教育应以人文教育为核心,向真善美的理想目标辐射扩散。"真"

---

① 韩毅:《台湾高等技职院校通识教育概况》,《职教论坛》2002年第21期。

是指"信仰理性求真的科学精神,奉行关怀自然的科学伦理,孕育宽宏视野的宇宙观念"。"善"指的是"培植守法诚信的良性公民,强调负责服务的专业道德,建立互重善群的生命情操"。"美"指的是"陶冶艺术鉴赏的能力,创造自在兴味的生活,培养包容多元的胸襟"。

他们强调,人文教育主要培养生命气质的厚度、气度、深度。厚度,指人于饱读经典书籍后,在精神上凝练为厚实朴拙的气质。气度,是指人具有扩大生命空间的能力,能综古观今,知兴败之所由,不囿于短视之见,也不营当下或一己私利,而将眼光指向长远和将来。深度,指以哲学思维,思辨生命的本质,并有独立思考与价值判断的能力,进而获得对生命的信仰。以人文教育为核心的通识教育,通过人文素养的培育,引导学生懂得敬畏自然、尊重生命、守法善群、负责服务;用人文的思维,成就人性的爱与恕,培育出学生浑圆饱满的性灵。学生不但具有专业的信心,而且能体悟到读书的目的不仅是谋生计,还要唤起"人的自觉"与"心灵的觉醒",从而创造理性、健康及富饶的人生。

从上述认识出发,弘光科技大学制定了通识教育的三大目标。一是通达的人生观。通过通识教育的推动与实施,使学生无论在器识、知识、德业、义理或人情方面,都能贯通统整而宏达致远。二是关怀的情操。引导学生在面对人生的喜怒哀乐、悲欢离合乃至名利地位的得或失时,都能豁达开朗,并事事反求诸己,时时立人达人,具有悲天悯人的情怀,关怀他人、关怀社会、关怀生命、关怀环境,身体力行,积极奉献。三是使命感的事业。引导学生进入职场后,把每一份职业都当成终生的事业,全力以赴,怀着兼善天下的使命感,尽己所能,利国利民。

在高职通识教育观指引下,弘光科技大学确立了"以人为本,关怀生命"的教育理念,提出将学校建设成为一所"培育服务人群身心整体健康,并兼具人文与科技均衡发展的高级专门技术人才为职志"的高等职业技术教育的学府。

当然,各个高职院校基于不同的教学环境与目的,各自所提出的高职通识教育观也不尽相同。

二、台湾通识教育课程的架构

通识教育课程是按模塑全人来设计的,分为三个学群:人文学科、社会科学和自然科学。各个学群下面又分基础通识课程和分类通识课程。如表 5-3。

表 5 - 3　台湾某大学通识教育中心开设科目总览

领　域	类　别	内　容
自然科学	基础科学	数学欣赏、人体医学、脑功能导论、神经科学概论、普通天文学
	应用科学类	仿生学与近代科技、工程伦理、综合系统生物科技与现代科技、纳米科技与近代科技、日晷的设计与制作、二十世纪的科学成就、生物伦理学人生与辐射二、统计入门
	科学、技术与社会类	爱因斯坦的革命、科幻概论、科学革命、生态与人生、WTO科技与社会议题
社会科学	法政类	东亚地区的宗教与政治、国际时事与英语沟通、美国外交、智慧财产权法、公共政策导论、监察权与社会脉动、全球化与多元化、国际环境议题与法制发展、政治社会学
	社会、心理、人类、教育与性别类	自我探索系列：生涯发展与规划、人类行为分析、艺术治疗理论与实务、普通地理学、医疗义工实习、自我探索系列：现代焦虑问题探讨、普通心理学、认知心理学、卫生保健学、现代国家与社会的形成、人类学导论、文化与心理学、家庭与亲属、性别论述、教育社会学、辅导原理与实务、心理卫生、人际沟通
	管理、资讯与经济类	两岸经贸关系、资讯科技趋势、界面与咨询设计、多媒体技术与应用、资讯传媒导论、宗教与经济、新闻媒体企划、媒体影响与社会问题、网际网路及其应用、个人危机预防、网路媒体与写作、科技写作、新闻学文化创意产业、经济学原理、文化与经济、知识经济与职能发展
人文学	艺术类（一般性质与操作性质）	认识艺术、台湾民谣与文化、音乐赏析、通识护照与学习家庭、音乐的语言、音乐流行风、歌剧欣赏、表演艺术赏析、媒体艺术、读剧与演剧、影像美学、艺术经营与实务、非剧情电影赏析、中国艺术史、亚洲宗教艺术与文化、现代绘画与美学的关照、中国书法赏析、网际网路及其应用、多媒体、绘画表现、基础素描、陶艺制作、版画实验
	哲学宗教类	儒家哲学、儒家思想与现代生活、佛典导读、圣经与人生、逻辑、批判思考、经典阅读
	人文历史类	两岸关系史、节庆与民间文化、科技与人文、中国古典文学中的爱情与婚姻、近代世界的形成、德国史、中国都市发展史、台湾观光史、世界文明史、文学概论、语言学导论、当代语言学思潮

人文学科课程主要加强学生文学与艺术的修养,提高人文气息,培养对生命及社会的关怀,启发人的心智能力;社会科学课程主要增进学生对自我的了解,促进人与人的沟通,帮助学生认识当前社会的现状并积极参与,加强伦理与道德价值的培育;自然科学课程主要帮助学生了解自然现象及现代科技对人类文明的贡献,强调人与自然的和谐,培养学生对自然的关怀,着重培育学生的科学精神和科学方法。

基础通识课程是台湾教育管理部门规定的共同学科,是学生的必修课程。因此,它就成为通识教育的核心课程。分类通识课程是以核心课程为圆心,向生活、社会扩展而成,内容非常丰富。

此外,台湾高职院校在开展通识教育过程中,均制定了周详的通识教育课程体系。这些课程大致可分为课堂教学类课程和课外活动课程两大类,其中以正修科技大学的通识教育课程规划最有代表性。

其课程目标是一方面要增进师生的专业,以发展学校特色;另一方面要兼顾师生的人文素养,防止师生成为以专业为主的"机器人"、"计算机人"或"工程人",培养具有职业道德、文化素养与终身学习能力、科技与人文并重的人才。正修科技大学的通识教育课程分为"校内通识教育课程"、"校园整体环境的通识教育"与"校外的通识教育"三大类。

校内通识教育课程,包含通识基础课程和通识博雅课程。通识基础课程合计26学分,其中国文6学分、实用中文2学分,培养学生的基本学科能力,为每一位学生所必修。通识博雅课程合计12学分,分人文学、社会科学、自然科学以及生命科学等四大领域,培养学生理性思辨、知性观照、感性关怀和问题解决的能力,该部分为选修课,依据不同专业和类型规定学生选修2~4学分不等。在通识基础课程中,国文(一)、(二)各3学分,实用中文2学分,英文(一)、(二)各3学分,英语听讲练习(一)、(二)各2学分,英语会话(一)、(二)各1(2)学分,当代台湾与现代世界2学分,人权与法治教育(工学院、管理学院学生学)2学分,环境与人类生态(人文社会学院学生学)2学分,计算机概论2(3)学分,服务学习(一)、(二)各2学分,共计26学分。通识博雅课程包括人文学、社会科学、自然科学、生命科学各3学分,共计12学分。校内通识教育课程总学分为38学分。①

校园整体环境的通识教育,主要是透过非正式课程的方式和潜在课程的影响来实施,包含"生活教育"、"校园文化"、"文艺活动"、"读书风气"和"校园规划"。生活教育,主要培养学生良好的生活习惯与道德情操,以及正确的性别观念和生命价值观。校园文化,主要培养学生做一个温文儒雅的科技人。文艺活动,主要培养学

① 陆启光:《台湾高职院校通识教育的特点》,《教育评论》2009 年第 4 期。

生人文、创造、表演以及欣赏的能力。读书风气,主要结合本校图书馆的开放以及各项活动,使学校成为书香学校,形成良好的校园读书风气。

校园规划,主要结合学校总务处,进一步规划校园,使校园绿化美化。校外的通识教育包含"爱心与服务"、"校际联盟"、"校外服务",以培养学生爱心奉献、关爱他人的高尚情操,形成良好的社会服务和社会交往能力。

辅英科技大学的通识教育课程分为基本能力课程和博雅涵养课程两大类。其中,基本能力课程主要培养学生的中国语文能力。博雅涵养课程分为人文学、社会科学、自然科学、应用科学、生命科学五大部分。在通识教育实践过程中,辅英科技大学重视经作对学生的引导作用,要求学生必须阅读亨廷顿的《文明冲突与世界秩序的重建》、卢梭的《契约论》、马克思的《1844 年经济学哲学手稿》、贝克的《全球化危机》以及曹雪芹的《红楼梦》等。[①] 弘光科技大学的通识教育课程则分为基本能力课程、核心通识课程和分类通识课程,内容涉及古今中外,如道家经典选读、中药保健以及微积分等,不一而论。

三、台湾通识教育的实施

台湾各个高等技职院校对通识教育都非常重视。一般都设有通识教育教学机构,配有专职教师队伍,由副校长主管通识教育工作。

基础通识为必修课程,分类通识为选修课程,学生必须修够规定的学分,方能取得毕业资格。因此,在台湾,人们把修读通识课程称为获取"通识护照"。[②]

通识课程不限于正式课程。通识课程除正规的基础通识和分类通识之外,学生的社团活动,所有的校内文艺活动、演讲活动等都视为通识教育范围,一律接受辅导老师的指导,使之成为通识教育的非正式课程。学生心理辅导也被看作是对通识教学的支持,把它作为心理学、社会学等通识教育的非正式课程实施。

通识课程没有统一教材。每一通识课程都有其自己的目标,教材、教法及考核皆由任课老师精心规划,但要求课程必须能引起学生兴趣。

通识课程教学不只是演讲式或问答式教学。考虑到技职大学的学生多来自高职专科的背景,因此在教学上兼顾理论与实务、理想与实际,而将理论课程透过实际生活的现象予以说明,并辅以参访、同学间讨论、辩论、心得分享等方式,增加课程讲授的活泼性及可接受性。同时,为迎合科技学术潮流,联合举办民主法治、国际社会及社会变迁之研讨会、座谈会,以增强学生对民主法治及社会现代化趋势之了解。

通识课程教学不只偏重于知识的传授,更重视视察、体验。所位居的市区被视

---

① 陆启光:《台湾高职院校通识教育的特点》,《教育评论》2009 年第 4 期。
② 韩凝:《对高职院校通识教育课程体系的认识》,《科教文汇》2008 年第 4 期。

为学校的"后院",市区的文物、古迹、展馆都是教学资源,配合教学进程组织学生参观。

通识课程的教师为专兼结合。兼职教师多聘请大专院校资深教师和医生、律师、专家等来校上课。

为了保证通识教育的实效性,台湾各高职院校从组织保障到具体的教学实践都做了精当的安排。如在通识教育实践中,弘光科技大学摒弃专业教育才是核心的落后观念,认为技职人才的培育,除了专业知识、技能的学习外,职业道德教育尤为重要。要培养学生恪尽职守、牺牲奉献的职业道德,使其能认同专业,发扬各行各业的特殊价值,并能与相关专业互相配合,达到培养人性化专业人才的目标。因此,应着重专业技能的训练与人文素养的熏陶。护理学院根据专业特点开设了医疗与生命伦理课程,并开设和负责通识教育分类通识的生命科学类课程。要求教师在日常授课中展现自身的人文素养,配合学校通识教育中心的计划,要求学生拓展知识面,并举办种种研习会、医护论坛等来推动人文素养教育的开展。

辅英科技大学秉持"专业、关怀、宏观、气质"的教育理念,将人文关怀的精神融入所有为培养专业人才所需的课程中,强调具备通识精神的专业教育。[①] 在护理专业博雅课程《数学与决策分析》教学过程中,以简单的数学方法,选取常见的具体实例来分析、比较各可行的方案,使学生了解在生活中的经济性活动(如分期付款、电话方案选择、贷款等)需要做决策时,如何以简单的数学进行经济性分析,作为决策的依据。同时,了解一个企业在需要做决策时,应使用何种数据,用何种方法,以数学进行经济性分析,作为企业决策的依据。如此种种的紧贴工作、生活实际的教学,不但为学生的专业学习打下基础,也为其专业及事业发展拓宽了视野。

总体上看,台湾高职院校都比较重视通识教育的组织管理工作,大都建立了学校一级的通识教育教学管理和实践的通识教育中心或通识教育委员会。在辅英科技大学,由通识教育委员会负责推动、执行和协调所有通识教育相关事宜,该委员会属校级委员会,由校长担任主任委员,下设执行委员和执行秘书各一人,校长、教务长和各学院院长任当然委员,再由校长遴选其他委员共同组成通识教育委员会。其主要职责为:制定通识教育政策、推动共同课程、审核博雅涵养课程及规划潜在教育课程。为了推动通识教育相关事务,在通识教育委员会下设两个工作小组,包括人文社会领域工作小组、自然科学领域工作小组,分别由人文教育中心主任和科学教育中心主任担任召集人,不定期召开各工作小组会议。由执行委员召开工作小组联席会议,针对通识教育委员会交办的各项事务及议题,先行讨论和规划,再拟订相关执行的策略。

---

① 杨叔子、余东升:《高等学校文化素质教育的今日审视》,《中国高教研究》2008 年第 3 期。

正修科技大学通识教育中心为培养全人而专门设置的教学机构,是学校一级单位,负责全校通识教育的推动,与高雄其他五所高校形成通识跨校联盟,分享与交流经验,达成六校通识课程、师资、设备以及各项学习资源的融合与共享。通识教育中心主要职责为:规划协助与执行通识教育课程,推动通识教育之教学与研究,拓展通识教育相关之业务与活动,以及其他通识教育事宜。另筹组通识教育委员会,由校长担任主任委员,掌理全校通识教育的决策。弘光科技大学也设置了负责全校通识教育所有事务的通识教育中心。

海峡两岸高职院校的教育思想及运作有许多相通之处,其实,台湾的通识教育就是大陆近些年所倡导和实施的素质教育。由于台湾通识教育实施时间比较长,教学理念、课程设置等方面都比较成熟。因而,对我们高职院校通识教育课程的开设和教学具有重要的启示。

第四节　我国现阶段的通识教育实践

新世纪以来,我国大学已经不满足于对通识教育理念的探讨,将目光转向通识教育的实践活动,许多大学的教学改革案中都出现了关于"通识教育课程"的内容。

为了支持大学通识教育改革的展开,国内部分学者开始研究通识教育课程的问题。通识教育理念和通识教育课程研究的区别在于,通识教育理念关注是什么、为什么的问题,如通识教育的概念定义、内涵性质、本源历史、哲学基础、必要性和重要性等方面。通识教育课程则关注怎么做的问题,主要有通识教育目的如何在课程目标中体现、通识教育课程的形式和结构、通识教育课程内容的编排、通识教育课程在大学课程体系中的定位、通识教育课程与专业教育课程的关系、通识教育课程的评价等问题。通过对通识教育课程的研究能从理论上解决通识教育改革中遇到的难题,有助于大学通识教育活动的有效开展,推动我国高等教育的改革与发展。近年来我国对通识教育课程的理论研究和大学通识教育课程改革的实践为大学教学改革提供了很多的依据和经验。

一、我国大学通识教育课程理论的探索

教育实践离不开教育理论的指导,为了解决通识教育课程改革的问题,我国学者对以下三类问题进行了较为广泛的研究。

(一)通识教育课程目标的探讨

课程目标是课程建设的灵魂,它决定了课程内容的选择、课程的组织形态、教学课程的安排、课程标准的制定等,目标控制着课程,也因而控制着教育过程和学

生。课程目标是由现代社会的特定所决定的。因此,制定适合我国高等教育发展需要的通识教育课程目标是通识教育课程展开的首先需要解决的问题。

通识教育作为一个引进的教育理念,要在中国高校中开枝散叶必须要经过本土化的改造,以适应我国的文化背景、教育传统和社会发展需要。部分学者认为通识教育开展应该针对我国大学教育中通识教育偏弱,学科分类过细专业设置过狭,教育功利性过强的问题,以及学生思想底蕴不深、创造力弱化、个性发展片面、学科视野有限、专业知识面不广、社会适应性不强等问题。对此我国高等教育研究者认为我国大学通识教育的课程应达到下列目标:

1. 提高人文素养,培养人文精神,促进人格的完善。教育的"理性工具化"和"重理工,轻人文"是我国大学教育中的一大弊端。为此加强通识教育,提高人文素养,重视人的全面发展成为我国通识教育的首要目标之一。

华中师范大学曾提出,通识教育应该渗透于高等教育方面的人文精神与人文关怀,以改善专业面过窄、课程设置单调的缺陷,改善由于高校办学层析下移而受到严重冲击的本科教育质量,改善受拜金主义、享乐主义等市侩及精神侵蚀的校园文化氛围。[①]

有学者提出,要确立通识教育在整个高等教育中的基础性地位,并努力贯穿于社会教学的全过程中。……不仅赋予学生广博的知识和技能,更重要的是塑造他们真、善、美的心灵,构建他们自尊、自爱、自信、自强的人格,确立自我设计、自我实现、自我超越的价值观,树立献身事业、报效社会和不懈奋斗的精神。

国内学者还提出通过通识教育使学生加强自身素质修养、社会重建与维系共同社会的理想、社会信仰、道德支柱、社会意识,弘扬中国传统文化,促进多元文化的融合。西方文化的入侵和我国传统文化的衰弱成为一个严重的社会问题,为此有些研究者认为我国大学通识教育课程应该立足于中国传统文化背景,有着弘扬中国的优秀传统文化的任务,强调加强中西方文化的融合,不能笼统地照搬西方的价值观和文化意识。[②] 并认为通识教育要进行广泛的文化教育,在继承中国优秀传统文化的同时,应该注重多元文化的吸收,使我们的学生具有宽广的眼界。[③]

台湾学者则强调通识课程设计中应体现"多元主体并立精神",其"主体"是指人类文化中的各种思想体系如儒学、佛教、基督教、印度教、神道教……是一个

---

① 李曼丽、杨莉、孙海涛:《我国高校通识教育现状调查分析》,《清华大学教育研究》,2002年第 3 期。

② 孟祥林:《通识教育的理论探源、现实问题及我国的发展路径选择》,《当代教育论坛》2005 年第 1 期。

③ 杨春梅:《通识教育本质与途径》,《现代教育科学》2004 年第 4 期。

"自主"与"自由"的"主体",都可以将其价值在现实世界中加以"客体化"而成为具体存在。①

　　关于通识教育的课程目标,也有国内学者认为:大学通识教育应当重视异质文化的理解和尊重、交流与融合问题,在取得共识的基础上着手解决实施的形式与途径、显性课程与隐性课程的设计与配合等操作问题。科学、技术具有普适性、可验性和统一性的基本品格,但文化的本质却是特殊性、个性和多样性。……要确立科学、平等的文明观。② 并提示了具体目标,包括了解其他文化发展演变的历史及现状;掌握外国语言以及和具有其他文化教育背景的人们沟通的技术;形成一种更具"整体性"和"兼容性"的开放、灵活的思维范式;形成一种新的、以平等、宽容、兼收并蓄为特征的文化价值观。

　　2. 构建广博的知识体系,形成合理的认知结构,促进多种能力的综合发展。广博的知识和统一的认识观是通识教育最为基本的观点和永恒的目标,对于解决我国长期以来专业窄、课程内容单一、学科间割裂等结构性问题有着重要意义。为此许多学者都对此寄予厚望。学者季诚钧指出,通识教育的目的是使学生能打破专门化的狭窄心灵,完善学生的身体、心灵及智能,使学生热爱真理,追求正义,对世界有一个整体通达的认识,成为负责任的公民,享有美好生活。

　　有的学者认为,通识教育至少有三个方面的要求:一是让学生了解本专业之外的知识;二是拓宽专业教育的范围,改革专业的教学方式;三是为学生提供非认知的情感和道德教育。③ 如他们列举了下列通识教育课程的具体目标:通过有效的教育手段,弥补知识结构的缺陷与不足。在掌握丰富的知识的基础上,形成合理的认知结构及发现各门专门知识、各相关学科之间的联系,并突破各学科不同的符号体系、逻辑体系所造成的认知障碍。通过对历史的追溯和反省,对异质的文化的比较和批判;对传统文化的推陈出新;对艺术的欣赏与赞美;对科学的探索与创造等方法加以实施,帮助大学生超越功利,造就一批全面发展、敏于探求、善于批评、勇于创新、乐于奉献的道德情操高尚、人格完善的新人。据此,他们提出,通识教育应该重视基础知识、新知识和跨学科知识的学习,形成终身学习意识和能力。应弘扬学生个性,培养创新精神。④ 通过提供多种学科的知识教学和丰富多彩的课外活动,满足学生多方面的兴趣,发展学生多方面的能力。同时加强外语学习和语言

---

①　陈媛:《我国通识教育的理论误区》,《复旦教育论坛》2003年第6期。

②　杨领著,钟启泉指导:《大学通识教育课程研究——日本通识教育的历史与模式》,华东师范大学2002年版。

③　贾永堂:《我国大学通识教育难以深化的根本因素分析》,《现代大学教育》2005年第2期。

④　吴靖国:《技职通识教育理论与实务》,师大书苑有限公司1990年版。

交往能力的培养,加强思想品德教育,培养学生树立正确的人生观、价值观和世界观,教会学生能够自觉抵制不健康的思想和意识,坚持正确的方向。

(二)我国大学通识教育课程实施情况调查

随着我国高校对通识教育理念的认可,很多高校都尝试进行通识教育课程的开发和改革。部分学者对大学通识教育课程实施的情况进行了跟踪调查,把握我国大学通识教育课程实践的实态,寻找其中的问题。

李曼丽、杨莉、孙海涛等对北大、清华、人大、北师大的通识教育现状调查结果显示,各校通识教育课程分量有所增加,占总学分的 1/3 以上;通识教育课程包括全校必修课程和文化素质教育选修课,修习形式有必修、限选和自由选修三种。①报告中还指出存在着文化素质教育选修课的种类分布存在不合理的现象;通识教育课程的内容过于偏向应用型与专业化;课程领域的划分普遍缺乏明确的标准等问题。季诚钧也曾对南京师大、西北师大、四川师大、河南师大、上海师大、首都师大、天津师大 7 所师范院校的通识教育课程设置情况进行调查,认为,在我国通识教育这一概念尚没有统一和普及,以文化素质课程这一称谓居多;对通识教育课程的理解尚停留在表面层次,通识教育设计和实施上缺乏教育理念和认识高度;公共必修课中"两课"和外语比重大,缺少通常意义上的通识教育的作用;人文、科学、艺术系列课程,因各高校的背景、特点、传统、目标、地理位置等差异,有较大不同,学分要求也不尽一致;高校基本没有设置通识教育的专门机构,一般由教务处制订计划和负责实施,全面负责通识课程的开设、管理、计酬等事宜;通识课程的开设具有随意性,缺乏统一课程理念的指导;通识教育课程开设存在着"杂、散、乱"的倾向,通识教育课程缺乏整体的力量。②

国内的通识教育研究者在对国内一些高校学生对通识教育的评价的调查中发现③,当前的大学教育对学生的精神世界关注不够,在学生批判意识和个性培养方面不能充分满足学生的需要;学生完善自我的要求和职业主义情绪交织在一起,且前者的考虑略高于后者;学生修习某些领域通识教育课程的比例仍然偏低;对通识教育课程价值的评价有随着年级增高学生评价降低的趋势;大学提供的通识教育差强人意,大多数广度课程的教育较少由学校最好的教师承担,大多数广度课程的设置反映了校方和学校主管部门的兴趣,而不是广大学生的兴趣,广度课程的设置偏少而且不合理,学生的知识面比较狭窄,目前的大学本科阶段仍然注

---

① 王晨:《职业教育中应有通识意识》,《教育与职业》2000 年第 7 期。

② 李斌:《论民政高职通识教育课程体系的构建》,《长沙民政职业技术学院学报》2002 年第 6 期。

③ 王前新:《高职通识教育课程设置原则研究》,《职业技术教育》2006 年第 9 期。

重专业教育。

关于国内通识教育课程设置现状，一些学者通过数据分析认为，通识课程总量虽大，但学生自由选择度过小；学科领域划分不合理，覆盖领域有限，除语言、计算机、公民教育比较受重视外，其余学科领域的课程均感缺乏；通识课程的设置缺乏科学理念的指导，设置过于随意，设置课程时往往是"因师设课"，缺乏宏观调控和具体指导，这进一步加剧了通识课程设置的混乱。

上述跟踪调查的结果显示，我国大学已经开始通识教育课程的实践探索，但是尚处于起步阶段，较为凌乱，缺乏有效的手段，目标的偏移现象时有发生，表明了我国大学对对通识教育的理念缺乏正确的认识，对通识教育课程的认识更加不清晰，不少大学还将其等同于全校共同课程或人文素养课程。同时由于缺乏通识教育课程研究的理论支撑，因此在实践过程中感到迷茫和无助，随意设置和流于形式化的情况屡见不鲜。

（三）通识教育课程设计原则的探讨

如何设计通识教育课程也是近年来学者们关注的热点之一，并就通识教育课程的内容、如何加强各学科领域知识间的联系，以及通识教育课程与专业教育课程的关系等问题进行了原则性的探讨。

一般而言，通识教育课程的设置应该遵循两个原则，一是通识教育课程涵盖了人类知识的主要领域；二是学生有权自由选择每个领域内的课程。[1] 现阶段国内大学通识教育课程之设计应注重两项原则：一是以各种课程拓展学生思考问题时的时间深度；二是以通识课程加强社会、文化或学术不同领域或部门之间的联系。[2] 为了落实以上者两项原则，通识教育的推动策略有二：一是加强历史教育，并提倡东西传统文化中的经典教育；二是尽量开授贯穿并整合不同领域或部门的通识教育课程。据此，现阶段的通识教育，应该是注重学生的全面发展、知识整合、人格塑造的基础上，更加注重利用丰富的民族传统文化资源的人文精神熏陶。[3] 文学能熏陶人生内涵，深化对生命价值的认识，具有教化劝善的功能；历史能培养历史感及社会责任，寄予远识、庄重及洞察力；哲学则是关于世界观、方法论的学问，能锻炼辩证全面的理性思维，促进学生思想人格的发展。

还有部分学者对通识教育课程形式的问题进行了探讨，香港中文大学的张灿辉教授在"全球化与通识教育"指出，通识教育是要让不同科目的学生聚集一起，讨

① 柴福洪：《高职院校"通识教育"研究》，《柳州职业技术学院学报》2006年第6期。
② 周亚棣、贺武华：《中等职业教育通识与专业教育的悖论》，《成人教育》2005年第4期。
③ 潘娥元、谈松华、吴岩、陈智等：《高等职业教育：体系、定位、高等教育发展与模式》，《教育研究》2005年第3期。

论研究当前面对的问题,课程的重点应在于扩宽学生的视野和知性领域,通识课程的设计应以多元观点来探讨问题;龚放教授曾在"现代大学通识教育之我见"中提出开设跨学科课程、举办系列讲座和组织问题研究等建议;刘少雪博士在"综合课程:现代大学通识教育之路"中提出跨学科综合研究型课程模式是现代大学实施通识教育的有力途径。另有学者指出,通识教育不能只通过知识和技能的传授,更重要的是要营造一个适宜的学校文化,对学生的素质进行全面陶冶。陈向明教授还提出通识教育目标的达成,不仅需要实施通识教育课程,还要通过其他更多的途径,包括专业教育与隐性课程。

这些研究和探讨都立足于我国通识教育的实践活动,意识到通识教育不能生搬硬套海外的经验,必须经过本土化的改造。虽然关于通识教育课程理论的探讨还显得比较表浅,并缺乏系统性,这与我国大学通识教育课程开展时间较短有密切的关系。随着大学通识教育课程改革的推广和深入,必将会促进我国通识教育课程研究的发展。同时通识教育课程研究也会推动我国大学通识教育的课程改革。

二、当前我国大学通识教育课程的主要特征

近年来,我国高校实施的课程教育改革中均将通识教育课程作为建设的重点之一,也提出了不少方案,反映出下列特征。

1. 增加选修课,拓宽学生的知识面

专业设置狭窄,知识面不广是我国高校面临的共同问题。因此各校在课程教育改革者均重视通识教育能拓宽知识面这一功能,努力增加选修课。一方面增加学生选修学分,另一方面增设选修科目。如浙江大学在 1981 年仅有 40 门选修课,1998 年也只有 138 门,近几年加快了选修课的设置,2003 年已有 350 门科目可供选修。选修学分也占到总学生的 30%,给学生较大的选择空间。①

2. 课程结构模式以叠加型为主

从课程结构来看,我国大多数的通识教育课程都采用了叠加型模式。即将通识教育作为专业教育的基础部分,将通识教育课程和专业教育课程纵向叠加,分阶段实施。这种结构模式在我国很有市场,被大多数高校所采用。如有些高校提出的"2+2"人才培养模式就是在前两年集中学习共同的基础课、专业基础课和公共必修课,从第三学年开始进行专业分流培养。

3. 课程组织模式以分布必修型为主

在分布必修模式有两个特点,一是分学科领域进行限定选修,二是通识教育课程与专业教育课程一般不是独立存在,而是一门科目按学科逻辑编排,既可作为本专业学生的专业课程,又可作为全校学生的通识教育课程。由于分布必修模式既

---

① 陈智:《高职院校通识教育与专业教育结合的探索》,《教育研究》2007 年第 3 期。

可顾及到广泛的学科领域,课程开发成本又较低,实施简便,可操作性强,因此备受我国高校的青睐。如在一些高校中,设数学与自然科学、社会科学、哲学与心理学、历史学、语言文学与艺术5类素质教育通选课,每一类中至少选2学分的科目,总学分不低于16;还有一些高校设人文科学、社会科学、自然科学、工程技术和艺术5大类文化素养与跨学科课程(详见表5-4);一些大学的通识教育限选课程分为认识论与方法论、美学与艺术、自然科学、社会与行为科学、文学、历史学与传统文化等6大板块。

表5-4 通识课程科目编排

	科目名称	学分数		课时数		学期安排
必修课	大学外语	12	25	360	620	1~4
	体育	4		144		1~4
	计算概论	3		72		1
	算法和数据结构	3		72		4
	微机原理(理科)	3		72		4
选修课	数学与自然科学	2	28			
	社会科学	2				
	哲学与心理学	2				
	历史学	2				
	语言学、文学与艺术	4				
	自由选修课	15				

4. 部分高职院校存在打补丁的现象

也有部分高职院校,特别是专业性较强的高职院校在实施通识教育过程中采用打补丁的形式,即对人文学科的学生增添若干自然科学和社会科学的课程;而对自然学科的学生增添若干人文科学和社会科学的课程,也就是说通识教育课程仅为专业领域以外的课程。这种通识课程的体系也是一种以专业为中心的大学课程的形式,表面上这将专业课程和通识教育课程分离为各自独立的系统进行考虑,实质上将通识教育课程作为专业课程的补充。

通识教育实践上也存在着形式化、简单化和浮躁的倾向,以为通过在教学计划中增加若干人文学分,成立人文社科方面的系科专业,大幅度增加政治课、人文课、人文讲座,就实现了通识教育。

　　总体而言,我国高职院校通识教育课程改革刚起步,有许多问题尚未解决,改革的实质多为套用国外大学或者国家本科院校的做法,处于消化引进的阶段,还未找到适合高职院校自身通识教育课程模式,因此,国内大部分高职院校距离通识教育成功尚有一段艰难的历程需要去面对。

　　国内还有一些学者对国内包括高职院校在内的高校实施通识教育提出批评,认为目前的做法很难说是真正的通识教育。其一,通识课程设置的目的仅仅使不同专业的学生有机会学习其他专业领域的指示,扩大知识面,满足学生的兴趣爱好,增强学生的适应性。其二,教师大多在学术视野、知识结构等方面存在缺陷,往往将专业课程的内容加以稀释,教得浅显一些,便成为通识课程。其三,学生学习中存在明显的功利趋向,为了学分而学习,为了实用而学习,在课程选择上存在着趋易避难的现象。

第六章　高职教育与通识教育

通识教育既是高职教育的一种理念,也是一种人才培养模式。其目标是培养完整的人,即具备远大眼光、通融识见、博雅精神和优美情感的人,而不仅仅是某一狭隘专业领域的专精型人才。

在通识教育模式下,学生需要综合、全面地了解人类知识的总体状况,在拥有基本知识和教育经验的基础上,理性地选择或形成自己的专业方向。学生通过融会贯通的学习方式,形成较宽厚、扎实的专业基础以及合理的知识和能力结构,同时认识和了解当代社会的重要课题,发展全面的人格素质和广阔的知识视野。通识教育模式下培养出来的学生不仅学有专长,术有专攻,而且在智力、身心和品格各方面都能协调而全面地发展;不仅具有高尚的道德情操、独立思考以及善于探究和解决问题的能力,而且能够主动、有效地参与社会公共事务,成为具有社会责任感的公民。总之,通识教育首先关注的是一个人的培养,其次才将学生作为一个职业的人来培养。因此,关注一个人的培养要关注一个人的全面发展,要关注一个学生的终身发展,我们的职业教育也决不能把"职业"作为借口做些"急功近利"的事情,把教学过程过于简单化,使人才培养工作过于粗糙。在职业化的社会里,对于"职业人"的要求也绝不是仅仅局限在高技能培养上,而是表现在高素质的要求上。要使高职学生能够由"职业人"顺利地成长为"社会人",加强职业通识教育就显得非常重要了。这里所强调的职业通识教育就是要加强对高职学生的职业素养培育,着力培养学生的职业意识、职业环境、职业态度、职业行为、职业情感、职业道德和职业责任,实现"职业人"和"社会人"的有机结合,使学生在职业生活中展现出来的不仅仅是高超的技艺,更是让人振奋的精神面貌和向上的自信。这里所说的职业通识教育是技能人才的专业教育与通识教育的融合,是高职学生综合素质和可持续发展能力的集中体现。

第一节　高职教育与通识教育的关联

高职教育在我国是一种新的教育类型,是高等教育的一个重要组成部分。它与"以学术目的为主"的普通高等教育并存于专科、本科和研究生各层次教育中,是培养高级职业人才的教育。

一、高职教育的概念

高等职业教育既是高等教育,又是职业教育,在整个教育系统内,从层次上来划分,高职教育属于高等教育,所以与职高、中专、技校等中职教育举办的中等职业教育相比,虽在类型上同属于职业教育范畴,但高职教育处于更高的等级和层次。高职毕业生可以适应高新技术产业和科技含量更高的职业岗位,具有更强的技术应用能力和创新能力;从类型上来划分,高职教育又属于职业教育。所以,与传统的普通高等教育相比,在性质、类型培养目标与教学特点等方面有很大的不同,具有高职自身的特色。简而言之,高等职业教育是兼有高等教育和职业教育双重属性的一种新的高等教育类型;高职教育培养的人才,既要达到高等教育的基本规格要求,又要有较强的现场解决实际问题的技术应用能力和创新能力的特色。

二、高职院校通识教育的功能

职业教育应关注如何使人有利于促进经济发展和财富增长,恰如我国近代著名教育家陶行知所倡导,职业教育应"以生利为主义","凡养成生利人物之教育,皆得谓之职业教育"。[1] 以职业为价值取向的高职院校职业技能培训追求功利,乃理所当然,它的价值也恰恰在于这种功利性,以便训练"利济众生"(颜元语)之才或"生利"(陶行知语)之人[2],追求"实用"结果,这一点对社会经济发展非常有意义。但仅仅功利性并不能保证所追求的"实用"结果是"善美"的,何况单纯的功利性很容易走向极端,会使人沦为"逐利"的工具而离人性愈益遥远,最终也可能导致社会不能和谐发展。因此,高职院校的职业技能培训极需要通识教育与其配合,方能和谐、全面,才能成为真正有益于人成长发展的教育,也才能有益于建设和谐社会。但并非有了通识教育,职业技能培训就能得以提升,还要视其是什么样的通识教育和发挥了什么作用而定。高职院校职业技能培训的功利性及其衍生出的诸多特点,决定了高职院校需要一种能够抑制功利性膨胀的通识教育,也决定了高职院校通识教育的目标及其功能特性。正确认识高职院校通识教育的诸功能,有利于在高职院校通专结合的教育实践中明确目标,有的放矢,取得实效。针对高职教育的功利性及其衍生特点,高职院校通识教育的功能主要表现在以下几个方面。

(一)抑制职业技能培训的过分功利化

高职院校的职业技能培训通常传授职业岗位(群)所需要的专业知识和训练

---

[1][2] 吴地花著,马庆发指导:《高职通识教育的可行性研究》,华东师范大学硕士毕业论文,2007年。

相应的职业技能、技巧，教会学生将所学的知识用之于生产实践，并将教育与未来的职业工作相联系，以"行动为导向"开展教学工作，旨在培养学生"做事"的本领。

它的特点主要表现为，着眼于人力资源的开发，把学生看作是未来生产过程的要素，以经济眼光来看待人的发展问题，看待教育问题，关心经济效益的提高和整个社会经济的增长，追求实用或应用性，趋向功利化。职业技能培训这种对实用或应用性和功利化的追求，容易使学生和教师被其中追逐利益的工具理性所主宰，被知识技能、技术所异化，而成为"做事"的奴仆，进而养成奴性的心性；从一定意义上说，单纯的职业技能培训不是使人自由发展的道路，而是捆绑人的潜能与智慧。通识教育则继承了古希腊自由教育传统的通识教育，注重以培养学生学会"做人"为旨趣，富含人本关怀意味，有利于抑制职业技能培训的工具化、功利化倾向，使人提升至人性的尊严里。通识教育使学生在对人性、对生命关怀的过程中成长发展，而学生学会做人之后，他会追求人作为人的一种境界、品位、情趣、意义，会得到使自己灵魂"向上"走的一种人生"技艺"，这种"技艺"可以给他的职业技能或其他技艺以目标和方向，给他未来的职业行动或劳作以价值和意义，这样一来，他会更自觉地关怀自己今后职业生涯的生存美学状况，关心"职业立身"对人生幸福、对人的尊严、对人权、对人的爱心的积极影响，也更加关注职业能力的可持续发展和职业本身的内在价值，而不仅仅是关注职业的功利回报。加入了更关怀人性、生命，更关注幸福的通识教育要素，就客观地有了冲淡职业技能培训功利化的可能性。

如果通识教育与职业技能培训相互配合，密切合作，并始终以通识教育观予职业技能培训以灵魂，将更加有助于抑制职业技能培训功利性、工具性的过分膨胀。职业技能培训的功利化倾向，使高职院校比一般的普通文理院校或综合性大学更需要通识教育，以便抑制职业技能培训的功利性，以便在追求职业功利和关注职业内在价值之间取得平衡，避免职业教育成为单纯功利化的职业训练，因为单纯的职业训练确实在车间、田野、会计室等工作场所能够得以实现，并且可能效率更高，但它不是教育，不需要在学校里进行。美国近代著名教育家杜威也持有与此类似的观点，他认为"训练不同于教育"，训练"只是意味着特定技能的获得……而不养成新的态度与性情"，而后者才是教育的目的，所以单纯功利化的"培训"还不是教育，因为它只是扩展着人的工具性而已，还没有"培养人"，准确地说，还没有培养"人性"。把职业技术学院办成真正意义上的学校，真正意义上的大学，而不是职业训练所或职业训练公司，必须用通识教育予职业培训以灵魂，对冲职业教育中的功利化和工具化，才能维护大学的人文精神。

（二）给予职业技能培训以目标和方向

通识教育除了可以抑制职业教育的功利化和工具化之外，可以给职业技能培训以"良好"之品质,满足学生和社会的需要,因为学生和用人单位除了需要"实用"的结果之外,还需要这种"实用"结果是良好的。

职业技能培训所给予学生的许多直接实际应用性知识、技术、技能并没有内在的价值,但是在实际生活和文化传统中许多没有多大实用价值的知识却能给人以一种富足的"精神财富",这种精神财富能够满足人的精神需要,给人以精神享受,舍之会使人感到遗憾不已,因为它能使人变得更为出色,这是人的尊严所需要的,却又是任何物质性的东西所无法满足。没有职业培训所给予学生的实用性知识、技术、技能,他们不能去建立新世界,不能创造财富,不能在社会上"安身",但没有通识教育所给予他们历史悠久的传统文化和许多综合而统领性的智慧,他们则不能获得悟性,不能利用闲暇和健康去沉思和寻觅人生的意义,那他们建立新世界和创造财富又何益之有呢?因此,若没有通识教育所给予的目标和方向,职业技能培训只能在"黑暗中行",不知道要往哪里去。职业技能培训所给予学生的"做事"本领,虽然很重要,但它们毕竟只是个人人生中"安身立命"的手段而已,不是人生目的本身,并且盲目做事而过分求富、求利,会使一个人的灵魂降格,使整个人变得卑鄙,成为"经济动物",养成奴隶的心性。一个人人生所追求的健康长寿、尊严自由、体面地生活、幸福与闲暇,等等,才是人生目的,是人人辛苦、繁忙"做事"所追求的目标,它们都是一个人"做人"的情形,不是职业技能培训所能给予的,因而只能由侧重于教人学会"做人"的通识教育来完成,由通识教育去唤起、训练与发展那些使人趋于高贵的身心状态和精神境界,引导人去实现自己的存在,去高尚而有品位地沉思和寻觅人生的意义,追求人生的幸福。有了通识教育所给予的目标和方向,职业技能培训就有了灵魂;有了追求实用实学的职业技能培训,通识教育所给予的目标和方向就有了载体,就会不再落空。

（三）给予职业技能培训以意义和品位提升

高职院校的培养目标决定了在高职院校实施通识教育是为了更好地进行职业教育,而不是仿效一般的文理学院或综合性大学,追求学术精神。因此,高职院校通识教育功能之一,就是给予职业技能培训以意义与价值,从而提升学生所有职业技能的品位,让学生建构和践履职业生存美学,使学生不再做"劳苦担重担"的职业"工匠",而是幸福的职业人士,使他们在合适地追求功利的同时,也追求人和职业本身应有的境界、尊严与自由,因此通识教育在高职院校还起着提升器的作用,把学生从职业的"受强迫"之"重负"下释放出来,使其提升到"人性"的自由之中。任何技艺都仰赖一种"主导技艺",没有它,所有的技艺最终都是奴役,都是使灵魂"向下",远离"人性"。

在通识教育中,哲学让我们能够思考各种技艺的可能与界限,政治让我们能够探索各种技艺走向实践的审慎与权衡,而伦理则让我们培养践行各种技艺所必需的德性和智慧,艺术和文化让我们体悟和追求各种技艺的品位和境界。哲学、政治、伦理、艺术和文化所养成学生的人文涵养,是引导人的灵魂"向上"的技艺,这种"技艺"虽没有职业技能那么具体和可以产生"实用"的结果,但它是提升和解放个人包括职业技能在内的所有其他技艺的"主导技艺"。这种"技艺"不可能在"教人繁忙"的职业技能培训中获得,它只能是人们在闲暇中"沉思"和"审视"而获,需要通识教育来培养。职业技能培训实际上是一种人口管理技术,是一种对人身体和心理的规训过程,目的在于开发人口的生产性,具有非常明显的政治经济学特性,功利性是它的突出表现。高职院校应该认清这一点,必须明白对学生进行的通识教育,职责乃在于对冲这种对人的生产性开发之工具、功利取向的政治经济性,并让学生从规训权力的桎梏下解放出来,旨在培养具有德性而非甘于卑俗的人,追求真知而非听命于意见摆布的人,践行伦理而非恣意而为的人,能够面对世间那些根本的冲突,担负自己的言论和行动后果的人,而不是寻觅教条的避难所来推卸和逃避责任的人,追求艺术和文化的品位与境界,而不是刻板的技艺,并让所有这些与学生所要掌握的职业技能交融在一起。这就需要以一种通识教育观指导职业技能培训,使学生将"做事"与"做人"统一起来,让"做人"成为"做事"的目的和意义,并提升"做事"的品位,让"做事"成为"做人"的手段与载体,让"手艺"在与"脑艺"结合之后成为艺术,使技能美学、职业美学得以绽放,让个人人格在其中得以塑造。否则,如果我们的高职院校不再探究哲学的真知,不再探索政治的审慎与明智,也不再关注伦理的智慧与德性,不再追求艺术和文化的品位与境界,而是传授刻板的教条和那些同样刻板的技艺,塑造毫不怀疑的、图表式的头脑,或者训练和开发没有头脑的"劳动机器"或"生产手段"抑或"人力资本",养成学生没有"灵魂"参与的"手艺";那么,大学的精神将不复存在。

(四)给职业技能培训以基础

高职院校的职业技能培训要能够有效地进行并取得预期的效果,也需要以通识教育所给予学生的跨领域贯通性综合知识和一般能力作为基础,需要以通识教育所培养学生的德性、智慧、习性和情趣等良好人格修养和健全心理素质作为基础。

由于技术的改进,现代社会的产业部门所需要的单纯体力劳动不断减少,而知识性和脑力性的生产劳动(如机器的操作、维修、监视)和研究、设计、组织、服务等方面的工作则日益增加。劳动的"非物质化"、"智能化"和"服务性"不断增强,客观地减少了劳动的机械性和冷漠性,增强了劳动的人性化或人文化,所以现代职业培训的文化品位在不断提升,若没有通识教育所给予学生的综合而具有统领性的宽广知识基础和统揽全局的观念与能力,没有通识教育所养成学生的全面而健全人格修养、文化涵养和健康的心理素质,高职院校的职业技能培训难以顺利进行。

另外,许多职业技能的养成,需要学生克服困难,接受许多艰难而持之以恒的实际锻炼,以便养成忍耐、克己、正直、节制、协同、忠实、守信、勇敢等美德;还有一些综合性强而复杂的专业技能和职业能力,既需要广博而贯通的知识基础和具有广泛迁移性的基础能力,还需要好的德行和健全的人格,所以西方很多大学的商学院和法学院不招本科生,他们认为这两门学科是当今社会上用得最广泛的,必须知识广博、贯通,必须德行很好、人格健全、心理健康才行。一个人所拥有的广博而贯通的知识基础,迁移性强的基础能力,良好的德行、健全的人格、健康的心理素质都是"做人"的结果,非职业技能培训所能造就,只能由通识教育所赋予。

高职院校通识教育识课程一般科目见表6-1。

表6-1 高职院校通识教育识课程一般科目

分类	人类价值的视角	社会世界的视角	自然的视角
知识的根源	哲学根源的思索 东方的思想 道德意味着什么 宗教与人 世界 艺术 生命的深层 语言的思考 爱 祈祷 文学	中东 伊斯兰的世界 教育与人类 西洋的思想和历史 开发和思想 政治和思想 法律的根源 科学与社会	认知与学习 脑与行为 数学的文化 计算机语言 物质的构造 学习宇宙
人类的自画像	人类存在的探究 艺术与人类 世界文学的世界 中国文学的世界 欧洲文学的世界	英美文学与社会 文化人类学的世界 政治与人类 现代社会与人权 社会性事物与人类	心与适应 人类与健康 生命的科学 脑的工作 人体的科学
制度与生活世界	古典文学中的制度与生活 规范的危机 修辞学的机能 中国的近代 欧洲的近代世界 美国史的世界	教育与制度 文化与行为样式 经济与制度 政治与制度 生活与法律 家族 地域 产业	心与社会 生活与数学 生活与化学 产业与技术 生物与人类生活

续　表

分类	人类　价值的视角	社会　世界的视角	自然的视角
国际化与生活异文化交流	中文的世界 世界中的汉语 中国文化 翻译文学 文化与风土 中国的历史与文化 亚洲的社会史 外交与现代史	亚洲的近现代 近代的经济社会史 国际社会与经济 国际社会与政治 中国社会的视点 人与交流	比较体育社会史 文化与自然 森林与人类 岩石与资源及人类 自然环境与地图 现代的交流
科学技术和环境	生命与环境的伦理 环境与文化 中国人的事物看法 思考方法 遗传基因的世界 自然灾害与防灾 物质循环与地球环境 经济统计数据的实际	人类的历史与生活环境 地域体系的分析 现代技术与社会 环境与法律 自然观的变迁 进化之谜	数据与统计处理 环境与化学 微生物的世界 地球的形态与历史 时间和宇宙 地球的自然环境

三、目前高职院校实施通识教育的问题

（一）体现通识教育特色的人才培养目标与方案的架构不够清晰

解读 1999 年以来教育部门的有关文件，可以发现其对高职教育的培养目标的界定，经由了从"高等技术应用性专门人才"到"高素质技能型专门人才"的过程。在历次的界定中，文件都特别强调了高职培养对象的"职业性"，而对其"高等性"阐述了不足。其实，高职教育的"高等性"在培养对象的素质构成上应体现为：高职学生除了具有较高的职业技能素质、职业道德素质、心理素质、身体素质以外，还应具备较高的吸收新知识、掌握新技能的自我发展素质，以及超越了机械性思维、体现创造力的创造性思维素质。而这些"高素质"，正是通识教育的特色所在，培养高素质的"职业性"人才，只能通过通识教育与专业教育相结合的方式来实现。因此体现通识教育特色的高职教育的人才培养目标应是：适应地方经济和社会发展需要的，面向生产、建设、管理、服务第一线的，既会"做事"、又会"做人"，具有健全人格、高素质的创造性技能型人才。

然而，在调查中发现，一些高职院校在制定专业培养目标时，仅仅简单套用了教育部的文件规定，不但缺少个性化特征，更是没有体现通识教育的要求。以某高

职院校的计算机应用技术专业为例,该专业的培养目标定位于"培养德、智、体、美等方面全面发展,具有良好的综合素质,掌握计算机应用的基础理论知识、专业知识与最新技术,有较强的实践能力,能从事计算机产业技术应用工作和适应企事业单位生产、建设、管理、服务第一线需要的高等技术应用型人才"[1]。进一步表述人才培养的基本要求时,则为"1. 具有良好的政治素质、文化修养、职业道德、服务意识和健康的身心;2. 具有一定的普通外语和专业外语应用能力;3. 具有较强的计算机应用能力;4. 具有较好的写作和语言表达能力;5. 具有较强的微机硬件组装和维护能力;6. 具有较强的微机外围设备使用和维护能力;7. 具有一定的单片机开发和应用能力;8. 具有一定的节目采、编和制作能力"[2]。

对上述培养目标及其具体要求进行分析不难看出,学生独立思考、均衡发展的要求并未体现其中。人才培养目标不够清晰,根据人才培养目标设计的人才培养方案的思路因而不够明了。许多高职院校在制订教学计划时,没有将通识教育和专业教育作为一个相互融通的整体加以考虑,而是将专业教育与通识教育严重割裂了开来。有一些高职院校将通识教育理解为开设几门任选课,而一些学校甚至连通识教育的基本理念都没有,完全将高职教育等同于职业培训。

(二)人才培养模式不够合理

作为一种人才培养模式,通识教育实现人才培养目标的途径总结起来,无外乎有课程体系、活动体系、环境体系三种。通过调查,发现一些高职院校在以下三方面均存在着一定的缺陷。

1. "通专"结合的课程体系不够合理

当前在高职院校实施通识教育中,存在两个较为突出的问题。第一是通识教育课程体系与专业教育的课程体系处于高度的分裂状态,不利于学生整体素质的提高。事实上,通识教育与专业技术教育融合的一个重要环节就是课程设置的综合化,它要求在课程门类、学时数、学习要求等方面都应充分体现通识教育与专业教育的相互渗透。第二个较为突出的问题是,课程设置上片面强调专业教育,课程过分的专业化、岗位化,没有为通识教育的开展留下相应的空间。公共课的设置,明显倾向于传统的政治课,极端缺乏指导学生学习"做人"、"做事"所必备的包括哲学、人文、科学等核心知识、技能和方法的课程。

在调查中,随机抽取了4所高职院校的14个专业的教学计划,对其课程体系和教学安排情况进行分析,发现以上两方面的问题,均有不同程度的体现。以某高职院校"广告设计与制作专业"为例,该专业在2年期间共开设了36门课,其中体

①② 刘秀波著,王凌皓指导:《高职院校加强通识教育研究》,东北师范大学硕士学位毕业论文,2006年。

现专业教育的"职业基础课"类和"职业技术与职业认证课"总计有 24 门,占了总课程的 2/3。9 门公共课则分别为"毛泽东思想、邓小平理论和'三个代表'重要思想概论"、"马克思主义哲学原理"、"思想道德修养"、"法律基础"、"应用语文"、"体育"、"大学英语"、"计算机基础"、"求职与创业";另外 3 门任选课是"书法"、"公共关系"、"企业管理"。① 对该专业的课程体系进行分析,不难看出其实用化、技能化的突出特点,而另一方面也反映了通识教育的实施极为薄弱的现实状况。很难相信,这样的教育途径能让学生养成一定的人文素养,形成做人做事的深厚功底,从而实现"高素质"的培养目标。

2. 通识教育的活动体系不够丰富

"活动"是指学生运用知识于实际,通过知识的再创造,转化为自身的能力和智慧的过程,是一种相对于理论学习活动的实践学习形式。学生在各种实践活动中,接受通识教育和专业教育,学习做人、做事的道理,体验人生价值。突出学生实践能力的培养是高职教育最重要和最显著的特征,当前高职院校普遍将学校实训基地、企业实习制度作为了人才培养模式改革的重点。然而,通识教育意义上的活动体系除了旨在使学生掌握现代技术和生产流程的校内实验实训、企业实习外,还应包括让学生了解社会、关心民生的社会实践活动,以及拓展学生素质、培养学生特长的课外活动。

在对多家高职院校的考察中,了解到几乎所有被调查的高职院校都很重视校内实训基地的建设,并对"工学结合"的教学模式进行了努力探索。但是,一个值得重视的问题是,一些学校虽然重视实训基地硬件条件的建设,却忽视了"软环境"的建设,没有充分营造科技和人文相互融合、既有助于培养技能又有助于滋养精神的良好环境。在社会实践与课外活动两个实施通识教育的重要环节上,各高职院校呈现了不同的重视程度。有的学校非常重视培养学生的个性和社会责任感,制定了"社团+基地"的"学生课外素质拓展训练规划",并将规划纳入到了学院的示范性建设整体方案中。而有些高职院校过于强调"以就业为导向",只重视学生的校内外实训实习,不重视学生的社会实践和课外活动,在实践活动的安排上表现出明显的功利主义倾向。

3. 通识教育的校园文化环境较为单调

现代教育的校园环境,应既是一个教育环境,也是一个文化环境。这个教育环境中,应有健康的学风、严谨的教风、奋发的校风、浓郁的学术氛围、和谐的校园文化和优美的活动场所。通识教育模式下的高职教育的校园环境,应是科技与人文交融、民主与科学相携、理性与自由伴生的文化环境。

---

① 吴地花著,马庆发指导:《高职通识教育的可行性研究》,华东师范大学硕士学位毕业论文,2007 年。

然而,在对一些高职院校的环境体系进行考察时发现,当前高职院校的环境体系建设普遍存在以下问题:即重"硬"物质环境建设,轻"软"人文氛围建设;重"就业"教育,轻"学术"熏陶;学风不够端正,教风不够笃实。因为通识教育的薄弱,导致的高品位校园文化的缺乏,是当前一些高职院校突出存在的问题。

（三）实施通识教育的保障条件不够充分

通识教育的实施,必须有一定的教育管理制度进行保障,必须有一支能承担通识教育教学任务的合格的教师队伍,二者相得益彰,缺一不可。然而通过对一些高职院校的考察,发现在以上两方面的条件上,均存在一定的缺失。

1. 通识教学管理制度不够健全

学分制、主辅修制、跨专业选修制是保障通识教育得以实施的重要管理制度。然而在调查中了解到,在一些高职院校,至今仍然还没有实行完全的学分制,使得选修课的开设流于形式。教育评价制度既是检验通识教育实施效果的重要保证,又是促进通识教育实施的有力措施。但是当前一些高职院校的通识教育评价体系依旧以知识考试的方式为主,注重对学生知识点的检测,严重束缚了学生的想象力和创造力。而对社会实践、课外活动、校园环境等"隐性课程"的评价制度则还没有建立起来,使通识教育的重要层面的质量监控处于空白状态。

2. 通识教育师资总体水平有待提高

高水平的教师队伍,是通识教育得以推行实施的必要条件,从事通识教育的教师除了必须具备深厚的通识文化功底,比如系统的专业训练背景、国际化的学术视野、宽阔的文化基础以外,还必须有强烈的事业心和责任感。与前些年相比,当前高职教育的师资水平有了很大提高,但是就通识教育而言,其教师的总体水平仍然不高。通过对数名从事通识课教学的老师的访谈了解到,由于学校过于强调专业教育,通识教育教师并不受重视,许多教师有失落感,因而缺少工作的积极性。而另一方面,一些学校没有建立通识教育教学改革的激励机制,许多教师因而存在"多一事不如少一事"的心理,不愿投入过多的精力从事教改工作。

四、高职教育实施通识教育的需求

（一）加强职业通识教育是当今社会对人才素质的客观要求

随着我国经济的快速发展,社会对人才素质的要求也越来越高,需要高职学生具备"宽口径、厚基础"的知识结构,具备"一专多能"的适应能力,要具备可持续发展的职业迁移能力。因此,在开展专业教育的时候,要开阔视野,交给学生多种能力和知识。任何一种专业技能都很难给学生带来一生的幸福,提升学生的职业素养才是最重要的。尤其是在就业形势日益严峻的当下,高职学生的就业方向也产生了多变性,变得更加的不确定,单一的专业技能已很难适应社会的需要,影响和制约了学生的生存和发展。因此,教育者传授给学生的绝不是"一技之长",而是"成长技巧",为学生能够更好地就业奠定基础。而这种"成长技巧"就是要通过职业通识教育来培养学生深厚的人文素养和职业素质,开发学生的思辨能力和创新能力,从而使学生能够增强适应社会发展的能力。

(二)加强职业通识教育是实现专业学习和提升职业素养的客观要求

现在的职业教育发展已不是简单的职业技能培训,已转变成为一项具有综合性和复杂性的教育教学过程。在这个过程中,高职学生在高度重视专业学习的同时,也要注重综合素质特别是职业素养的提升,把专业学习和职业素养结合起来,在专业学习中要注意培养自己的知识结构和职业素质,在职业素养培养中要形成有助于专业学习的人文学科知识及技能。高职学生缺乏系统而有效的职业素养,对于社会和学生个人而言都是一种失败,只有把专业学习和职业素养结合起来,才能提高高职院校学生的就业能力和创业能力,才能为高职学生的长远发展奠定坚实的基础。

(三)加强职业通识教育是我国职业教育实现科学发展的必然要求

科学发展观的第一要义是发展,核心是以人为本,基本要求是全面、协调、可持续,根本方法是统筹兼顾。加强职业通识教育就是把学生的全面发展放在首位,我们所培养的学生首先应该是一个和谐发展、人格健全的人,其次才是所在领域的技术、技能专家。人的全面发展和完美人格的形成,需要专业教育、通识教育和职业素养教育的有机融合。因此,我们在开展专业教育时,要注重学生的全面发展、协调发展和可持续发展。职业教育的科学发展必须依靠大批具有较高职业素养的高技能人才,加强职业通识教育就势在必行。

(四)通识教育是高等教育活动的本质诉求

高等教育是培养高级专门人才的活动。高等教育的本质是"育人",而非"制器"。无论普通高等教育还是高等职业教育,首要的目标是"成人",即培养全面发展的人。[①] 我国自古以来就有重视通识教育的传统,国内的有识之士早在 20 世纪二三十年代就开始倡导和实行通识教育,蔡元培在北京大学提倡"沟通文理";清华大学原校长梅贻琦更明确提出"通识为本,专识为末"。[②] 新中国成立以后,我国高

---

① 刘秀波著,王凑皓指导:《高职院校加强通识教育研究》,东北师范大学硕士学位毕业论文,2006 年。

② 吴地花著,马庆发指导:《高职通识教育的可行性研究》,华东师范大学硕士学位毕业论文,2007 年。

等教育一度以"培养专业化人才"为指导思想,为社会主义建设提供了一批急需的专门人才,但逐渐显露出忽视通识教育的诸多弊端。近十余年来,通识教育在普通高等教育领域得以复兴,在相当短的时间里重新嵌入了高等教育系统,加强通识教育已经成为人们的共识与自觉行动。很多高校基于自身对通识教育的不同理解,对通识教育进行了大胆尝试与积极探索,形成了各具特色的通识教育模式。

而在高等职业教育领域,尽管有一些学者对此进行了一些研究,但整体上看,通识教育还是一个相当生疏的概念。事实上,通识教育意识淡薄,通识教育话语微弱,已经成为当下高等职业教育的一个整体特征。高等职业教育作为高等教育的一个重要组成部分,应始终牢记其"育人"的基本宗旨,给予通识教育应有的地位。

（五）通识教育是高职院校内涵建设的迫切需要

高等职业教育以培养社会主义现代化建设生产、建设、管理、服务第一线的高级应用型人才为目标,是直接"以就业为导向"的教育,是培养"职业人"的教育。而现代职业人首先应该具备健全身心、富有社会责任感并具有终身学习的能力,而这正是通识教育的任务。然而由于大多数高职院校建校时间短,很多高职院校是由中专、职高、技校升格而成或由成人高校改制而来,甚至完全是新办的,历史和文化积淀薄弱,通识教育被有意无意地忽略了。我们通常批评普通高等教育忽视与社会、产业联系的现象,致使学生实践能力薄弱,而我国高等职业教育则存在"文化基因"与"实践能力"的双重缺乏,这无疑加大了高职院校通识教育的难度。为了矫正传统高等教育"乐于灌输知识"的弊端,高职院校往往重视技术、技能的训练,重视实验、实训基础设施建设,力图形成自己的特色,却往往忽视了科学原理的传授,忽视了学生人文素养的提升,忽视了通识教育的整体育人功能,人为窄化了高等职业教育的内涵。

（六）通识教育是推进新型工业化的重大举措

早在 20 世纪 40 年代,潘光旦先生就提出,"中国的工业化应培养通识型的技术人才"。新型工业化是一条"科技含量高、经济效益好、资源消耗低、环境污染少、人力资源优势得到充分发挥的工业化道路",是一条"以人为本"的工业化道路,对人的发展提出了更高的要求,要求培养数以千万计的专门人才,而这远非简单的技能训练能够实现。① 它不仅要求学生掌握一技之长,具有很强的"动手能力",而且要通晓科学原理,具有较强的社会适应性与一定的职业流动能力;不仅要注重眼前利益,发展经济,而且要关爱自然、保护环境,保证经济社会发展的可持续性;不仅要把人视为发展的工具,视为"人力资源",而且要求充分发挥人的主体

---

① 李曼丽:《通识教育——一种大学教育观》,清华大学出版社 1999 年版。

性,把人视为发展的终极目标。因此,高等职业教育应努力摆脱工具性思维的束缚,避免过于功利化、实用化,大力加强通识教育,实现专业教育与通识教育的有机融合。

五、高职院校通识教育的目标

大学应培养什么样的人?在中国古代,"大学之道,在明明德,在亲民,在止于至善"。英国教育家纽曼从词源学的角度进行解释,认为大学是一个传授普遍知识的地方。[1]

在现代社会,人们往往以"博大精深"来描绘大学教育的目标,并把"博大"视为通识教育的目标,"精深"视为专业教育的目标。以通识教育实施得较好的美国麻省理工学院为例,它给我们提供了一个明确的通识教育目的:培养学生具有广博的科学基础和文化背景,提高学生的价值观念、历史视野、认知风格和创新能力,使学生能够创造知识、自我更新、适应社会多种职业需求和社会环境的变化,从而实现个人的最高价值。在这种目标的指引下开设的广泛的通识教育课程,以培养广博专深的科学家与工程师为自己的使命,培养了一大批社会精英。

在当代中国,通识教育也呈现出欣欣向荣的局面,越来越多的大学领导认识到通识教育对于人才培养的重要性,越来越多的大学在向世界一流大学的通识教育学习。如复旦大学倡导通识教育思想已经有20多年了,认为我们推行通识教育,就是为了培养学生具有完全的人格,能够扎根民族、关心民生、关怀天下,能够追求卓越、立足前沿、视野开阔,具有科学精神和理性批判的能力,具有探索精神和可持续学习的能力,具有创新精神和动手实践的能力。由上可以看出,尽管中西文化存在一定的差异,但西方高校的通识教育目标与我国大学的通识教育目标基本上是相通的,即以"博大精深"为共同理想,并涉及知识、情感与价值观等多个层面。

高职院校以培养"通识型的技术人才"为使命。那么,高职院校通识教育的目标是什么?有学者将高职教育中的通识教育的目标定位为:培养具有健全人格和自我发展潜力的职业人。也有学者对其作了具体的阐述,认为贯穿于高职高专学生的通识教育,其目的在于使受教育者全面提高知识文化素养,获得合理的知识结构和能力结构,具有正确的价值取向,成为现代或未来社会中的合格"公民"和"人"。这些表述都不同于传统大学的通识教育理想,更为浅显,更具有积极意义,但并未充分揭示出高职院校的独特性。

从高等职业教育的培养目标出发,综合以上观点,可以这样描绘高职院校通识

① 宋尚桂、王希标等:《大学通识教育的理论与模式》,中国海洋大学出版社2007年版。

教育的目标：培养身心和谐的现代职业人。它不同于"通才式"的本科教育，也不同于培养"拔尖创新人才"的研究生教育，是直接"面向职业"的教育。

为了便于理解与操作，可以将这个目标进一步分解为三个维度，即认知目标、情意目标与价值目标。一是认知目标，即通过对自然科学、社会科学、人文科学的学习与探索，让学生了解自己的文化传统，培养学生的批判思维能力、沟通表达能力、掌握现代职业所需知识的能力，并具备终身学习能力；二是情意目标，通过课程教学与各种社会实践活动，激发学生的学习兴趣与成功欲望，加深学生对工作、学校与家庭的热爱，提升学生的审美情趣，让学生学会做人、学会休闲、学会关心、学会沟通与分享；三是价值目标，让学生了解自己肩负的社会责任，形成积极的世界观、人生观与价值观，树立"产业报国"理想，将个人的职业发展与社会经济的进步牢牢捆绑在一起。

高职院校通识教育科目分类见表 6 - 2。

表达 6 - 2　高职院校通识教育科目分类

	科目名	教育目的	通识教育目的分类
共通科目	教养研讨班	大学学习所需的态度、自主思考能力、表达能力	前专业性
	英语	作为国际人的能力和研究文献、资料的能力	
	外语科目（英语以外）	对异文化的理解态度以及必要的研究文献的学习能力	
	信息科目	使用计算机进行信息处理和信息交换的技术	
一般科目	综合科目	围绕特定的主题开展多角度的思考	非专业性、跨学科性、综合性
	包科目	接触专业以外的分野，拓宽视野	非专业性、跨学科性、综合性
	个别科目	加深对专业以外分野的知识的理解或学习专业分野的基础	前专业性、非专业性、跨学科性、综合性
	体育实习科目	增强体质，通过体育提高交流能力	非专业性

第二节　通识课程嵌入高职教育的路径

通识教育通过什么路径最后怎么才能达到预定的目标与效果，如果对这个问题没有明确答案，即使启动通识教育，也会无法落实。因此，关于在高职中通过什么路径实施通识教育，应有一个整体规划和布局。

一、与建设校园文化相结合

学校除了教师和书本的"身教"和"言教"之外，校园环境是无言的"境教"，学生可以不上某位教授的课，也可以不看某些书，但却不能不生活在校园环境之中，学生天天受其影响，时时浸沉其中，校园是无声的著名教师，是无言的伟大教授，是一种无形的教育资源。

目前，高职院校的校园文化虽然丰富多彩，但在校园文化的建设过程中，也存在不少问题，其中最主要的是，校园文化建设大多停留在表面层次上，忽视了对校园精神的开掘。然而建构校园精神的重要意义体现在它对内能创设出一个积极健康、团结向上的价值选择、人格塑造、思维方式、精神风貌、道德情感、行为习惯等关系学校教育质量优劣的教育环境和组织氛围。这种氛围就是通识教育极好的途径之一，那种潜伏弥漫于整个校园体现学校风范的精神氛围，置身其中，受教育者无须教育者更多的繁琐说教，便会自然感悟到这种精神对自己的心灵的感化和情感的熏陶，这种影响具有"桃李不言，下自成蹊"之妙。试想，在一个充满文明礼仪的校园内，谁不会有意识地注意自己的措辞久而久之，便会显示墨子所说的"染于苍则苍，染于黄则黄"的效果。这样，人的自我发展和自我完善得以实现。

作为高职院校，首先可以将企业文化渗透到校园文化建设中，除了要有充满企业气息的井然有序的教学大楼，同时校园的建筑、道路等可以以当地知名企业品牌名称命名，同时对于班级的管理也可以效仿企业的管理模式，套用企业的部门负责制。另外在景观安排上，要让学生得以徜徉其间，涵泳熏陶。一所大学，没有湖河，灵性中难以有波光的倒影；没有大树华盖，如何让学生仰首，透过树梢而望蓝天或明月；只有绿草一坡，学生才能徜徉遐思；只有林木一片，学生可在哲学之路上静心沉思。图书馆的院落一角，要有一丛芭蕉，才好邀雨；再加几丛绿竹，引来依依风声。如此风声、雨声，配上读书声，心灵才能得以澄明而扩展，家事、国事、天下事，自然会涌上心头。

其次，要充分利用宣传校训、歌唱校歌、校史教育、校友来访等各种教育资源，教育学生形成正确思想观念和价值取向。聘请企业、行业的专家等来校开办讲座。还可以发挥校园典范的榜样作用，校园典范是校园精神的人格化，用身边人教育身边人，同龄人教育同龄人。

再次，要不断改进行政自身的运行机制。学生生活在校园中，耳闻目染，难免身受影响。如开学的报到注册、课堂实验室的清理维护、宿舍的管理方式、校园车辆的停放规定、餐厅价格和服务态度，这些学生日常生活与课堂学习直接有关的行政，对学生有着正面和负面的两种可能影响。再如高职院校的整体行政运作，是中央集权式的，还是地方（各院、处、系、中心等）分权式的，校长和各级主管的领导方式是权威式的，或是放任式的，或是民主式的，看起来似乎未直接影响着学生，但是在和学校各单位来往交涉中，学生都会切身经历，因此对通识教育也有正反的双面功能。此外，各部门的行政领导和职员、警卫，对学生前来申请办事或报告时，其办事的态度，是拖拖拉拉，还是积极、关怀、协助，是公事公办的刻板态度，还是主动地设法解决问题，也都直接影响着通识教育的实施，因为学生对以上这些现象的认知，毕业后也许会不经意地模仿学习。总之，行政运作上的影响虽潜在，却颇为深远。因此，如何运行学院的行政管理体系，如何在共存中达到和谐的平衡点，也是给学生提供的一种重要的通识学习途径。

二、与课外辅导、生涯咨询相结合

目前，几乎每一所高职院校都设有辅导性质的中心，比如就业指导中心、心理咨询中心，有些高职院校还设立了大学生职业生涯规划辅导中心等。同时，每一所高职院校也都配置了思想政治辅导员，因为高职生的学业和生活，都可能面临困难或发生问题，除了一般师长和朋友、同学的协助之外（甚至有时是一般师长和同学、朋友无法协助的），常常需要专业辅导人员的咨询和辅导。在美国大学中，通常均设有学生辅导中心，内应设专业的辅导人员，协助学生解决在学习、生活、职业上遇到的困难。虽然目前国内的高职还没有明确的统一实施通识教育，但这一途径也正是通识教育实施的有效途径。因为通识教育的的实施必须辅以许多非正式教学，教学方法才能见效，而高职生的学业及生活辅导，就是整体通识教育中的一环，而且这一环节不宜忽视，学生在学习上遇上困难，在生活上遇上问题，学校能否为之协助和解决，是通识教育有用或无用、有效或无效的一大考验，师生之间的关系是限于课堂内的知识传授，还是有进一步的课后辅导？这一点差别很大，因为通识教育不只是要求教育者做经师，更是做人师。因此，深化目前的高职生辅导体系，构建合理的高职生课外辅导体系就显得尤为重要。

（一）辅导的方式

在辅导的方式上，通常有个别辅导和团体辅导两类，个别辅导是从各项资料（含心理测验、人格、性格取向、兴趣测验等）中，彻底了解学生，寻求学生的困难与问题症结所在，引导学生领悟问题的关键，找出解决的办法。团体辅导是有相类似困难问题的学生，经学生同意后，安排在同一时间到辅导中心，在辅导人员的引领下,彼此互诉困难问题,让学生处于团体之中,知道他并不孤立,问题也并非他独有,使他们共同寻求解决的办法。

（二）辅导的内容

在辅导的内容上不仅要开展学习指导,主要是指学生在学习上有问题时可以直接来寻求帮助,中心内应该有许多学习方法的资料以及协助人员。还要开展心理健康辅导,心理健康咨询主要是针对学生在生活、学习中存在的心理不适或心理障碍,可以为学生提供有专业技术的咨询人员,使其进行诉说、询问与商讨,在专业人员的支持和帮助下,通过共同的讨论找出引起心理问题的原因、分析问题的症结所在,进而寻求摆脱困境、解决问题的条件和对策,以便恢复心理平衡,提高对环境的适应能力,增进身心健康。还有职业生涯发展辅导,主要是通过在专业人员的帮助下,了解自己的兴趣、职业价值观等,帮助其建立自我概念,探索适合自己的职业发展道路,制定短期的、长期的职业发展计划,增强学生学习的有效性与目标性,进而变被动就业为主动就业,促进其职业生涯的发展。

（三）辅导的技术运用

在辅导的技术运用上体现"专业"。辅导的技术运用,因不同专业人员的专业知识和辅导方式而有所不同,大体有三大类:一是指导式或诊疗式,就是注重辅导人员对学生当事人的诊断与诊疗,方式上以辅导人员为主。通常是有辅导人员经过对学生各项资料的分析和综合之后,诊断其症结所在,然后进行诊疗,为学生提出建议和定出计划,最后做追踪延续的辅导。二是非指导式和非当事人中心式,主要是以心理分析为依据,重在发现当事人潜意识的动机或被压抑的经验,并注重辅导过程中的现象,需要注意的是辅导人员要改变传统"教育者"的权威角色,改变居高临下的"态度",扮演倾听和共情的角色,当学生在无拘无束的自我表达时引导学生自己发现问题的关键或困难的症结所在,并逐渐领悟、协助其发现解决问题的办法,三是折中式,将前述两种方式交叉运用,或视学生的个性、问题严重的程度和急迫性,而分别采用某一方式。

总之,无论采用什么方式,以上这些辅导应该得到重视,在对学生资料搜集、分析、综合的基础上,做完整细密的研究,在实际辅导咨询时重视学生的真实关键问题,协助其寻找解决的办法,使学生恢复信心。同时也为学生的人格独立,以及未来解决问题的方式,提供良好的服务。

三、与职业素质养成相结合

事实表明,要让高职培养的学生进一步与市场接轨,就要配合就业市场对工作能力的要求,提供职业素质的养成教育。这一纬度包括四个要素:（1）职业知识结构；(2) 职业能力结构；(3) 职业态度；(4) 职业伦理等。

这里的职业知识结构是指学生专业知识、基础知识和人文、科技素养方面的知识在内的知识结构。

职业能力的获得具体是指新的工作结构和生产计划要求就业人员所具备的综合能力(如专业能力、社会能力、选择方法策略等的能力、独立工作能力等)，而不只是指某种与职业相关的"技能"。职业能力一般包括数个方面：如组织(包括表达)能力、交往与合作能力、学习能力或学习技能、自主性、责任感、承受能力等。据德国汉堡的"职业促进协会"1991 年的一次调查，企业将员工的职业能力要求列为首位的是"自主性和独立性"。① 由此可见，培养学生的自主性和或独立性的能力，将是职业能力的首选目标。这一倾向反映了现代人类对自身的本质力量、价值及发展前途的认识和关注。职业教育应培养和提高学生的自主性和独立性的能力，并承认和尊重受教育者的主体地位和主体人格，使他们在掌握普通教育知识和专业知识以及人类优秀文化的基础上，学会学习，学会创造，从而促进他们的个性健康发展。自主性、能动性和创造性又是主体能力和主体价值观念的具体表现，而主体能力又是学习者自主能动地驾驭外部世界、推动其才能实际发展的力量，从而使其自身得以继续学习和不断发展，这种能力的培养也是塑造学生的主体人格的最佳途径。

职业态度，是劳动者(就业者)对社会、职业和广大社会成员履行职业义务的基础。属于职业道德范畴，反映学生的个性品质方面，表现为：(1) 责任感：奋发努力，朝着目标坚持不懈地前进；(2) 自尊：相信自我价值，对自己保持积极的信念；(3) 社交能力：在群体中，对同伴表示理解、友谊、适应、同情和礼貌；(4) 自我管理：能准确地评价自己，树立个人目标，检查进展，有自我控制能力；(5) 正直、诚实：能选择合乎伦理道德规范的行动。

职业伦理教育的目标和内容，通常以树立职业道德教育目标为主要任务。当今人们提出的质量道德，则是市场经济条件下追求职业道德目标的核心所在。质量道德理念则以质量意识、质量行为规范、质量事故责任为主要内容。这些涉及产品质量、服务质量、工作质量、职业生活质量等质量道德，业已成为经济发展的必然和道德深化的必然。质量道德的主体是各行各业的劳动者，他们直接创造了产品质量和服务质量。"质量是生命"现已成为劳动者的共识"质量是生命"，不仅是质量道德的要求，而且它是市场经济、商品竞争的必然。总之，质量道德体现着对劳动者整体素质的要求和注重人格自主性的观念。它主张一个人所带来的工作质量、产品质量和服务质量等总是与他的生活质量、消费质量等素质相关，是他综合素质的自然流露。它体现着一种向上的风气、精神风貌和文化氛围。它要造就一种人与人

---

① 程东峰：《论大学通识教育课程结构的三板块》，《长春工业大学学报》(高教研究版)
2007 年第 2 期。

之间相互尊重、互相提高的合作关系,它要培养劳动者一种责任感、负责态度。

由此看出,职业素质的养成教育与通识教育的目标是一致的,因此,通识教育可与之结合而行,共同达成高等职业技术教育的目标。在具体的实施过程中,首先要让学生清楚地明晰自己专业相对应的职业岗位有哪些,并挑出自己的"目标职业",在进入学校第一年必须完成3~5位的生涯人物访谈,引导学生拟好访谈提纲,深入职场,观察生涯人物一天需从事的工作,访谈的内容包括从事该职业应具备的职业知识、职业技能、职业态度、职业伦理等方面内容。对照检视自己的价值观、技能、态度、性格与职业岗位的需求相结合,找出落差,扬长避短,拓展能力。以上这些需要学生自己亲历职场体验、感悟才能显出实效,作为课堂教学,教师不仅要在专业课程的教学中渗透职业伦理,教师本身对待专业及教学的态度、责任感也深深地影响学生。还要与课外辅导、咨询相结合,鼓励学生多参加职场实践活动,以求在实践中不断体验、感悟与提高。

四、与促进专业教育相结合

众所周知,专业教育能给人一定的从事未来职业需要的专业知识和技能,但它不是一个人所受教育的全部,如果把人的教育局限在狭窄的专业教育范围内,把人作为"技术"的工具来培养,就会导致人的片面发展。这种人在处理和解决问题时难免犯"以管窥天,不见整全"的错误。而且当代科学发展的趋势是高度分化又高度综合的,科学的分化要求高等教育专门化,但科学分化的目的是为了更高层次的综合,这种综合对人的素质和能力提出了很高的要求,事实上要达到这些目的,其中一个关键的制约因素便是知识结构的合力与基础知识的掌握程度。如果没有一定知识量的学习或一定时间知识的学习与掌握过程,那些读、说、听、写和算的基本接纳感将难以获得,至于思维技能、掌握运用技术的能力等则更无从实现。而高职学生进行专业学习,促进专业发展是高职教育的目标之一,因此,在高职中实施通识教育与促进专业教育相结合的原则就成为可行的了。在具体的实施过程中,可以通过以下途径展开:

1. 可以设置通、专融合的课程。一方面随着社会的发展,人文学科、社会学科和自然学科之间的联系与互动日益增强。可以通过整合的方式,将这三大学科知识有效地融合,把社会因素纳入科学教育之中,并作为一个整体的不可分割的部分,使科学、技术、社会成为一个相互关联的整体。

2. 可以通过围绕专业、技术相关的一些背景、事件、人物来开展通识教育。如通过展现技术产生的历史背景及传承来了解中国发展的历史,通过品评专业领域中杰出人物的高尚品质及对专业献身的精神来培养专业精神。

3. 在教学过程与教学方法中体现通、专融合的精神。在通识课程的讲授过程中培养学生追求真理、坚持真理的科学信仰,注意引导学生形成"质疑"、"解惑"、

"去伪"、"求真"的思维,培养和激发学生探索未知世界的热情和意识,同时在专业课程教学过程中发掘专业知识本身蕴含的通识精神,注重通识精神的培养,将人文关怀渗透于专业知识的应用之中。另外适当结合诗歌进行艺术和美的教育,往往能收到意想不到的效果。

五、与提升就业质量相结合

作为高等教育重要组成部分的高职院校,近年来其规模在不断扩大,基本上形成了每个市(地)至少设置一所高职高专的格局。高职教育到今天已成为高等教育的"半壁江山",成为我国高等教育不可缺少的重要组成部分。而促进学生就业,是当前高职的重要目标之一,而"就业"也成了衡量一所高职院校办学质量高低的核心杠杆。但是,由于各种各样的原因,高职院校毕业生就业质量不容乐观,毕业生在就业过程中仍存在着约半数以上毕业生难以找到专业对口的工作,存在整体就业质量偏低、职业稳定性普遍较差等问题。

所谓就业质量一般概括为职业社会地位、工资水平、社会保障、发展空间等四大方面,具体体现在职业声望、职业期望、满足程度、职业成就、专业方向与职业的适应性、人职匹配诸方面。与就业率相比,就业质量更能反映职业教育的办学水平和教育质量。与此同时,毕业生的就业质量直接关系到高职院校的社会声誉、认可程度、生源的数量和质量等。因此,只有认真分析、妥善解决高职院校毕业生就业问题,高职院校才能在市场经济的大背景下生存、发展,也才能更好地为地方经济服务。而要解决就业问题,提高就业质量,就需要把提升高职学生就业能力作为高职教育的重要目标。

所谓就业能力是指大学毕业生在校期间通过知识的学习和综合素质的开发而获得的能够实现就业理想、满足社会需求、在社会生活中实现自身价值的本领。大学生的就业能力是指在校期间通过学习或实践获得工作的能力,它包括保持工作以及晋升的能力。国内对就业能力的研究,普遍把关注的重点放在"获得工作"这个层面上,即初就业的层面上。从近年来的情况看,高职生就业能力不单单是指狭义的大学毕业生所具备的实现就业及充分就业的能力,还应该包括保持工作、更换工作以及实现个人职业生涯发展的能力。它不仅是大学生短期的求职就业能力,更是一个社会人长期的职业发展能力。说到底,就业能力是一种综合能力,它包括学习能力(适应能力)、实践能力(动手能力)、专业能力、思想能力、思想观念、心理素质、应聘能力等诸多素养。

提升就业质量是高职教育应有之目标,提升就业能力则是提升就业质量的必要途径,而在就业能力的诸多素养、能力中有大部分需要通过通识教育来完成的。在实施的具体过程中,首先要提高职业咨询或就业指导的质量,可以尝试以下做法:一是以应聘就业为导向展开的指导,以设计职业生涯规划书、技能拓展训练营、面试情景模拟三大环节为中心展开。因为一份合格的职业规划书需要对以下三个因素有清晰的认识，即知己(认识自我)、知彼(认识职业世界)、决策(具体的行动方案)。"知己"需要对自我有清晰的认识，就需要在自己的价值观、兴趣、能力、性格等方面有清晰的了解。"知彼"需要引导学生对当下的环境、职业世界做充分的了解，就需要深入职场，在结合前面两者的基础上确定自己的职业发展方向。"决策"就是为实现这个发展方向进行设计的方案，其中包括实施步骤、结果评估、奖励与惩罚等内容，让学生在制定这个计划书的过程中了解"当下的我"和"发展中的我"，并通过技能拓展训练营拓展自己相对弱项或是不足的方面。二是开展以创业为导向开展指导，鼓励学生从事低风险的创业活动。以上无论哪种方式开展，都需要在职业生涯规划书的基础上施行。其次，改革职业教育课程与教学。突出体现职业知识的掌握、职业素养的养成、职业能力的发展和职业态度与价值观的形成等。课程内容应适当超前，课程结构应适应变化的需要，课程评价应能够促进个体发展满足多元需求。教学和培训贯穿实践导向、任务导向和行为导向，以有利于可持续学习的发展需要。再次，走本土化的"工学结合"之路。让学生早进入职业角色，熟悉职场的同时，促进个体职业知识、职业能力的提高和态度的发展，了解就业、产业结构调整等信息，以有助于毕业生确立和调整职业期望等。

六、与职业教育价值相结合

（一）人口大国迈向人力资源强国

事实证明，一个国家经济的发展和国力的增强，越来越取决于劳动者的素质，取决于知识分子的数量和质量。从一定意义上说，我国是人力资源大国，但却不是人才资源大国，如何把沉重的人口负担转化为丰富的人力资源优势，把教育大国发展成为教育强国，把人口大国建成人力资源强国，一直是各级政府、专家学者及有关方面关注的问题。特别是在全面建设小康社会的今天，中国政府将致力于建设世界最大的学习型社会，这些问题显得更为突出。根据全国第五次人口普查数据建立的人口仿真模型预测，未来10多年里，我国劳动力供给总量将持续上升，到2013年，劳动年龄人口将达到峰值10亿人左右，要到2025年，我国劳动人口规模才会出现逐步下降趋势。[①] 其中，劳动适龄人口比重将继续上升，并始终高于世界平均水平及各种收入国家的平均水平，这样巨大的人力资源、人口整体素质与发达国家相比差距明显，有关资料表明，我国目前的人均受教育年限为 8.5 年，相当于初中水平。在发达国家和新型工业化国家中，接受过高等教育和中等教育的人口所占比例较高。如美国和韩国，2000 年，25～64 岁人口中具有高中及以上受教育

① 教育部高等教育司：《高职高专教育改革与建设》，高等教育出版社 2000 年版。

水平者比例分别占87%和66%，其中，接受过高等教育的人口比例分别占35%和23%。相比之下，中国2000年25～64岁人口中受高中及以上教育水平者只占18%，受初中以下教育水平的占82%，受小学及小学以下教育水平者比例高达42%。每百人中受大专及以上教育的人不足5人。如今，随着高等教育大众化进程的加快，我国高等教育入学率在2005年达到21%左右，预计到2020年，我国高等教育的毛入学率将达到40%，但在每百人中受大专及以上教育的人仍不足6人。①

要改变我国人力资源低下的情况，就要格外关注职业教育的战略性发展，高素质的尖端人才固然重要，但如何提高最广大劳动大军的素质，就显得极为重要，没有高素质的劳动者，知识经济就丧失了最宽厚的基础，传统产业就失去了最坚实的支撑。

（二）体现以人为本

从一定意义上说，以人为本就是以民为本，即以人民为本。以人民为本，必须实现人民的愿望、满足人民的需要、维护人民的利益。让人人都尽可能地接受教育，特别是对"贫民"、"穷人"的教育，是体现以人为本思想的重要内容。一个人实现自身价值并创造更多价值的一个重要的前提条件，就是要获得某种职业知识与技能，而传授某种职业知识与职业技能是职业教育的主要使命。与此同时，社会在发展，时代在变革，时代转型的趋势日益明显，作为一个复杂的社会系统，其根本的活力越来越基于每一个个体生命活力的焕发上，而社会本身也越来越为每一个人提供个体生命潜能的发挥空间，个体与群体、社会共生共荣，在不同层面相互滋养、相互需要、相互促进。

职业教育作为中国学校教育的一种形态，随着社会经济的发展，人们的生存方式发生了重大变化，在这种形态下，呼唤着健康的富有活力的生命个体，提供着可能、并从中获得自身进化的力量。这就意味着职业教育需要有更清晰的自我意识、生命意识，需要以"自我"的身份，考虑自身的存在方式与价值实现；意味着当代职业教育以"生命"为本性前提，以积极的关怀作为基本的行为方式；意味着当代中国职业教育要以整体的、深层的眼光进行自我改造，以建设性的方式促进个体的成长。

体现以人为本的职业教育，就要把握职业的完整性，即不仅要有从事特殊职业的能力，业余生活能力也要进入职业教育的视野。职业教育不仅有它的"长度"，即对人一生的关怀，而且还有它关怀的"广度"，即关注人的全部生活的各个方面。同时，职业教育体现以人为本还有它的"深度"，使人的劳作从谋生到为体现自我价值的提升，提高个体生活质量，增进个体幸福。而且应该指向人生终极意义的体认与最终关怀，提升人的精神境界。

---

① 教育部高等教育司：《高职高专教育改革与建设》，高等教育出版社2000年版。

（三）促进经济发展、社会稳定

1917 年黄炎培先生在《中华职业教育社宣言书》中曾经忧心地指出，"方今最重要最困难之问题，莫生计若。而求根本上解决此问题，舍沟通教育与职业，无所为计"①。可见，职业教育的发展的初衷就是要"解决生计"问题。我国职教界知名学者石伟平教授曾从国际比较的角度归纳了发展高职的三个主要目标：经济目标、社会目标和教育目标。他认为从职教发展的出发点而言，经济目标才是发展高职的根本目标。因此，职业教育的首要价值追求即是促进经济发展。

同时，教育对社会具有某种改造与重建功能，这已经成了某种共识。职业技术教育并不只是一种促进社会稳定的工具。它的基本使命仍然是使人获得某种职业知识与技能，进而增加国家的智力资本，扩大社会的人才库，提高国家的竞争力。但也正是在实现这一基本目标的过程中，派生出来了的促进社会稳定与和谐这一效应，或者说是产生了这一副产品。也正因为如此，促进社会稳定成为职业教育的一种派生性的价值追求。冲突理论的代表人物刘易斯·科塞提出了两个著名的社会学命题："第一、缓解下层成员对稀缺资源分配不满的渠道越少，则他们越有可能怀疑它的合法性；第二、下层越想成为特权集团的成员，且允许流动性越小，则下层越有可能怀疑现存分配方式的合法性。"②根据科塞的观点，社会冲突的原因在于社会结构及其运行机制本身，同时，缺乏流动性的社会结构也是一种不稳定的社会结构。从某种意义来说，人们并不愿意终生只固守在一份职业上，因此，提高劳动人口职业转化能力，使其能够满足个体职业流动的需求，就成了职业教育的重要发展战略。

社会不可避免地也会存在各种冲突和矛盾、差别与对立等。和谐社会的精神就在于宽容地对待这种冲突和矛盾引来的不和谐，并努力使这种不和谐转化成和谐。和谐社会有着丰富内涵的概念，是指社会成为民主法治、公平正义、诚信友爱、充满活力、安定有序、人与自然和谐相处的社会。职业教育促进社会稳定的价值功能也与建设小康社会与和谐社会的治国理想与发展理念相契合。

在与追求职业教育价值相结合的具体实施过程中，首先，需要加强"学会做事"中的核心价值观教育。其次，更新现有的职业教育课程理念与教学，不仅要重视技术效率，还要重视技术伦理、职业能力和内在精神的培育，并使之有机结合。还包括在具体的教学中有效促使技术知识与实践知识向实践智慧的转化。再次，鼓励

---

① 陈向明：《从北大元培计划看通识教育与专业教育的关系》，《北京大学教育评论》2006 年第 4 期。

② 鲁洁：《实然与应然两重性：教育学的一种人性假设》，《华东师范大学学报》（教育科学版）2008 年第 4 期。

学生多参加实践,深入职场,开展工学结合,因为技术知识要转化为实践能力,需要亲身实践。只有在实践中不断地摸索、体会、领悟并思考,技术知识才能内化为学生自己的知识。

七、与终身教育、终生学习相结合

1996 年,联合国教科文组织发表的报告《教育—财富蕴藏其中》一书指出,面向未来的终身教育宗旨是"四种基本学习"(即四个知识支柱):学会认知、学会做事、学会共同生活、学会生存。① 时代已进入终身学习时代。教育不再有空间和时间的限制,学习本身将成为生活的一个组成部分。而且事实证明,谁也不能保证他所学的知识够其一辈子享用,而且也决不能错误地认为:走出校门就意味着学习生活的结束,恰恰相反,学生在学校教育结束以后,还必须不断学习,以便自己活得更充实,更有意义。瑞士国民高等校长瓦格纳将学习和继续教育、终身学习比喻为实现"3G"(即金钱 geld、精神 geist 和良知 gewissen)的最佳途径,三位一体,缺一不可。② 所以终身学习首先是一个内心的旅程,它与各个阶段的人格方针紧密联系着。终身学习既可作为个体实现成功的职业生活的一种手段,又可作为个体的一个非常个性化的过程,既是一种手段,又是一个构筑个体间相互影响的社会关系的过程,是一种生活的目的所在。而且通识教育目的达成不是一蹴而就的,它与终身教育不谋而合,贯穿人一生的始终。而且也唯有与终身教育、终身学习相结合,目标才有实现的可能。

在具体的实施过程中,首先,要以"自主性学习意识养成和自主性能力提高"作为努力追求的方向。注重个体关键能力的培养,如专业能力、方法能力和社会能力。只有有了一定的"基础学习"、"基础能力",方能有"继续或可持续学习的愿望和能力",否则一切都是"理想中的梦幻"。再者,职业教育已不再是"终结性教育",而是伴随一生的终生教育。因此,一方面可以尝试改革现有的学制,代之以学分制,而且适当放宽年限,从目前的 2～3 年改为 2～4 年,学生可以在来校报到注册后马上参加工作,工作一段时间后再到学校参加集中学习;也可以边学习边工作;也可以先学习一段时间,再参加工作,再返校学习等方式,总之学生可以根据自己的学习特点选择适合自己的学习方式。只要修满学分即可发给毕业证书。另一方面学校要拓展办学思路,提供相关的后续教育服务,即学生虽然毕业了,他们仍可以随时到学校参与他们认为重要的、喜欢的一定课时量的课程选修学习,让学习成为每个人的一种生活方式。

---

① 冯惠敏、陈闻晋、罗毅刚:《WTO 与大学通识教育》,《黑龙江高教研究》2002 年第 2 期。
② 龚放:《重视异质文化的交流与理解——全球化时代大学通识教育的新使命》,《高等教育研究》2002 年第 2 期。

浙江部分高职院校课程科目编排(平均值)见表6-3。

表6-3 浙江部分高职院校课程科目编排(平均值)

	科目名称	学分数		课时数		学期安排
必修课	外语	8	36	280	988	1～4
	体育	4		108		1～4
	人文素质	4		120		1
	专业课程	12		240		1～4
	微机原理与操作	8		240		1～4
选修课	数学与自然科学	2	27			2～4
	社会科学	2				2～4
	哲学与心理学	2				2～4
	历史学	2				2～4
	语言学、文学与艺术	4				2～4
	自由选修课	15				2～4

第三节 高职教育通识课程可行性分析

通识教育是必要的,也是合理的,但是通识教育是否可行?长期以来,由于通识教育实施不利,致使人们对通识教育的合理性也产生怀疑,为解除疑惑,可从以下几个方面来阐释通识教育实施的可行性。

一、做人与做事同等重要或更加重要已成为共识

钱穆先生在其《中国学术通论》一书中,将中国学问传统分为三大系统。[①] 第一系统是"人统",其系统中心是人,中国人说:"学者所以学做人也。"一切学问,主要用意在学如何做人,如何做一个有理想有价值的人。第二系统是"事统",即以事业为其学问系统之中心者,此即所谓"学以致用"。第三系统是"学统",即以学问本身为系统者,近代中国人常讲"为学问而学问"即属此系统。对"人统"的关注是教育的共性,对"事统"(专业化、实践性)的侧重则是高职的个性。

---

① 姜大源:《职业教育研究新论》,北京教育科学出版社2007年版。

近几年来,"要做事先做人"、"先做人后做事"这些口号为代表的企业文化开始在企业中得到认可,甚至有的企业把其明文列入企业的宗旨中。还有些企业把对人才的标准表述为:"有德无才,培养使用;有才无德,限制使用;无才无德,坚决不用;有才有德,破格重用"。如此做法无非说明"做人"的重要性,如今,要会做事要先学会做人,或者说做事与做人同等重要已成为一种共识,特别是用人单位在聘用人才时更重视"做人"的这一标准,极大地推动了学校在培养人才模式上的改革。

一些职业技术学院人才培养模式旨在通过通识教育与专业教育相结合,达到学习做人与学习做事相结合的目的。通识教育主要通过课堂教学、生活体验、环境熏陶等三个环节进行,使学生学会做人;专业教育主要通过理论教学和实践教学两个环节进行,使学生学会做事。但实际上,学会做事如果仅限于专业教育是难以实现的,因为学会做事已经不能再像过去一样简单地理解为就是为了培养某人去从事某一特定的具体工作,不能看作是单纯地传授多少有些重复不变的实践方法,用人单位越来越注重能力方面的要求。能力是每个人特有的一种混合物,它把通过技术和职业培训获得的严格意义上的资格、社会行为、协作能力、首创精神和冒险精神结合在一起。因此,即使从做事角度来看,也需要通识教育与职业教育的通力合作。

另一方面,持"做人比做事更为重要"这一观点的人也很多,中国儒家学说代表人物孔子告知我们"子欲为事、先为人圣","德才兼备、以德为首","德若水之源、才则水之波"。作为一个普通人,成为人圣的要求虽然离我们太遥远了,但是目前对"人才的标准"的一些新的说法就是一种证明,许多企业认为,人才必须具有踏踏实实的工作态度,诚恳正直的做人原则。事实证明只有在工作中踏实认真、诚实正直地面对自己身边的人、事、物的人才能在工作中取得更大的成就。换句话说,"先做人,后做事"的含义就是做人是做事的基础,做事是做人的具体体现。以"先做人后做事"的态度对待工作,才能成事。从"做人"的角度看,踏踏实实的工作态度,诚恳正直的做人原则,只能是一种最基本的标准。高境界的"做人",就是经由心灵觉醒的"自由人或创新人","懂得与人、社会、自然和谐相处的法则,并为建立更加民主的社会不断努力的负责任的公民"。

二、与高职教育目标的契合为通识教育提供了更多的途径

教育部《关于全面提高高等职业教育教学质量的若干意见》中指出:"高等职业教育作为高等教育发展中的一个类型,肩负着培养面向生产、建设、服务和管理第一线需要的高技能人才的使命,在我国加快推进社会主义现代化建设进程中具有不可替代的作用。"①因此要求广大高等职业技术学校要坚持育人为本,德育为先,

---

① 教育部门户网站:《关于全面提高高等职业教育教学质量的若干意见》,http://www.moe.edu.cn/,2010 年 6 月。

"要针对高等职业院校学生的特点,培养学生的社会适应性,教育学生树立终身学习理念,提高学习能力,学会交流沟通和团队协作,提高学生的实践能力、创造能力、就业能力和创业能力,培养德智体美全面发展的社会主义建设者和接班人"①。

换句话说,就是高职人才培养目标首先要学会"做人做事",具有诚实守信、爱岗敬业、团结协作、勇于创新的品质,在知识方面上不讲求理论知识的深度和广度,只要求掌握围绕能生产、建设、管理、服务所需要的能力展开,形成与技术应用能力相适应的基础理论知识和专业知识,即能动脑又能动手,有较强的实践能力和创新、创业能力,既掌握操作技能又有现场解决实际问题的能力,既有较好的科技素质又有一定的人文素质,既能尽快适应第一线职业岗位或本专业领域的实际工作,又有一定的可持续发展能力的高等技术应用性专门人才。简言之,就是学会做人、学会做事的复合型人才,也唯有这样的人才,才能更好地为自己谋幸福,为社会谋发展。而通识教育的目标与高职教育的最终目标在某种程度上是一致的,都是为了实现个体职业生涯的发展,增进个体幸福,推动社会发展。

三、校园文化为通识教育提供了丰富的教学资源

校园文化建设主要指在校园中通过营造一种"非专业化的校园文化氛围",把学生置身于这种文化中使其接受各种非专业性文化的"滋养",从而使学生的智力、情操、身体、道德得到全面发展。

大学时代是一个人人生最重要的时光,校园文化对学生形成共同的精神具有十分重要的作用,它也是在以一种潜移默化的形式对人的精神世界产生影响的。风景优美的校园、古朴典雅的建筑、博学的师长、高雅丰富的校园活动等,这些因素的教育或许是缓慢的、不经意的,但却能够持久地影响人的精神世界。一些著名大学的实践证明,校园文化的非专业化的通识教育的实施其作用不可小觑。所以在各个层面加强校园文化的建设,无疑对大学生人格的完善和智慧的增长大有助益,它不仅可以为通识教育课程的有效实施提供条件,而且对学生身心的影响会更加持久、深刻。

高等职业技术教育由于受到学制、课程设置的限制,在高职中实施通识教育不可能在课程上占用很多的课时,而且,仅仅依靠课堂教育也难以达其旨。校园文化为通识教育的实施提供了无形的教学资源。

四、实践课程为通识教育提供更多成功实施的可能

高职培养的是生产、服务、管理第一线的高级技能人才,这类人才重在"做"和"行动",即将技术知识运用于生产现场或实际生活中,解决实际问题、提供优质服

---

① 教育部门户网站:《关于全面提高高等职业教育教学质量的若干意见》,http://www.moe.edu.cn/,2010 年 6 月。

务或创造新产品。而实际问题的解决,产品、服务质量的高低,与一个人的技术水平、技能密切相关。而且在技术应用日益普及的现代社会,技术技能的获得对个体的生存与幸福生活也具有十分重要的意义。

然而,一个人仅仅从技术的层面上知道了"怎么做",并不一定能保证他在实际上"会做"那件事。就像一个学游泳的人,尽管别人告诉了他很多游泳的规则、方法和技巧,但如果缺乏大量的亲身实践,他并不能因此就一定会成为一名游泳高手。因此,要把"如何操作知识"转化为实践能力,需要亲身实践。只有在实践中不断地摸索、体会、领悟并思考,技术知识才能内化为学生自己的知识。而这种内化的过程就是"通识能力——有效思考的能力、沟通的能力、能做适当判断的能力、对价值的认知能力"的有效运用。因此,高职教育要保证教育质量的话就必须强调实践课程,在实践中学习,通识教育要使目标有效达成的话也要强调在实践中学。

教育部《关于全面提高高等职业教育教学质量的若干意见》提出大力推行工学结合,突出实践能力培养,改革人才培养模式,要积极推行与生产劳动和社会实践相结合的学习模式,把工学结合作为高等职业教育人才培养模式改革的重要切入点……人才培养模式改革的重点是教学过程的实践性、开放性和职业性,实验、实训、实习是三个关键环节。① 这种人才培养模式恰巧有利于通识教育目标的达成。

长久以来,通识教育之所以难以实施,很大程度上就在于通识教育的手段与通识教育的目标之间存在着某种程度的脱节。因为通识课程教学虽然在大面积地确保学生掌握必要的基础知识和基本技能,全面提高基本文化修养,进而在陶冶学生的情操方面具有不可替代的意义,但是任何讲授课程都无法克服一个缺点,无论课堂的知识面有多宽,它仍然是从知识总体中挑出来的一小块,因此,仅仅通过通识课程就不能达到通识教育所要求的那种理想的"广度",而且,仅仅是知识的广博并不是我们所认为的达到了"通识教育目标",因为通识教育目标更重要的是学生有有效思考、沟通、适当判断和对价值认知的能力。这些能力很大程度上是从课堂外的直接经验积累的结果。通识教育不能简单地把课程内容"传授"给学生,而是一定要通过学生在实践中不断的体验、总结反思与感悟,才能内化升华为属于自己的"通识精神",也只有这样才能促进心灵的觉醒。因此通识教育的实践若不涉及与直接经验相关的非课程性实践则有悖于一般教育的教育教学规律,并且教育的真正含义不是宣传,不是说教,它更像是一种陶冶与感悟,使学生拥有一种融会贯通的能力,成为一个具有"主体"精神的人。因此,从一定意义上高职的工学结合的人才培养模式,或者说高职的实践课程为高职通识教育提供了更多的成功实施的可能。

---

① 教育部门户网站:《关于全面提高高等职业教育教学质量的若干意见》,http://www.moe.edu.cn/,2010 年 6 月。

第七章　高职院校通识课程的地位及任务诉求

通识作为人类精神发展的至高境界,并不是孤零零地摆在那里的既成世界,它本身也是无限的,不断创生的。那种以为生命中有一个现成的终点和归宿在等待着人们去投奔的想法是荒唐的。通识之境,归根到底有赖于人类自我创造、自我提升。当代极为重视强调创新,创新不光体现在新知识、新技术和新产品上,更应该体现在新的价值上。高职教育肩负着塑造、引导和创新时代精神和培养高技能应用人才的重任,理应通过通识教育为高职院校的受教育者提供健康的价值源泉和积极的精神动力。

第一节　高职教育通识课程的地位

人类的通识精神,需要教育的参与、引导、培育和建构。在某种意义上,教育与通识具有内在的关联性,以至于二者一开始就不是各自分立的,而是统一的。

众所周知,教育产生于人类的生产生活需要,教育具有永恒性。这种永恒性,现代教育学教科书通常解释为"随着人类的产生而产生,随着人类的发展而发展,与人类共始终",这种理解,实际上是一种误解或曲解。因为它除了说明教育是一种与人类共存亡的具体的时间与空间现象之外,没有赋予教育以任何意义。然而,教育的永恒性恰恰是教育的超越本性的体现,它表明教育在本质上是超越具体时空的逻辑实在,是教育存在与发展的基础、原因、依据和前提。只有从永恒性这一先验的逻辑出发,教育才能获得合理性解释与合法性存在,也只有从永恒性出发,才能真正理解教育的其他属性(如历史性、阶级性、社会性等)。永恒性是教育的最根本、最普遍的属性,是教育发展过程中的不变性与统一性,是教育的永恒理想和至大至高的精神。而历史性与阶级性只不过是永恒性在不同时空上的展开和特殊表现形态,是教育的可变性和多样性。不管各历史阶段上的社会或阶级的教育如何不同,都要接受教育永恒性的制约,并以之为依归。如果放弃或背离了永恒性这一终极理想的关怀,其教育就是短命的、暂时的,是不会给人类留下多少财富的,也就不可能承担起塑造人类精神和灵魂的伟大使命。由此不难看出,所谓教育的永恒性,就是教育的真善美属性,就是教育所指向的无限的通识境界。

人类在生产生活过程中所积累的经验,客观上要求教育来传递。然而,教育的职能并不仅仅在于传递经验本身,而是通过对经验进行判断、筛选、加工、整理和传递使人获得知识、道德、理想和信念,使人成为人,这恰恰反映了教育的目的与价值,也因此才有所谓的"修道之谓教","以善先人者之谓教","教也者,长善救失者也"等有关教育的超越性命题。① 一句话,教育本初即指向真善美。

在西方,教育尤其是高等教育与自由密不可分。教育生活的目的在于使人能够自由地运用自己的理性求得知识,独立地评断是非,在于摆脱世俗生活的缠绕而倾听内心的声音,思考世界的本源、原因与方向等形上问题。人们把大学看作是世俗生活中的教会,它带给人真理与信仰,为人们提供生活的意义与最高最普遍的原则。在我国高等教育理论界,一般认为,高等教育就是"建立在普通教育基础上的专业性教育"。这种观点之于高等教育学虽是正确的,不过,它是从学科立场出发的,只是一种科学的概念或观念,仅仅揭示了高等教育区别于其他教育形式的特殊规定性这一事实,因而是有限的观念。以此来认识和指导高等教育实践,不能在根本上提升高等教育的品质,也不能使高等教育达到通识境界。所以,有必要超越狭隘的学科主义视界,向外向上继续追问高等教育的终极本质。"大学之道,在明明德,在亲民,在止于至善","大学载知识之车而寓道德之舍"。"文道合一,止于至善",才真正是高等教育的终极本质与目的。②

基于"止于至善"的通识教育理想,应该破除高职教育实际办学过程中的种种局限、短见和偏见。首先,要改变技术至上主义教育观及其根深蒂固的学科与专业中心主义的教育体制,树立全面教育观,使科技教育与通识教育、知识教育与价值教育、理性教育与信仰培育有机整合,协调发展。技术至上主义教育观及其学科与专业中心主义教育体制之于通识目的,至少有两大限制:一是横向限制,以强调研究对象的独特性和知识体系的完整性的学科专业,对其他学科专业而言具有明显的封闭性与保守性,是对整体知识的割裂,不利于形成人的统一的知识观和世界观;二是纵向限制,学科专业主义过分强调知识与技术等事实要素,从根本上忽视事实之上的价值要素,止于知性(知识)疏于德性(智慧),是一种为事而疏于成人的教育。横向限制使学科专业教育缺乏应有的宽度,纵向限制又使学科专业教育缺乏应有的高度。这两方面均与通识境界的要求相去甚远。

近年来,在高等教育体制与课程改革中,注意强化学科专业的综合、联合与融合,倡导文理工渗透等,这是一个值得肯定的方向。但是,改革不能只关心专业或课程的宽度,更要着眼于高度。没有宽度,局限于狭隘的学科专业范围,就很难使

---

① 邵宇:《论中国高校金融专业人才培养目标与模式》,《金融教育与改革》2009 年第 6 期。

② 臧冠荣:《"应用型金融人才培养模式"高层论坛综述》,《上海金融学院学报》2008 年第 3 期。

人获得对世界与人生的本质和意义的广泛而全面的理解；然而，宽度只是途径、手段与方法，脱离崇高的真善美目标导向的宽度，只能造成学科专业知识与技术的简单相加或堆积，无助于学生的通识视野和人格的养成。

首先，着眼于终极关怀的教育改革，是培养人的教育，其下才是造就各种人（职业人）的教育。唯有通识精神观普照于专业教育，高等教育才不至于成为人的发展的限制，它所培养出来的人，不管是哪一方面的专才，不论从事什么具体的职业，都不会将专业或职业仅仅作为谋生的手段，都会自觉地以专业与职业作为实现人生理想与价值的桥梁，在专业学习中，在职业生涯中，在社会活动中，追求生命的超越。

其次，高等教育要与现实需要保持距离。高等教育是不能脱离社会而存在的，其发展取之于社会，因此必须还之于社会，服务于社会，满足社会发展的各方面需要。但是，社会的需要在性质、方向与内容上是千差万别的，暂时的需要与长远的需要并存，合理的需要与不合理的需要同在。因此，高等教育不能不问需要的性质与方向而亦步亦趋地跟在社会的后面。它应该与这些需要保持距离，客观、冷静和超脱地审视和对待现实要求，这样，高等教育才能真正发挥正确的价值导向作用，才能成为社会的良心，才能弘扬真理与正义。高等教育不仅要积极参与社会变革，更要成为社会变革的反思者和批判者；不仅要成为社会发展的推动力量，更要成为社会发展的火车头；不仅要为社会变革注入兴奋剂，更要为社会变革注入消毒剂。在整个社会处于激烈的变革、文化转型以及全面进入市场化、商业化、感官化和多样化的时代，高等教育肩负着更加重要的使命，它不应一味地、盲目地强调适应，不应时髦化和媚俗化，不应放弃精神教化的责任，而应当成为时代精神的代表者、守护者和创新者，成为整合全社会、全民族和全人类价值与理想的重要力量。高等教育应当使人养成善于求真的习惯，反思与批判的精神，辩证的人生态度，高瞻远瞩的眼界，高举远蹈的心态，追求完美的境界。总之，高等教育应该给人一个智慧的人生，使通识成为内在于人的思想与行动的箴言体系。

再次，高等教育要注意处理好应该与可能、理想与现实的关系，为达到通识目的架设阶梯。通识是美好的，是指向未来的。然而，教育学生达到这样的境界，必须考虑实现的可能性，考虑方式方法的可行性。学生不是生活在真空中的人，不是机械被动的知识容器，理想的教育，只有化作学生自身的心理需要和生活需要，才真正具有意义，才真正能够发挥作用。否则，再伟大崇高的目的也只是漂亮的摆设和良好的愿望而已。为此，通识所指向的形而上世界，必须植根于现实的生活世界，发现并挖掘生活世界中的意义成分，进行有目的的积累、扩大和提升，使之变为普遍性价值的中介或依托，从而有利于学生从现实的生活世界过渡到通识世界。苏联教育家马卡连柯在道德教育上提出了著名的"明天的快乐"原则,其实,无数明天的快乐就是驶向通识目标的阶梯。通识应该是既可信又可爱,既可敬又可亲的,既在日用之外,又在情理之中。那种板起面孔拒人千里之外的空洞说教,只能使学生对通识敬而远之,甚至产生逆反心理,反而收不到应有的效果。

第二节　高职院校通识教育的任务诉求

一、高职院校的通识教育负有多重使命,主要包括:

(一)补缺、纠偏,摆脱狭隘与浅薄

中学阶段过早的文理分科,造成了青少年知识结构的明显缺陷。这是"应试教育"的"公害"之一。进入大学,划分过细过窄的学科、专业,加上功利色彩过于强烈的学习态度,愈加强化了大学生知识掌握的缺失和褊狭。

高职院校通识教育的第一项使命,就是要治疗教育失当所造成的"营养不良"、文理失衡。1978年以后在高校普遍开设的"大学语文"课程,即是针对大学新生文化素养不高、文字语言能力薄弱而采取的补救措施。赋予通识教育补缺、纠偏的功能,主要有三方面的理由:

(1)物质的、人类社会的以及精神的世界本来就是统一的,彼此融合的。我们对自然、人文与社会的认识,也不应当是彼此割裂、支离破碎的。

(2)大学毕业生可能碰到的种种问题,都不会是单一的技术或文字问题,不会只涉及数学或力学知识。早在1949年,美国麻省理工学院通过的著名的"刘易斯报告"就指出:"技术的和社会的问题如此错综复杂地交织在一起,以致人文学科和社会学科必然成为人的职业所需要的部分。"麻省理工学院校长保尔·E.格莱博士又在1987年制订了"工程师教育探索性改革计划",其基本思想是:一位专业工程师再也不能仅仅驻足于工程技术一隅了。他生活并活动在一个社会系统中,需要理解文化和人类的价值。人文学科不能再被视为仅仅是"糕饼上的糖粒"。①

(3)高职院校所培养的各个专业的毕业生,若干年后将有相当一部分进入政治、经济、教育、文化、企业管理、技术等岗位,他们若只有狭隘的视野和残缺的知识结构,不仅难以胜任工作,而且可能因决策失误而造成莫大的损失,甚至酿成可怕的灾难。大多数高职院校的通识教育,往往侧重于人文的、价值理念的、传统文化的教育,因而造成了一种误解,似乎通识教育就等同于中国文化教育。如前所述,科学教育也应是大学通识教育"题中应有之义"。尤其当科学、技术的发展远远超

---

① 李曼丽:《美国大学通识教育实践研究》,《高等工程教育研究》2000年第1期。

出常人的认知范围,同时又深深地渗入人们的日常生活的今天,更是如此。许多国家和地区的高等学校不仅致力于把科学教育、技能培训与通识教育结合起来,而且致力于推进科学教育、技术教育的"人本化",注意在科学、技术教育中突出科学精神和创造能力的培养。

(二) 整合、贯通,由知识的统摄渐臻智慧的领悟

补缺、纠偏仅仅是通识教育的一个切入点,第二层次的通识教育应当在掌握较多知识的基础上,实行科际的整合,即发现各专门知识、各相关学科之间的联系,并突破各学科不同的符号体系、逻辑体系所造成的"能障"或认识"盲区",形成知识的"大局观"、"整体观"。

通识教育必须防止"杂、散、乱"的倾向,不能只是开设一大批五光十色的课程供学生选修,不能仅仅"填鸭式"地灌输各种知识。必须注重心智的训练,即培养学生洞察、剖析、选择、整合和迁移的能力,以收举一反三、融会贯通之效果。有的学者将"通识"两字解读为"统摄",实在是真谛之见。缺乏"统摄"能力的人,不可能将知识转化为智慧,即使学富五车,也不过是一只"两脚书柜"而已。

(三) 超越功利,超越"小我",弘扬新的人文精神

由追求整合的知识到促进身心全面发展,由智慧的领悟到价值澄清和人格养成这就是通识教育的"第三境界",也是不易实现而又必须孜孜以求的更高目标。

就人的发展而言,身心的和谐,左右脑的协调,知与行和表与里的一致等,都要求人们从"全人教育"的观点来规划与实施大学通识教育。就社会的进步而言,未来社会不仅仅是一个科技发达、经济富庶的社会,还应是一个高度文明、高度民主、充满激情与理想的社会。如果高职教育所培养的只是一些自以为是的技术人工,或者冷漠、呆板的"电脑人质",或是唯利是图的政客、市侩,那么,谁来推动社会的全面进步? 谁来为民族的、国家的利益犯难冒险? 谁来为社会的公正、平等与清明而仗义执言?

大学教育,特别是通识教育,都回避不了塑造"新人"和"完人"的任务。通识教育可以通过对历史的追溯与反省、对异质文化的比较与批判、对传统的推陈与出新、对艺术的欣赏与赞美、对科学的探索与创新等,帮助青年学生超越功利,追求高尚,从而造就一大批全面发展的、敏于探求、善于批判、勇于创新、乐于奉献的新人,弘扬新的人文精神。正是在这个意义上,可以断言,现代的通识教育不再是一种点缀、一种辅助、一种补救措施,而往往是大学教育的灵魂。

现代通识教育的三项使命相互联系而又有层次之分。但从多数高职院校实施通识教育的现状来看,不同程度地存在着"实用化"、"技能化"和"拼盘化"的倾向。许多高职院校所开设的通识教育课,很多是类似"英语广告"、"商务契约译写"、"外

贸英语函电"、"实效商务写作"、"公关技能初步"、"微机操作"、"股票市场简析"等实用性、技能性课程。这一方面受教师知识结构和水平的局限,另一方面与系、校主管人员和学生仍以实用、功利观点来看待通识教育有关。

此外,由于通识课程的开设缺乏论证,选修缺乏指导,又会导致另一种倾向——即"拼盘化"的出现。有学者批评台湾地区有的高校将"宠物饲养"之类也充作通识课程。美国卡内基教学促进基金会主席欧内斯特·博耶1987年发表的调查报告,对美国高校中"什锦炒菜"式的通识教育提出质疑,认为从农业工程到意大利语,从保健教育到经济学等由学生"自助餐"式选修形成的任何组合,"都被夸大为够得上称之为普通教育",其实,学生从一门狭窄的课程修读到另一门同样狭窄的课,"很少能发现它们之间的联系,更看不到知识的总体"。① 这样做,其实是背离了通识教育的真谛,虚化了通识教育的使命。由此看来,三项使命的真正实现,还要付出艰苦的努力,还要走很长一段路程。

二、通识教育实现教育使命的路径

(一)更新教育观念,提高对通识教育理念的认识

实施通识教育,提高教育理念是先导,教育思想正确与否,直接关系到教育改革的方向。相对来说,高等职业教育实施通识教育在认识问题上存在的阻力较小。

高等职业教育没有应试教育的包袱,也没有升学的压力,作为一种新型的教育类型,也没有很多固有的模式,但高等职业教育在很大程度上是传承传统教育模式发展起来的,传统的教育观念具有很强的稳定性,缺乏自我革新的动力。另外,很多人认为高职教育主要是传授知识、培养技能,是一种"技术教育",实际上这种看法是片面的,它忽视了教育的本质。诚然,培养技术型人才是高职院校的教育目标,但是我们培养的不能仅仅是一个只懂得计算机或者是会做账的人,如果这样的话,那么学校充其量只能是一个培养"工具性"人才的作坊。正如杨叔子所言:"大学的主旋律应是育人,而非制器,是培养高级人才,而非制造高档器材。"②

联合国教科文组织咨询报告《学会生存》中称教育的目的是"完人","完人"也可以被视为"人的全面发展"的一种表述,该书认为"人的全面发展"就是把一个人在体力、智力、情绪、道德各方面的因素综合起来,使他成为一个完善的人,这就是对教育基本目的的一个广义的界说。高职院校在授予学生现代科学技术、技能的同时,还必须对他们进行全面的素质教育,使他们真正成为心智与人格全面发展的

---

① 李曼丽:《美国大学通识教育实践研究》,《高等工程教育研究》,2000年第1期。
② 杨叔子:《永必求真,今应重善——21世纪高等学校的文化素质教育与精神文明建设》,山西教育出版社2000年版。

有用之才。作为高职教育者应认识到高职教育首先是育人,教育的首要目的是使人成为"人",其次才是"才"。为此,高职教育应改变以往的只注重技能训练的技术教育,而转向人的全面发展的教育,而通识教育就是一种促进人身心和谐发展的有效途径,其根本目的是使人能够全面发展,培养具有"全面发展的素质"的人才,适应科学技术的发展和社会生活方式的变革,培养"厚基础、宽口径、高素质"的创新型专门人才。

（二）构建通专结合的高职人才培养模式

构建合理的人才培养模式要以正确的人才培养目标为前提,高职人才培养目标首先要学会"做人",即培养具有诚实守信、爱岗敬业、团结协作、勇于创新的品质,在知识方面上不讲求理论知识的深度和广度,只要求掌握围绕能生产、建设、管理、服务所需要的能力展开,形成与技术应用能力相适应的基础理论知识和专业知识,即能动脑又能动手,有较强的实践能力和创新、创业能力,既掌握操作技能又有现场解决实际问题的能力,既有较好的科技素质又有一定的人文素质,既能尽快适应第一线职业岗位或本专业领域的实际工作又有一定的可持续发展能力的高等技术应用性专门人才。

基于对高职人才培养目标的分析,高职教育要改革传统的人才培养模式,在实践中探索构建通识教育与专业教育相结合、科学与人文相融合的人才培养模式。通过通识教育与专业教育相结合,达到学习做人与学习做事相结合的目的。通识教育主要通过课堂教学、生活体验、环境熏陶等三个环节进行,使学生学会做人;专业教育主要通过理论教学和实践教学两个环节进行,使学生学会做事。

主要对策包括以下几个方面。

（1）完善通识教育课程

知识经济时代的来临对人才要素、学习形态、学校功能提出了一系列的挑战,人性因素在上升,态度、价值、道德、情感、文化、精神等逐渐成为个人、机构、社会乃至国家成败的关键因素。国际人才标准在经历了资历取向、能力取向的阶段后,已向品行取向阶段发展。当代教育应该强调人的精神建构、重视人文精神、注重人的综合素质,因此,我国高职教育决不能强调专业教育而忽视对作为完整人的综合素质的培养,通过课内理论课程、课外实践活动课程和隐性课程三个通识教育模块的实施来培养学生的品德、综合素质。形象地说就是学生通过"课堂上学习,活动中体验,环境中熏陶"来提高自己做人的水平。

① 课堂上学习通识教育理论课

通识教育课程是按模塑全人来设计的,分三个学科群:人文学科、社会科学和自然科学。各个学科群下面又分基础通识课程和分类通识课程。人文学科课程主要加强学生文学与艺术修养,提高人文气息,培养对生命及社会的关怀,启发人的心智能力;社会科学课程主要增进学生对自我的了解,促进人与人沟通,帮助学生认识当前社会的现状并积极参与,加强伦理道德价值的培养;自然科学课程主要帮助学生了解自然现象及现代科技对人类文明的贡献,强调人与自然的和谐,培养学生对自然的关怀,着重培育学生的科学精神和科学方法。由于高职院校的学制较短,就不能更多地设置通识教育课程,只能抓住其中的一些核心领域,如语言文化、历史、伦理、法律、数学等开设一些精要课程为通识教育必修课。同时,在分类通识课程中设置通识教育选修课程。通识教育课程约占总学时的三分之一以上。

通过通识教育理论课程,促进了学生对自然科学、社会科学、人文科学的了解,使学生知识面得到扩充,文化知识视野得以开阔,能看到不同学科、课程及其知识的联系,从而形成学科知识的整体观念,促进不同学科知识及其思维方式的相互迁移。

② 活动中体验:通识教育活动课

高职院校应为学生全面而富有个性的发展创造良好的环境和条件,开展各种通识教育活动,内容包括参加社会实践、社会公益活动及生产实践、课余科技和文化活动:如"大学生艺术节"、"到企业去增长见识"、"义工服务活动"、"暑假三下乡活动",通过这些活动,使学生能够了解国情,认识社会,扩展知识,增长才干,增加责任感,树立品牌意识和法律观念;同时举办各种人文讲座,营造生动而健康的人文氛围,培养学生的创造能力、组织能力和协调能力;开展各种知识竞赛、设计大赛等,启迪智慧,提高实践能力和创新能力;鼓励学生社团的发展,让学生通过参加社团的活动,锻炼自我管理能力,发挥学生的主体作用,感受人文和科学教育。现在欧美流行的社区教育就鼓励学生积极走向社会,强调教育与社区之间的开放、参与和互动,这点是值得我们高职学院学习的。

③ 环境中熏陶:通识教育隐性课程

在课程论中,显性课程与隐性课程是两个相对应的范畴。所谓隐性课程,是指学生在学习环境(包括物质环境、社会环境和文化体系)中所学习到的非预期性或非认识性的知识、价值观念、规范和态度。这类课程是非正式的,具有潜在性和隐蔽性,但对人的发展有不可忽视的重要影响。

校园的自然环境、文化设施、校舍建筑和精神文化等都属于学校重要的隐性课程。大学时代是一个人人生最重要的一段时光。"校园文化对学生形成共同的精神具有十分重要的作用,它也是在以一种潜移默化的形式对人的精神世界产生影响的。"风景优美的校园、古朴典雅的建筑、博学的师长、高雅丰富的校园文化活动等,这些因素对教育的影响或许是缓慢的,不经意的,但却能够持久地影响人的精神世界。

(2)优化专业教育课程

高职专业教育课程包括理论知识和实践环节两个部分,是高职教育课程的主体,占总学时的三分之二左右。由于高职教育具有普通的高等教育和职业技术教育的双重属性,既姓"高"又姓"职"。因此,其课程需达到普通高等教育课程和职业技术教育课程的双重要求。

高职的理论不能照搬学术教育或工程教育,尤其与工程教育的为形成规划与设计能力的理论不同,其是为形成在工作现场贯彻和实施这些规划与设计的技术能力所需的陈述性知识(技术原理)和程序性知识,高职理论必须针对一定的职业范围。作为高职教育,是为生产、建设、管理、服务第一线培养高等技术应用性人才,这种人才要能实现"零距离上岗",因此决定了高职教育要紧跟时代发展和社会需要,所开设的课程尤其是专业课程要对学生上岗具有实用性,使其通过专业课程的学习能熟练地掌握一到两门专业技术,真正实现毕业后就能上岗,上岗后就能靠技能技术立身。

技能技术的掌握对于高职学生将来迈进社会十分重要,这也是衡量高职教育成功与否的一个方面,但与此同时也要认识到高职教育更应重视学生综合能力的培养。

高等职业教育也必须与职业培训区别开来。因为现代社会的高等技术型应用人才尚需要有较强的适应性,课程理论的内容必须有一定的系统性、完整性和学科性。为此,不少学者提出了课程的综合化。所谓课程综合化,并不是两种或两种以上课程内容的简单相加,而是不仅要体现在专业内知识的综合,又体现在不同专业知识的综合,还体现在专业综合实践活动,这样的课程能使学生尽可能多地获得更加宽广的知识。同时,在课程内容的选择和编排上,要体现人文科学、社会科学与现代自然科学技术的有机整合,优化学生的知识结构,增强学生的变通能力,为学生在未来的职业生涯中能力素质的持续发展储能蓄势,使他们成为能迎接新世纪任何挑战的成功劳动者或创业者。

(3)实践环节实验、实训、实习三兼顾

实践教学是以训练技能,培养能力,促使理论与实际密切结合为主要目的,主要包括实验、实习、实训等教学实践环节,在培养职业技能过程中,具有独特的功能和作用;在验证理论上,实验是不可缺少的,实训是直接形成职业技能的重要环节;实习能提供真实的工作要求和技术氛围以及人际关系。

长期以来,人们总是把实践教学仅仅理解为实验与实习,高职教育的实践教学要突破只限于感性认识和动作技能训练的旧模式,建立有利于培养技术应用性能力和解决实际问题能力的新模式。高职实践教学的目标是形成全面的职业劳动素质,而不仅仅是动作技能。前面讲过高职学生应具备的素质,这些素质的形成不仅是理论课所能完全胜任的,必须在实践教学中加强,否则培养的学生不符合高职岗位的要求,会出现眼高手低的倾向。因此,高职院校应充分重视实践教学的作用,加大实践教学在教学计划中的比重,要及时吸收科学技术和社会发展的最新成果,要改革实践教学内容和考核方法,逐步形成与专业技能、综合实践能力与综合技能有机结合的实践教学体系。

发达国家高职教育的成功经验告诉我们,要办出特色高职的关键还在于要坚持走产学研结合的发展之路,只有这样才能保证所设专业、教学计划、技术技能的针对性和实用性,才能保证理论知识与实践技能培训的紧密结合,才能保证毕业生的适销对路和较高的就业率,才能为学校培养"双师型"教师队伍提供实训机会。

(4) 建立适应通识教育要求的教育教学管理制度

如何改革教学管理制度,以保证通识教育的有效实施呢? 20 世纪三四十年代,一些本科院校通识教育的成功经验给我们以有益的启示:各门课程都用学分计算,规定最高学分与最低学分的限度,并且按学分决定年级,选课制与学分制并行,每学期初,学生参照各系规定的课程表自行选课,中途可以增选或者退选。学分制的实行使得学生对课程、专业乃至学校有了更多的自主选择权,学生可以跨专业、跨系选修课程。

但是,目前学分制在我国还处于探索、试验阶段,相关配套措施还不很健全,没有很好地起到培养学生学习的主动性、适应性、拓宽知识面、优化知识结构的应有的作用,多流于形式。主辅修制和跨系选修制等教学管理制度在一定程度上也得到了推广与实施,但其功能还远没有发挥出来。因此,必须加大教学管理的改革力度,进一步完善学分制,提高通识教育课程的教学质量,使双学位制、主辅修制、跨系选修制等充分发挥作用。

通识教育应该要求学生在学习、了解通识教育内容的基础上"整合、贯通、由知识的统摄渐臻智慧的领悟","由智慧的领悟到价值澄清和人格养成"。因此,通识教育的评价制度方面,要改革原有的考试内容与方法,从注重对学生知识记忆能力的测评为主转向注重对其综合运用所学知识解决问题能力的考核,采取多种方式,灵活进行,以有利于提高学生全面素质的养成,如:笔试、口试两者结合;各种形式的开卷考试;做小论文、写总结;搞社会调查、写调查报告;做实验、进行问题探索等等。同时,要严格考试制度,以严格而科学的考试检验教师的教学效果,督促学生勤奋学习,促进学生在知识结构上求"通"求"博"。另外,对于课外活动,校园环境以及学风和校风等通识教育的隐性课程,也要建立评价体系,以便全面测评通识教育的实施效果。

为了加强通识教育的可行性,避免那种"说起来重要,做起来不要"的局面,必须设置一个行之有效的机构,增加通识教育人、财、物的投入,使之高速运转,同时,加强对通识教育的指导、协调和评估。台湾通识教育学会在 1999 年 10 月完成对台湾 58 所一般大学院校通识教育评鉴工作后,对各大学院校提出的重要建议中有如下内容:第一,大学校长及主管必须对通识教育有深刻的认识和充分的支持;第二,成立全校性或校级的"通识教育委员会",委员会成员包括含学校各教学、行政单位主管、有关师生代表、校内外学者专家等,负责审议、推动、评估全校通识教育。

通识教育中心负责起草规划、协调联络、实际执行课程设计与教学实施等业务,通识教育中心的位阶至少达到系或所或院的等级,给予足额编制和经费资源。

（5）加强教师队伍建设

就教育过程的本质和教师的作用来说,教师属于主导地位,这是教育过程的客观规律所决定的。一方面,教师是教育方针、教育计划的执行者,他主导着学生发展的方向与质量的规格;另一方面,教师是教育过程的组织者,教育内容的传授者;同时,教师还是间接经验学习过程中的指导者。我国教育家梅贻琦也有一句名言:"大学者,非谓有大楼之谓也,有大师之谓也。"大师是高校旗帜,是学生的偶像。

尤其是通识教育,对教师提出更高的要求,除了广博的知识、高超的技能和高尚的人格外,更需要对科学与人文有一种统一认识,达到文、理融通,并且通过自己的言传身教,通过自己所从事的学科的特点,通过自己对待科学的态度和责任,使学生从教师身上即可以领悟到通识教育之内涵,而不至于出现科学与人文的疏离和教育工具化倾向。

加强教师队伍建设需要做好如下工作:第一,提高教师素质,建设双师型师资队伍(包括从事通识教育教师的专业素质和所有热爱教育事业的职业道德素质)。古人对教师的要求是"道德文章,堪称楷模",即要求高职院校教师不仅在专业技能、学术水平上不断提高自己,而且在人格上也是学生的榜样,努力以自己高尚的人格、良好的师德去熏陶、感化学生,帮助学生怡情养性,塑造人格。第二,加强国内国外高校通识教育教师的交流与协作,给予每位老师进修提高的机会。第三,加强对通识教育教师的激励,教育部门可以设置专门的通识教育教学奖,调动教师参与到通识教育中的积极性。

在推进人类可持续发展的伟大事业中,教育的使命具有空前的决定性意义。不可否认,高职教育与技术能力、适应就业等关系密切,但它终究还是一种教育,只有在教育自身融入了可持续发展的性质时,教育才能强有力地承担起推动社会的可持续发展的使命。决不能把它降低为一种训练。杜威曾经告诫过我们:"训练不同于教育",训练"只意味着特定技能的获得,天然的才能可以训练得效率更高而不养成新的态度与性情,后者正是教育的目的。"雅斯贝尔斯更为明确地阐述:"教育是人的灵魂的教育、做人的教育,而非仅仅是知识的堆积和技能的提高。"如果高职教育只教人"何以为生"的知识和本领,而放弃"为何而生"的内在目的,让人不能从人生的意义、生存的价值等根本问题上去认识和改变自己,抛弃发展人自由心灵的那把神圣尺度,把一切教育的无限目的都化解为谋取生存适应的有限目的,那它也就"失去了一半的人性,失掉了一半的教育",从而演变成一种训练"准职业者"的活动。而且由于技术的改进,现代社会的产业部门所需要的单纯体力劳动不断减少,而知识性和脑力性的生产劳动(如机器的操作、维修、监视)和研究、设计、组织、服务等方面的工作则日益增加,致使现代职业培训的文化品位在不断提升,还有一些综合性强而复杂的专业技能和职业能力,既需要广博而贯通的知识基础和具有广泛迁移性的基础能力,又需要好的德行和健全的人格,而且为了使职业教育和培训更好地适应以人为本的发展战略,职业教育培训项目必须围绕着全面教育的理念展开,在发展工人、技工和企业家的同时,不要忽视了对人的教育,对国家公民和地球村村民的教育,为了自己和未来几代人,教育必须朝着一个具有真诚持久的和平、非暴力和宽容的文化共同努力。

继承了古希腊自由教育传统的通识教育注重以培养学生学会"做人",以培养学生有效思考、沟通、适当判断和对价值认知的能力为旨趣,富含人本关怀意味以有利于抑制职业技能培训的工具化、功利化倾向,建立人的主体性,以完成人之自我解放,使人提升至人性的尊严,在多元文化、多元价值并存的今天,在面对选择时能作出适切的判断。另外通识重视基本能力的培养,这种基本能力的形成有助于学生从容地应对未来的职场。而且通识教育使学生在对人自身的存在问题、对生命关怀的过程中成长发展,而学生学会做人之后,他会追求人作为人的一种境界、品位、情趣、意义,给自己的行动以目标和方向,给自己未来的职业或劳作以价值和意义,这样一来,他会更自觉地关怀自己今后职业生涯的生存美学状况,关心"职业立身"对人生幸福、对人的尊严、对人权、对人的爱心的积极影响,也更加关注职业能力的可持续发展和职业本身的内在价值,而不仅仅是关注职业的功利回报。

但是,高职院校的培养目标决定了在高职院校实施通识教育不能仿效一般的文理学院或综合性大学,追求学术精神,而要为了更好地进行职业教育。因此,高职院校通识教育功能之一就是,给予职业技能培训以意义与价值,从而提升学生所有职业技能的品位,让学生建构和践行职业生存美学,使学生不再做"劳苦担重担"的职业"工匠",而是幸福的职业人士,使他们在合适地追求功利的同时,也追求人和职业本身应有的境界、尊严与自由。通识教育功能的另一方面在于能有效促进学生的专业发展,提升学生的就业质量,促进学生职业素质的养成和终生学习能力的培养。

至于如何更有效在与高职培养目标契合中实施通识教育的途径,首先必须要有行政组织的策划和执行。因为通识教育的组织编制是否健全,直接关系通识教育的规划与执行。行政中还需教务、总务等其他各单位的配合,通识教育的理念和计划才能贯彻实施。同时还必须要有足够的经费和各种资源才能施展发挥。全校的校园景观、校舍建筑、行政运作、校园文化都深深影响着通识教育的实施,因此,通识教育要在全校的行政支持下,才有成功的可能。其次,更新现有的职业教育课程理念,建立高职通识课程体系,既重视技术效率也重视技术伦理、既重视职业能力也重视内在精神的培育,既重视实践知识也重视实践智慧的获得。再次,必须坚持"工学结合",只有在实践中不断地摸索、体会、领悟并思考,才能不断提高技能与完善自我。

第八章　高职教育通识显性课程模式

关于通识教育的课程,可分为显性课程和隐性课程两种。两种课程教育目的一致,教育理念一致,教育过程中传承的文化、价值观和课程精神一致,其区别主要体现在教学的形态上。显性课程现隐性课程相比,稳定的课程计划、规范的课程形式、传统的课程场所、有形的课程载体是主要特点。

第一节　国内高职院校通识教育课程模式现状

课程体系建设涉及课程目标、课程结构、课程内容、课程形式等诸多层面。国内高职院校在实施通识教育的过程中,从高职通识课程目标、课程结构、课程内容、课程理念等不同方面对通识教育课程模式进行了探索。

一、国内高职院校通识教育的课程模式

我国高职院校自 20 世纪 80 年代以来,虽未在理论体系上形成通识教育的系统架构,但在教育实践中早已开始了对通识教育的探索,体现在课程模式上,也同常规教学一样随着高职教育理论体系的完善和新的教育理念的形成、高职教育环境的改变和人才市场对高职教育的要求,形成了两个阶段的不同诉求和不同特质的通识教育课程模式。

(一)学科课程模式

受传统观念、办学硬件与软件的影响,我国现行的职业教育课程模式仍是以学科课程为主。这种通识课程模式仍比照常规教学的学科内容为中心进行设计,课程内的内容选自相应的各门科学,按照学科的独立性加以逻辑的组织,并依据不同学科之间的相关性按一定的先后顺序开设课程。各门课程有自己的学习时数和期限。

学科课程的最大优点是它的逻辑性、系统性和简约性,这有利于学生学习和巩固基础知识,掌握系统的科学文化知识。学科型的通识课程建构从整体上讲比较符合教学规律,该种在常规性教学中经常使用的课程模式在我国经过多年的发展和完善,已形成比较成熟的教学管理体系,具有一定的优势。但对于高职教育来说,这种学科体系的通识课程就凸现出了不足。主要表现在:第一,由于学科课程

强调学科的系统性,课程内容不适合对技能型人才的知能结构要求,与职业教育课程定向性的要求相距甚远、与职业实际相距甚远。第二,由于学科课程强调学科的理论性,其内容以抽象的概念、原理、定律为主,以间接经验为主,与职业教育通识课程的要求相距甚远。第三,由于学科课程强调各自学科的独立性,造成和加深了各门课程间的分离,割裂了课程内容上的一些固有的联系,与职业教育通识课程整体性的要求相距甚远,不利于学生把握职业活动的整体发展规律,不利于培养学生用全面的观点分析实际问题和解决实际问题的能力。同时由于各课程间缺乏内在的有机衔接和灵活配合,容易造成教学内容重复。

(二)"能力本位"的通识课程模式

"以能力为基础的教育"简称 CBE,本是指高职院校常规教学中的一种教学模式。该课程模式产生于二次世界大战之后的美国。加拿大依据其理论并应用 DACUM 方法来完成课程开发,从而形成了加拿大的 CBE 模式。它的优点体现在两个方面:第一,以职业能力作为教学基础、教学目标和评价标准,它打破了以学科为中心来确定教学课程和学时安排的传统思路,它的指导思想总体上与职教的目标和功能相适应。第二,课程开发的出发点是职业岗位而不是传统学科。它是岗位本位而不是学位本位。CBE 模式在高职发展的一定历史阶段,起到了十分有益的作用,这种作用的实质是 CBE 模式所具有的职教共性特征对非职教的学科本位教育思想的一种纠正,但并不表明 CBE 模式对高职的完全适用性。

在高职教育的常规教学中,为了弥补学科课程模式的缺陷,我国从 20 世纪 70 年代后期较多引用加拿大 CBE 模式,在此基础上,我国职教理论界陆续提出了"宽基础、活模块"、"集群模块综合"、"三线两段宝塔形"、"宽专业基础、多专门化"等课程模式。但 CBE 模式起始于技术工人职业培训,因而它在高职中的延伸应用确实存在一些不太适应的地方:如职业岗位与就业实践计划协调上的矛盾;用 DACUM 来开发课程,就将技能与行为等同于能力,忽视了内在能力和情感的变化,忽视了学习迁移,削弱了必要的基础理论,使学生缺乏就业弹性和适应性。为此,高职教育专家就在近几年提出"项目课程化"与"任务驱动课程"模式,将项目课程的理念概括为三个理论,即联系论、结构论和结果论。这三个理论分别涉及课程的目标、组织与实施三个层面。同时提出在项目课程内容选择中要正确地处理好显性知识与默会知识、必需知识与拓展知识、理论知识与实践知识的关系。但"项目课程化"的学者与专家们并未很好地解决学科课程与项目课程的内在联系问题,且只是从理论上提出一个方向,尚无可行性的应用研究。

近期又有学者提出"课程项目化",认为应根据产业发展的实际需要,将原专业基础课与专业课的教学内容设计成具体的技能训练项目加以教学。此种课程模式虽然既是对学科课程精华的继承与发展,又在一定程度上体现了职业教育人才培养目标的要求,但在立足点与项目的表述上值得商榷。职业教育是一种"能力本位"教育,课程模式构建的立足点应是如何培养学生的职业能力,实现这一目标的有效课程模式并非是一般的"工作项目"与"技能训练项目",而是要将出色完成工作项目所需的学科知识、专业技能、职业态度、工作情景和谐有机的融合统一,以培养学生的综合职业素质与技能迁移能力。

　　基于上述对现行的高职教育常规教学中"能力本位"教学模式的分析,国内高职院校在实施通识教育,构建通识教育课程模式中,相对于能力本位教学模式,提出"能力本位"的通识教育模式,以实现通识教育融于常规教学,共生互动的教育原则,体现出通识课程更强的兼容性和通用性。通识课程的"能力本位"的教学模式,将原学科体系设置的课程知识点与完成工作项目所需的知识点对应进行分拆,将原跨项目的学科课程体系回归到原始态的工作项目整体性的通用知识、技能、情景体系;以工作岗位为依据、以工作项目为载体、以项目过程为线索、以项目结果为目标,将知识、技能、态度、情景融会一体,构筑以培养学生的职业能力为终极目标的职业教育通识课程模式。为此,按照"从工作中来、到工作中去"的课程开发思路,在高职教育课程设计中兼顾了"五个"贴近。第一,贴近岗位研究分析职业能力。根据不同规模、不同业务与不同经济性质的单位分设岗位不同的现实,研究满足社会、教学双重需要的岗位及职责,分析与此相对应的职业能力。第二,贴近项目研究分析综合能力。根据专业岗位与专业教学特性,研究确定通识教学项目(教学单元),分析履行对应的工作职责所需的项目综合能力的通识,并依此为依据研究制定专业人才通识教育培养方案并付诸实践检验。第三,贴近任务研究分析通识课程中的专项能力。根据工作项目,研究确定工作任务,分析为有效完成工作任务应具备的通识专项能力。依此为依据编写通识教学的项目教学大纲并付诸教学实践检验。第四,贴近能力研究通识课程与项目的融合。根据提高学生能力的需要,将通识课程按素质项目所需的知识支持进行有机肢解回归,形成项目的原始态知识,即完成了通识课程设计的第一步;再将原始态知识有序化、技能化、情景化、态度化,形成职业能力知识,实现质的飞跃的第二步,即工作项目向素质项目的转化。根据素质项目研究教材的开发,将已开发的完成的项目教材付诸通识教学实践检验。第五,贴近实践研究社会评价标准。引进通识教学的社会评价机制,研究职业能力的科学取向,并接受社会实践的检验。

三、高职通识课程目标与结构

(一)高职通识课程目标

　　课程开发的整个过程都决定于预定的教育目标,目标是课程的灵魂。专业课程主要解决相关的专业知识、专业技能问题。通识课程的目标则宽泛得多,它一方面要求获得解决某个具体问题所需的专业知识、技能之外的所有要素,另一方面又不仅仅服务于当前问题的解决和当前职业岗位的胜任,还要着眼于人的全面发展和个体未来的进步。

高职通识课程的目标可以分解为三个方面:一是认识性目标,通过对自然科学、社会科学、人文科学的探究与认识,培养学生的批判思维能力、沟通表达能力。二是价值性目标,让学生了解自身的政治责任,认识民主政治,能够作出道德判断,拥有正确的价值观、人生观。三是文化性目标,让学生了解自己的文化传统,认识其他文化,具有欣赏文学艺术作品的能力。

(二) 高职通识课程结构

语言与历史文化:运用语言有效地领会或者表达情感和思想,包括口头和书面表达;探讨各国文化的构成要素及其发展历程,培养学生从历史和文化的角度思考和分析问题的能力。课程可以为演讲与口才、应用文写作、汉语和英语、西方文化、中国传统文化、历史等。

艺术与人文科学:其蕴含着对生活、爱情、事业等人类命运共同主题的看法,体现出丰富的、高尚的思想境界,告诉人们真、善、美,告诉人们生存的意义,有利于培养学生多种审美情趣,提高学生的艺术和文化鉴赏能力。课程可以为经典诵读、文学鉴赏、艺术欣赏、文明礼仪等。

哲学与社会科学:使学生具有哲学的视野,具备一定的社会学、政治学、心理学、伦理学和管理学等社会科学知识,把握社会的运行机制和规律,学习正确认识和处理现代社会面临的各种更加复杂的问题。课程可以为:社会学、"两课"、社会心理学、伦理学、管理学等。

数学、计算机技术与自然科学:数学给人以严密的、清晰的思维能力训练,计算机网络获取信息、文字处理和运用专业软件的能力不可或缺,生命科学、环境科学等自然科学有助于开阔视野,培养科学的自然观、宇宙观。课程可以为:高等数学、计算机文化、健康安全、环境保护等。

职业生涯规划与职业素养课程:教会学生根据对自身的主观条件和客观环境的分析,确立职业生涯发展目标,培养学生良好的职业意识、职业态度、职业道德等职业素养,不断努力实现生涯目标。课程可以为:职业生涯规划、职业素养拓展、就业创业指导等。

跨学科领域课程:目的在于通过聚焦一些适时的重要的课题和多学科的知识,培养学生运用多种方法批判、思考问题的能力。

四、 高职通识课程模式举例——博雅教育模式

博雅教育是通识教育在教学实践中的另一种表现形式,是通识教育教学实践

中的有效载体,也是国内教育学者结合中国文化传统和教育传统对通识教育的本土化和国情化的实践。

除了概念上的区别,博雅教育在教育实践中更注重精神的培养和大学生健康人格的形成与完善,强调人文教育和科学教育并举,以做人、能力、知识;四项为实践对象,培养学生健康和谐的身心、儒雅自尊的品格、求真务实的精神和勤恳好学的作风。

(一)"博雅教育能力导向"项目的一般目标要求

依据博雅教育的文化结构,"博雅教育能力导向"项目目标体现为三个方面的能力。

一是培养师生价值意义上的行动能力,即在博雅教育能力导向作用下,被教育对象个性能力和道德成熟度得到提升。它对应个人特征基本能力,例如道德观和价值取向、积极进取精神、创新精神等,可归纳为个性能力。二是培养师生社会意义上的行动能力,即在博雅教育能力导向作用下,被教育对象的社会能力和社会成熟度得到提高。它对应社会特征的反应能力,例如合作能力、解决冲突、协商能力等,可归纳为社会能力。三是培养师生事物意义上的行动能力,即在博雅教育能力导向作用下,被教育对象的做事能力和智力成熟度得到发展。它对应一般的专业任务能力,例如解决问题、做出决定、开发方案等,可归纳为针对事物的方法能力。

"博雅教育能力导向"的根本目标在于培养师生的关键能力,关键能力应该是在"博雅教育能力导向"中获得,也就是说,在博雅教育能力导向项目实施过程中,被教育对象个性能力培养和认知能力培养应该在与外部环境相互作用的过程中进行,即在"做"中习得。作为根本上的培养博雅教育能力工作目标,关键能力本身是和具体内容的目标相联系而获得的。

在高职院校的通识教育运行过程中,博雅教育能力导向必须充分运用文化的导向能力。即运用政治导向能力,发挥博雅教育能力导向的作用,培养师生的政治方向感、训练创造性思维、发展专业能力、有效交际以及公民义务的能力。在实施博雅教育能力导向项目过程中,强调以教学为中心,使学生工作与思想政治建设结合;思想政治建设与专业知识教学相结合;专业知识教学与学生工作相结合,学生工作与招生就业相结合,把政治引导与专业知识教学融合在博雅教育能力导向项目过程中,并且始终把专业知识能力导向放在中心环节,形成一个开放的配套系统,由此必然会产生校园文化的生态效应。

在实施博雅教育能力导向项目中,应通过一系列的文化活动,使个体通过处理、反思和评价客观事物来认识现实世界。在这个过程中,个性化的动机和问题情境一直伴随其间。因此,这里的能力概念是和行动主体的条件及已有经验联系在一起的。行动主体有基于自己经验而决定行动方式和以自己目标进行自主行动的主观倾向,因此,我们将"行动"与"能力"两个词结合起来。行动能力表示人在职业的、私人的和社会的情境中对事物的合理思考和对社会负责的行动的能力和意愿。这里的行动指个体在知识和经验的基础上通过自己的独立思考有目的地解决存在的问题,并评价其解决结果从而进一步发展自己的行动能力。行动能力的发展是一个终身的过程,因此,博雅教育能力导向也是一个长期过程。

(二)博雅文化行动导向项目实施方法与过程

博雅教育能力导向项目的具体运作分为三个能力的培养,即个性能力、社会能力、专业能力。

1. 价值意义上:培养师生的个性价值观

个性能力指的是个体在应对职业生涯、区域和社会生活中,判断和认清目标并发展自己聪明才智的能力和意愿,对自己行为负责的态度、价值取向和行为准则。个人价值观是个性能力的外化。

博雅教育能力导向项目的运作,更多的是价值浸润。深厚的文学修养和坚实的文化底蕴,会对学生的终身产生久远的影响,并且对学生的气质、风度和人格有着积极的意义。以引导学生共有的价值素质,培养学生的道德文化积淀和人格文化涵养,既有传统道德的底蕴,又具有现代观念和能力,成为国家的栋梁之材。

博雅教育能力导向项目的运作,如果没有载体,就会成为空洞的说教。例如,"博雅教育能力导向"项目可以以"奋斗的青春"为主旋律,深入开展学习"中国特色社会主义理论体系"的活动进行,可以结合暑期调研来培养学生的关键能力。只有以实际载体承载的博雅教育能力导向项目的运作,才能长久植根于学生的心灵。

2. 社会意义上:提高师生的社会成熟度

社会能力指的是把握和理解社会关系并合理、负责地处理人际关系的能力和意愿。包括承担社会责任和解决社会问题。

在社会能力的培养上,可以建立联系社会制度,使学校教育与社会教育形成正面合力,营造有利于大学生身心和谐健康发展的良好氛围。在尊重、信任、支持的人性化柔性管理手段下,创造具有亲和力的人文环境,通过学校与社会的紧密联系,互动交流,从各方面多层次地了解支持学生,指导学生成长进步,为学院更好地进行博雅教育能力导向项目提供保障。

3. 事物意义上:提升师生的智力成熟度

专业能力指的是个体独立地、专业化地、方法性地完成任务并评价其结果的能力和意愿。这也包括逻辑的、分析的、抽象的、归纳的思考,以及对事物系统和过程的关系的认识。如南华工商学院在博雅教育的实施中营造四种文化。

(1)合规文化。把合规文化纳入博雅教育的范畴,合规文化是博雅教育能力导向项目在制度文化建设上的具体体现。以"合规管理"为重点,该学院建设了166

项规章制度,使合规管理和"持续发展"两者相辅相成,相互促进。一方面,"合规管理"是持续发展的基础和前提。以安全的理念指导各项管理活动,必将通过规范管理行为而完善法人治理机制、强化内控机制和风险评估管理机制,从而提升南华工商学院的核心竞争力。另一方面,"持续发展"又将有效地促进"合规经营"。贯彻"持续发展"就必须紧紧围绕核心竞争力来制定战略,实事求是、因地制宜地进行市场定位,同时,发展模式和发展目标必须通过科学的目标管理体系对各项管理活动进行正确引导,从而促进合规管理目标的实现。两者相互关联、相互依托、相互促进的过程,就是该院发展逐步步入良性循环,科学发展的过程。

(2)教学文化。学校的课堂教学,不单纯是"教育科学"和"课程理论"意义上的活动,也是文化意义上的活动,必须体现"文化的教养与熏陶",学校的"教风"实际上就是教学文化的高度概括。"有教无类"是文化,"教学相长"也是文化。"严谨治学"是文化,"师生平等"也是文化。博雅教育能力导向项目的运作,要基于"教学文化"才能形成并长久保持。

(3)教师文化。教师文化应该是全院教师群体公认的价值判断和行为准则,是教师队伍每一个成员"默认并遵循"的规矩。教师的教学思想、教学境界、教学风格乃至于教学过程中的语言表情、气质风度及人格魅力等,都可以涵盖在"博雅教育能力"范畴。

通过教师文化,为学生的成长发展服务,对学生全程负责,使每一个学生在原有的基础上都能得到长足的进步;通过教师文化,整合教师群体智慧,形成丰厚的教育资源;通过教师文化,提升教师的理论素质和文化修养。

(4)学生文化。教育的生命即生命的教育,学院的教育理念、教育设计、教育模式和教育行为,必须有助于学生的生命成长,满足学生发展的需求,引领学生人生的目标,这样的教育才能具有持久的生命力。

第二节　通识教育显性课程设计的理念

通识教育,它的首义是"通",也就是要求学生能通达不同领域之识。在今天,我们要求所得以"贯通"的,应当是那些相互离异、从而形成现代社会与人格重大裂痕的领域,也是时代所要求跨越、所要求融通、所要求整合的不同领域。通识教育之"识",不仅限于"知识"之识,还应包括人的情感、意志等在内,着力于全面人格的培养。因此通识教育的课程设计应该能够融合和贯通多种多样的知识,以培养学生整合多种知识的能力,吸取人类多种文化的精华,并透过知识的学习和能力的培养,使人的智慧、道德与身体和谐地发展,力图使知识的传授与主体性的发挥达到和谐的统一。具体而言,通识教育显性课程的设计理念应体现几个融通。

一、科学与人文的融通

人类文化同时包括科学文化和人文文化。科学文化主要体现的是人对自然的认识和改造以及由此积累起来的知识和方法,人文文化则主要是认识与发展人类自身的价值和由此而创造的精神成果。它们互相依存、相互补充,由此构成人类认识世界和改造世界的不可或缺的两种基本方法和力量。科学和人文的融合是人类真正地认识世界,全面、合理地把握世界,并达到追求真理、讲求价值的完美统一的基础。偏重于科学或人文任何一方,都可能造成科学和人文两种文化以及从事两种文化的人之间的隔阂,使人类文明陷入严重的危机,产生出斯诺所说的"两大阵营"的互相不理解乃至互相蔑视,造成双方在性格素养上的偏失。两种文化的分裂以及两种知识分子在感情方面很难找到共同的基础,尽管原因是复杂的,但是正如斯诺所意识到的,这很大程度上是由于教育的太专门化所造成的。因此,要使两种文化交融,使不同领域的知识者和睦相处,教育肩负着重大的责任。大学通识教育尤其应该肩负起时代和历史赋予的神圣使命,要在科学和人文之间搭起一座通向彼此的桥梁。正如科学家、哲学家弗兰克在谈到科学与人文科学之间所缺少的环节时指出的:"许多不同行业的著作家都悲叹我们现在的文明受到了严重威胁:我们科学的迅速进展同我们对人类问题了解的无能为力,两者之间存在着一条很深的鸿沟,或者换句话说,科学同人文之间存在着一条鸿沟,而在以前各个时期,这条鸿沟有着通才教育作为渡桥。"①

因此,高职院校通识教育在设计其课程时,必须使科学与人文有机地统一起来,使二者得到融合与贯通,从而培养两种素质兼备的人才。为此,要为大学生提供一种广泛的课程,使理工科专业的学生能够学习一定的人文学科领域的课程,使文科专业的学生能够学习一些自然科学方面的课程。使所有学生都同时受到科学与人文的陶冶,通过科学教育开发人的科学思维能力,培育人的科学素养,掌握理性地分析事物的方法,通过通识教育培育人的美德,开发人的形象思维和审美能力,以及提高感悟和体验生命的境界。使得我们的科技人才具有人文情怀,而人文学者也具有科学素养。

表现在通识教育课程设计上,不仅要让文科的学生学习自然科学的课程,理工科的学生学习人文科学的课程,而且还要鼓励开设跨学科课程,不仅要跨人文与科学领域,开设如"科学哲学"、"生态伦理学"、"哲学和数学"、"经济学和管理"等课程,而且人文与科学领域内部也要相互交融和贯通,如可开设"地球、环境与人类"、"城市发展"、"现代社会结构"、"当代道德问题的哲学分析"等课程。透过这些课程

---

① 王义遒:《高等教育培养目标中的"博通"与"专精"》,《北京大学学报》(哲学社会科学版)2008 年第 3 期。

的学习,使学生学会用综合分析和融会贯通的方法分析问题和解决问题,着重培养学生综合运用多学科知识分析问题和解决问题的能力,从而使学生的心智得到较好的训练。正如纽曼所说,"所有的知识是一个整体,单一的科学是整体的部分"。人文和科学的融通,不仅仅是兼习人文和科学的内容,更重要的是将二者实质性地融合起来。对此,英国教育家阿什比举例说,叫一个想做物理学家的学生花费时间去学习西方文化遗产,他可能会很不耐烦。假如叫他以物理学为学习中心,讨论物理学在历史上的影响、物理学对社会产生的结果以及物理学与伦理学的关系之类的科目,那他就会注意了。因此,在设计通识教育课程时,可考虑开设"物理与生活"、"化学与人类"等课程。

二、传统与现代的融通

传统文化是人类几千年文明的结晶,其中很多思想、经验、观念至今仍然对我们的生存和发展具有重要的指导意义。一个民族若不能继承自身的文化遗产,对于先人累积的智慧结晶是一大浪费。我们不站在巨人的肩膀上去眺望,就没有办法对历史作较全面的探索,面对时代世局就不能有深刻的理解。"只有具备了自家文化的根底,才真有户信与能力去吸收消融西方的文化智慧,才真能了解人类理性之展现各有其层面,不同的文化自有其风格与形态,同为人类共有之智慧宝藏,无须崇己抑人,亦不必执彼以攻此。否则,抛弃传统拥抱西方,只是削足适履,东施效颦,而贻笑大方。"①传统文化是现代文化的源泉,没有人类的传统文化,也就自然没有现代文化。因此,大学通识教育应该使当代大学生能够从人类传统文化中广泛吸取营养,通过对历史传统文化的涉猎,增强自己的文化内涵。

现代文化是传统文化的自然延续和发展,它是现代社会人类生活的总体反映。如果说现代社会的发展离不开传统文化,那么,现代社会的发展当然也离不开现代文化。现代大学内容的来源已被拓宽。人们愈益关心的,既有当代世界总体的、错综复杂的问题,又有当今社会生活的各种要求和困境。如有关环境的教育、和平与民主的教育、新经济秩序的教育、闲暇与旅游的教育、家庭教育等,作为教育体系对当代世界的挑战做出的特殊反应,开始以各种途径进入学习规划。所有这些教育内容都是现代文化在高等教育领域的反映。当代大学生应该尽可能多地了解这些现代文化。

因此,大学通识教育在课程设计时,既要充分展现传统文化的精华,使学生从历史中汲取涵养,同时,又要与现代社会生活结合起来,即一方面通识课程设计要吸纳现代社会最先进的知识与内容,诸如将"生命科学"、"环境保护"等内容纳入通识课程体系,另一方面,要将传统文化与现代文化融通起来,赋予传统新的生命力,

---

① 王天一:《外国教育史》,北京大学出版社 1993 年版。

如"中国哲学智慧"、"世界现代化进程"、"东亚文明与崛起"等课程的开设就反映了这一课程设计理念。

三、东方与西方的融通

中国文化是中华民族最宝贵的精神财富,其内容之精深,含义之广大,可谓世界之最。中华民族的文化中所蕴含的爱国主义精神,为人民服务的人生观、价值观,艰苦奋斗的精神等都是我们应该继承和发扬的基本内容,也是提高大学生文化素养的必备素材。

世界文化是由众多国家和民族的不同文化所构成的。当今时代是一个国际化的时代。由于科学技术的进步,地球变得越来越小,科学技术、文化艺术、人类创造的一切文明成果,已经冲破了国界,为全世界人民所共享。因此,大学通识教育在吸收人类文化时,应当不带有任何偏见和歧视,应该以超越一切的眼光看待人类的一切优秀文化。正如哈佛大学《共同基础课方案》中所指出的:"一个受过教育的人,不能眼光狭窄,以致对其他国家的文化和过去时代一无所知。现在我们不再可能与世隔绝地关起门来过日子。一个受过教育的与未受过教育的人的关键性区别,在于前者生活经验的视野较后者更为广阔。"

东西方文明很有互补的地方。西方文化里面强调抽象思维、逻辑思维,强调深度、精度,东方文化强调文化思维、形象思维,强调广度、经验、具体;西方文化是分析型的,东方文化是综合型的;西方文化是断裂性的发展,快而不稳定,东方文化是渐进性的发展;西方文化是智者的文化,东方文化是仁者的文化;西方文化强调个人性,东方文化里面有集体性。因此,两种文化各有优劣,无所谓谁强谁弱,双方可以并行不悖、相互交流、取长补短。

高职院校通识教育的课程设计就应该克服地域和文化的偏见,使学生能够欣赏到人类多种文化的结晶,并通过对不同文化的涉猎,培养学生的批判思维能力和包容不同文化的心胸,使学生学会尊重各民族的文化传统,尊重不同国家、不同民族的价值观念,尊重各自选择的社会制度和切身利益,培养他们具有了解和理解他人情绪和情感的能力,使他们能够承担起价值澄清和文化选择的责任。如美国非常注重多元文化的教育,他们认为通过多元文化教育可以提供更加准确与全面的学科知识及提高学生的学术成就与应用于社会问题的批评性思维能力,为更加民主的社会培养合格的公民。它使学生了解不同种族、文化、语言、宗教、性别的人们为社会所做的贡献及观察问题的方式方法,从而促进多元性与机会均等的价值观的形成。具体地说,就是实现以下 6 个目的:帮助学生获得传统学科知识与技能;帮助学生获得更加准确或全面的学科知识;鼓励学生接受自己与他人;了解具体民族的历史、传统、视点;帮助学生重视多元化与公平;使学生为一个更加民主的社会积极努力工作。

大学通识教育在课程设计时要同时兼顾东西方文化,使东西文化协调地融合在个体身上。既可开设诸如"东方文明"、"中国文化"一类的课程,也可开设"西方文明"、"世界文化"之类的课程,还可开设"中西文化比较"等方面的课程,要通过广泛的选择,使大学生了解古今中外的历史、文学、艺术、哲学和科学,从而提高大学生的文化品位,开阔大学生的胸襟,陶冶大学生的情操,使其人生更加充实,精神不断升华。

四、知、情、意在个体身上的融通

大学通识教育不仅要让大学生获得多方面的知识,更重要的是让他们了解各种学科的基本方法,培养他们多方面的能力,发展他们的心智。知识的学习与能力的培养、素质的提高本来是统一的。但如果为知识而知识,而不是为了发展理智、陶冶心智,那么知识的学习就只能是一种技术和工具的掌握了,通识教育就不成为通识教育,而成了狭隘的专业教育了。因此,在课程设计时要特别注意学生能力的培养和思维方法的训练,如有些课程不必要求学生系统学习和广泛阅读,而只需通过几次专题报告或讲座让学生了解该门学科的基本结构,掌握该课程的基本思维方法即可。因此在开设某些显性课程时,可以采取灵活的方式,比如给文科学生开设物理课程,可以以物理学上的几大定律为专题,给学生做几次讲座,让学生了解物理学上一些基本定律的主要内容以及这些定律与我们的生活之间的关系。

大学通识教育的显性课程设计不仅要有利于学生知识的掌握和能力的训练,还要有利于培养学生的情感和意志,要把知、情、意的培养融合在一起,使之共同体现在个体身上。无论是科学文化还是人文文化,传统文化还是现代文化,东方文化还是西方文化,都既有知识性的一面,又有陶冶人的性情的涵养性的一面。例如,自然科学的学习,知识性的一面,是重视组织化的知识体系及其应用。涵养性的一面,是客观验证、实事求是等态度,及面对生命、物质世界合情合理的自然观、宇宙观;就音乐教育而言,知识性的一面,是乐理、乐器等的了解、学习。涵养性的一面,是感受力、鉴赏力的养成;而语文教育乃至通识教育,其知识性的一面,是识字、解义及运用等语文能力、历史文化等知识的学习。涵养性的一面,是性情的陶冶、良心善德的启发、价值取向的确立、人生观的建构、历史文化意识的孕育、人文素质的培成……知识的学习以理解为基础,要按部就班,循序渐进,而文化修养是要浸润的。因此,我们应该将情感、审美情趣等的培养引入知识的教育之中,把知、情、意和谐地融合在个体身上,使之得到自由而全面的发展,从而成为现代社会真正的"人"。因此,可以开设"名著导读"、"音乐修养"、"古代建筑赏析"等课程。当然,所有通识课程都应该重视知、情、意在个体身上的融通。

总之,中西贯通,传统现代结合,科技人文交融,从而达到知、情、意在个体身上的融通,实现大学通识教育"提高文化素养,发展个性,培养合格公民"的目标,这是高职院校通识教育显性课程设计的基本指导思想。

第三节 通识教育显性课程目标与设置原则

通识教育显性德育课程是相对于隐性课程而言的。

显性课程是指列入正常教学计划并严格按照计划实施教学任务的课程,而隐性课程则是指不在课程规划(教学计划)中反映,不通过正式的教学进行,对学生的知识、情感、信念、意志、行为和价值观等方面起潜移默化的作用,促进或干扰教育目标的实现。通常体现在学校和班级的情境之中,包括物质情境(如学校建筑、设备)、文化情境(如教室布置、校园文化、各种仪式活动)、人际情境(如师生关系、同学关系、学风、班风、校风、校纪等),是学校通过教育环境(包括物质的、文化的和社会关系结构的)有意或无意地传授给学生的非公开性教育经验(包含学术与非学术性的)。①

相对于隐性课程,通识教育的学科课程和活动课程都属于显性德育课程的范畴。学科课程就是"以学科为中心设计的课程,由一定数量的不同学料组成。各学科具有特定的内容、一定学习时效和学习期限。不同学科有一定的排列顺序,彼此有必要的联系。"②

一、通识教育显性课程目标

通识教育是高等教育的重要基础,通识教育显性课程应是高职院校教学计划的一个组成部分,它与专业课程共同构成高职教育的内容,它们相对独立也相互联系。虽然学习通识课程所形成的知识与素养有利于专业课程的学习,但它绝不是为专业课程而存在,也绝不是专业课程的从属部分。因此,通识显性课程的目标应直接指向学生。下面从知识结构、能力结构和健全人格三个方面来分别论述通识教育显性课程的目标指向。

知识结构目标:通识教育首先是对单一专业知识的补充和完善,在知识结构分布中,各学科领域基本内容能达到平衡,其目的是向学生介绍广泛的多学科知识,包括人文、社科、自然等不同的领域。这些知识应是各学科的重要概念、理论思想和方法。这是通识教育首要的目标,这也是大多数学校采取"分类必修"形式的原因。其次,在职业能力综合化的发展趋势下,我们需要一种跨专业的知识和学习经验。通识教育应能将本身就存在内在联系的不同学科知识融合起来,以拓展学科知识的深度。因此在知识结构方面应达到一种多学科、多专业知识平衡和跨学

① 黄向阳:《德育原理》,华东师范大学出版社 2000 年版..
② 罗洪铁、董雅:《思想政治教育原理与方法基础理论研究》,人民出版社 2005 年版..

科知识综合的局面。鼓励和培养学生掌握达到学术的、个人生活的和专业的成功所必备知识。

能力结构目标：学生首先应被视为一个独立的社会人，通识教育所要达到的能力结构目标应有语言交流能力、信息处理能力、批判思考判断能力、研究能力。这些要求都是在快速多变的信息社会所必需的。语言交流能力包括 3 个方面，即写作、口语和外语。信息处理能力指信息的选择、收集、查询等，主要是计算机等信息技术处理能力。批判思维能力对培养学生独立思考尤为重要。研究能力培养力求使学生从知识的被动接收者转变为发现、选择、理解和应用知识的主动参与者，养成创造、创新的意识。

健全人格目标：这是通识课程最为重要的目标，它是对现代专业教育工具性价值取向的一种反击，也是现代社会要求的一种体现。主要包括对多元化社会的理解和包容、作为社会一员的责任心、高尚的审美情趣、正确的价值判断标准等几个方面。

二、通识教育显性课程设置原则

（一）课程体系构建原则

整全性原则：通识课程要涵盖人类知识的主要领域。从人类知识的总体来看，人文科学、自然科学和社会科学这三类知识是其三个重要的组成部分。人文科学是关于人类自身的知识，旨在帮助人们了解自身的理想；自然科学是关于自然的知识，旨在了解自然的奥秘，以便人类能够与自然保持和谐的关系；社会科学是关于社会的知识，旨在了解社会环境和社会中的各种机构，使学生可与社会保持融洽的关系。

这三类知识代表了人类知识世界的三种不同方法，具有不可替代的作用和价值。除此之外，新近形成的跨学科知识也应该纳入我们的课程设计领域。

主体性原则：每个领域内的课程都应允许学生自由选择，应关注学生的主体意识，照顾学生的个体差异。同时尽管每个领域的课程各不相同，但其设计思路都是强调获得知识的方法和思考问题的能力，使学生通过讨论、思辨、批判与比较，了解自己的身心世界、自己所面对的自然世界、社会环境、自己所处的时代和所属的文化，把学生作为一个主体性的人，而不是被动地接受知识的机器。

（二）具体课程设置原则

基本性：课程的内容应有利于学生了解人类文明中最基本的知识和方法。相对于工具性、应用性、休闲性课程而言，通识教育课程应具有基本性。

综合性：课程应对不同学科领域的内容进行融会贯通，提供学生分析问题的多种视角,能够启发学生的心智。

深刻性:课程不仅要让学生获取广泛的知识,更重要的是通过知识的学习,发展完备理性,培养优美情感、陶冶健康人格,从而达成人的和谐而自由的发展。

时代性:课程应具有时代特征,尽可能地反映学科新成果、新趋势、新信息。

适应性:课程所探讨的问题应适合全体学生学习,不需学生以预先修习系统性专业知识为前提。

三、目前通识显性课程存在的主要问题

事实上,由于家庭教育、学校教育乃至社会教育的某些方面的缺失,大学生思想道德水平整体不高、职业可持续发展能力有限、对社会的适应能力较差、社会责任不高等问题的出现已是不争的事实。道德修养欠缺、基本道德品质(包括诚实、尊重、负责、勤劳、勇敢、正直、同情等)缺失、"知行不一"、道德信仰迷失等现象在大学生中间普遍存在。现实迫使我们不得不反思现有的高校教育模式。和隐性课程的长期积淀性、潜移默化等性质相比,对通识教育显性课程模式的反思或许能让我们更快地找到解决的措施。

目前,高职院校通识显性课程模式存在的问题主要表现在以下几个方面:

(一)课程教学形式单一

通识教育的主要任务是塑造健全人格,使学生养成良好的道德行为,符合社会发展的需要,而不是以传授知识为目的。因此,与其他学科相比,通识教育的教学方法更应该灵活多样。但事实上,一些高职院校教学基本就局限于课堂教学,虽然与以前相比,增加了多媒体教学手段,但仍未脱离课堂教学的窠臼。课堂模式基本是以道德知识学习为主线展开,学生在课堂上只是被动地接受和记忆教师传授的知识,缺乏实际的价值辨析与体验,造成教育内容与实际生活的分裂、知识与行为的分离,从而无法达到通识教育的真正目的与要求。

(二)活动课程少

调查数据表明,大多数高职院校的学生对目前的以通识为内容的显性课程手教学方法不满意,这一方面说明了目前通识课程教学方式过于单一,另一方面也折射出通识课程教学模式的缺乏。虽然在教学计划中明确了通识教育的各种类型的课时数,但多数都形同虚设,一些灵活多样的显性课程形式在实际的教育实践中被简化甚至被取消。

(三)通识教育内容不合时宜

高职院校通识课程的设置和教育内容的确定非常重要。现有的教学模式基本

上没有注重对他们品德和自我形成能力的培养,这就会使学生在市场经济多元价值观面前,面对不同的价值观念而无所适从,或者从一个极端走向另一个极端。

此外,通识课程中的重要内容高校"两课"(马克思主义理论课和思想品德教育课)是每个大学生的必修课程。但这些内容多年来却很少变动,部分内容比较陈旧、缺乏鲜活的生命力,不能很好地解决学生在生活中的道德困惑和思想上的迷惑。

四、通识教育显性课程模式的创新

针对上述存在的问题,可从以下几个角度创新通识教育显性课程模式,切实增强高校通识教育的实效性。

(一)合理编排通识课程内容

心理学关于信息吸收的过滤器模型、衰减模型和反应选择模型都表明人对信息的吸收具有选择性。对那些自己感兴趣的信息容易吸收,而对那些不感兴趣的信息则产生排斥。由此可见通识教育的内容能否与时俱进、贴近生活、满足大学生的实际需求,激发大学生的学习兴趣,是高职院校校通识课程发挥实效性的关键环节之一。比如,应合理编排德育课程内容,重点要改进"思想品德课"教材。当前《大学生思想道德修养》课程内容太过"理想化、圣人化、理论化、规范化",严重脱离了学生发展的真实需要,从某种程度上讲也是高校德育低效的重要原因。而改进"思想品德课"教材,必须从大学生的主体需要出发,从大学生所处的真实环境出发,要在坚持核心社会价值观念的稳定性的同时,重建有利于学生品德养成的课程体系,从而引导学生主体人格的发展,培养和提高学生自觉进行思想转化和行为控制的能力。比如可以在加强爱国主义教育、法制教育、价值观教育等的同时,适当增加一些人格教育、文明史教育、生命教育以及人类生态学、人类与环境、宗教信仰与生命意识、恋爱学、家庭学、婚姻学、性心理学等方面的知识,并使之成为德育的重要内容。进入 21 世纪,我们一直在强调要教育学生"学会思考"、"学会做人"、"学会生存与发展"、"学会关心"等,这些理应成为高职院校通识课程的重要内容。

此外,要尽量避免或弱化重复,尤其是中学阶段已经学习过的知识,以便形成知识的梯度,做到有序、有层次,并注意前后衔接。要确保通识知识的生动性、时代性,及时增加一些符合学生心理需求或与社会发展要求相适应的内容。高校通识课程的内容不仅包括道德观点的传授,同时也包括行为习惯、态度、情感、兴趣的培养,爱国主义、法制观念和批判精神的培养等等。因此编排高职院校的通识课程内容还应贴近生活,兼顾高职院校学生的心理特点,注意可操作性。

（二）精心设计课程教学计划

国内学者在谈及高校通识课程模式时，多主张加强活动（实践）课程的建设，如社团活动、专业实习、社会实践活动等。不可否认，美国等西方国家确实把活动课程作为通识教育的一个重要方式，但他们往往是从幼儿园就开始了，学生已经形成习惯。我国目前还没有形成这样大的通识教育环境。事实上，在教学实施过程中，课外活动往往难以达到预期的效果，甚至在执行中被简化或者省略。因此，在我国现在的教育环境和教育体制下，课堂仍然是学校教育的基本组织形式，也是学生在校学习的主要方式。把显性通识课程的范畴内的内容和和课程载体进行整合，在通识课程教学过程中穿插活动课程，使"活动"以"课"的形式进行，既能得到师生的足够重视，又可在一定程度上保证活动效果，或许不失为一种可行的通识显性课程模式。

教学计划是课堂教学的纲领性文件，教学计划设计质量如何，直接影响着课堂教学的成败以及教学效果的好坏。这里说的教学计划有两层所指：学科教学计划和课堂教学计划。设计通识课程模式下的教学计划应尽量兼顾以下四个方面：

专题化。把通识课程根据不同的内容和特点设计成不同的专题，尤其是道德修养课，可以把有内在联系的内容设计在一个专题内，即便于教师施教，也便于学生把握。每个专题的教学过程都由知识传授、讨论辩论、实践活动等几个环节组成，每个环节都有特定的任务，确保德育知识最后能够内化为学生的行为。

趣味化。心理学知识告诉我们，人只对那些自己感兴趣的信息容易吸收。在设计教学计划时，要广泛深入学生，多做调查，尽量考虑到学生的兴趣所在，确保教学过程能激发学生的兴趣，使学生爱学乐学。

案例化。人从幼儿时就喜欢听故事，从故事学到的知识和智慧伴随着人一生的成长。一个案例就是一个故事。在设计教学计划时多增加一些相关案例，使枯燥的知识生动起来，学生也易于接受和记忆，进而内化为自己的行为。

实践化。这里所说的实践有两层含义：一是教学计划的设计要有可操作性；二是教学计划中要精心设计一些主题活动课。根据不同的知识点设计不同的活动，这些活动既可以在课堂内进行，如辩论、视频及观后讨论、课堂论文、模拟现场、讲座报告等，也可以在课堂外进行，如社会实践、参观、访谈等，但它是一种有目的、有计划、有组织的有系统的长期教育活动，是教学计划之中的一种特殊的"正课"，有一定的课程结构和相应的实施规范，不是"第二课堂"或者是"第二渠道"①。

---

① 中共中央宣传部宣传教育局：《加强和改进大学生思想政治教育文件选编》，中国人民大学出版社2005年版。

（三）不断丰富教学手段

要使上述的通识显性课程的教学计划能真正实施,并达到预期的目标,教学手段的多样化不可或缺。尤其是在网络信息全球化的背景下,单纯的灌输教育已经不能适应新形势下的高职院校课堂。但我们也应该看到,信息技术、多媒体课件虽然现在已经被广大教育者广泛运用,但仍然是传统的授课模式,仍未脱离灌输教育的窠臼。因此,教学手段多样化首先可以尝试确立以讨论交流为主导的课堂模式,其次要充分利用课件、视屏、音频、图像、文字、网络等教育资料,不断创新教学方式,实现教学手段多样化。

在形成机制上,大学生的文化自觉既需要依靠外部的力量,也要依靠个体的自觉自愿。因此,通识教育的显性课程模式,是高职院校文化教育的主要途径,而道德实践和道德磨炼是教育效果验证和实现的主要途径。如果回避它们之间形成机制的差异,在实践中就可能会以政治教育的方法来实施道德教育,教育效果不但不理想,甚至会诱发大学生的逆反心理。为此,高职院校的教育者在开展通识教育之前,首先必须对所教授的内容进行研究,然后选择适合的途径和方法。

五、通识教育显性课程的构成及特点

1. 方向性教育。主要是指政治教育。教育者根据高校德育目标对大学生进行社会主义的政治理想、政治信念、政治观点、政治情感的教育。其目的是帮助大学生了解、认同、接受并努力实施我党的路线、方针和政策,实现政治社会化。其特点为:一是主导性,政治教育是政治方向性的教育,它从根本上体现了我国社会主义大学的本质特征,关系到党和国家的前途和命运,在高校教育中居于核心地位;二是控制性,为巩固无产阶级的政治地位及维护我国社会稳定的需要,党和国家必然会根据时代的要求对政治教育的内容及途经进行适当的控制;三是斗争性,和平与发展是当今世界发展的主题,但是在世界范围内的意识形态领域仍存在着较量,特别是对青年一代的争夺是斗争的焦点。

2. 认知性教育。通识教育者根据高校教育目标有目的、有计划、有组织地对大学生进行世界观、人生观、价值观和方法论的教育。它既要对大学生进行知识性教育,又要进行价值观教育,属于认知性教育活动。其特点为:一是探索性,通识教育是一个引导大学生探索真理、发现真理、认识真理、检验真理的过程;二是系统性,通过通识课程的人文修养课、科学普及课及能力认知课,了解和马克思主义理论系统地揭示了自然界、人类社会、思维领域的发展规律,是我们认识世界和改造世界的强大精神武器;三是渐进性,循序渐进是人们认识事物的规律,高职院校大学生思想意识的形成也是一个渐进性的过程,不可能一蹴而就;四是工具性,通识教育课程是高职院校大学生掌握认识世界和改造世界的重要路径和载体,是学生职业养成和社会责任意识、健康人格、审美修养以及科学观培养的重要工具,也是高职教育的目的和归宿。

3. 规范性教育。教育者根据通识教育目标对大学生进行社会规范教育,提高大学生社会道德能力的教育。其特点为:一是价值性,道德是以善恶评价为标准的,处理人与人之间行为规范的总和,故道德本身蕴涵着价值尺度和价值观念;二是自律性,通过交往等方式让学生进行道德体验、社会体验和职业体验,最终养成道德行为习惯和个性,实现由内化向外化的转变;三是实践性,通识教育的内容具有很强的实践性;四是广泛性,通识教育由于其主要涉及大学生在人文修养、品行修养和科学修养方面的素质培养,因此,其内容涉及个人生活的各个方面。

第四节 通识显性课程体系的构建

一、课程体系的构成

课程体系由共同必修课、指导选修课、任意选修课三部分构成。

1. 共同必修课是大学教育的基本要求和基本技能的培养。课程主要包括思想道德课程、政治理论课、计算机技能课、外国语言课、法律基础课、军事和体育课、生产劳动和实践课等。

2. 指导选修课划分为五个领域,并有严格的学分要求。

(A) 人文科学:此领域课程的目的,在于培养学生多种审美情趣,提高学生的艺术和文学鉴赏能力、对人文价值的判断能力,丰富学生的个人和职业生活。

(B) 社会科学:此领域课程的目的,在于提高对于我们自身和社会进行深入思考所需要的理性能力,能理解、应对社会的发展和全球化趋势。

(C) 数学与自然科学:此领域课程的目的,在于使学生对科学家如何表述和回答有关物理世界和生物世界的运行问题有一个基本了解,培养学生用数学的方法和自然科学的方法分析和探索世界的能力。

(D) 中华文明与外国文明:此领域课程的目的,在于探讨中华文明与外国文明的构成要素及其发展历程,培养学生从历史、文化的角度思考和分析问题的能力。这一领域的课程还强调把外语作为研究外国文化的重要桥梁。

(E) 跨学科领域:此领域课程的目的,在于通过聚焦于一些适时的、重要的话题,透过多种学科的知识,培养学生运用多种方法批判、思考问题的能力。

所有这些领域知识的学习,用意并不在于灌输各学科庞杂琐碎的知识,而在于让学生通过这些课程了解:自身与自身(生理或心理的)、自身与社会环境、自身与自然界相互间的种种关联,使学生生活于现代社会而知何以自处。同时强调人类取得这些知识的方法,让学生日后对其他学科知道如何入门,知道如何在本门工作上借助其他学科的方法,甚至知道如何批判各门知识适用范围的局限,以利于学科之间的整合和贯通。

3. 任意选修课指面向全校各专业开设的选修课。课时、学分、选修要求都比较自由。主要目的在于满足学生多方面的兴趣,为学生进一步拓宽知识面服务。

2009 年浙江部分高校通识教育课程部分目录见表 7-1。

表 7-1　2009 年浙江部分高校通识教育课程目录(部分)①

类　别	领　域	内　容	骨干/合计
A 类: 人文 社科	文学、伦理学、哲学、历史学、政治学、法学、社会学、教育学、心理学等	哲学概论、文学概论、心理学概论、国际政治概论、中国文化概论、美学概论、社会学概论、当代社会问题、组织行为学概论、法学流派与思潮、当代中国金融改革、旅游文化学、当代西方哲学概论、谈判艺术、合同法概论、国际公法概论、劳动法学概论、法学流派与思潮、法律文书学、中国刑法学、婚姻与继承法、宪法概论、刑事诉讼法概论、慈善事业与社会变迁、社会福利与社会发展、英语写作基础等	19/99
B 类: 经济学、 管理学	经济学、管理学	经济学概论、管理学概论、人力资源管理概论、营销学概论、创业成功学、证券投资学概论、企业经营决策学、生产管理、创业管理、成功学概论、行政管理学概论	6/22
C 类: 艺术	艺术赏析	中国美术概论、艺术设计概论、中外音乐欣赏、中外美术欣赏、服饰艺术与欣赏、中国书法、摄影艺术、篆刻艺术、欣赏交响音乐赏析	2/17
D 类: 自然 科学	数学、物理学、化学、生物学、医学、天文学、地理学、体育等	自然科学概论、生命科学概论、天文学概论、地学概论、社会有机学概论、城市学概论、数学建模、可持续发展概论、大气科学概论、地球环境与健康、大学文科物理理论与实验——波动(1)、大学文科物理理论与实验——电磁学、大学文科物理理论与实验——热学(1)、大学文科物理理论与实验——光学(1)、大学文科物理理论与实验——光学(2)、大学文科物理理论与实验——物理学与信息科技(1)、能源与环境、科学创新与思维、当代科技发展概论、科技论文规范和标准、运筹学基础、初等数论、有机合成选论	10/51 (包括短时课程 7 门)

① 资料来源:浙江省内相关高校教学资源网站。

续 表

类 别	领 域	内 容	骨干/合计
E类：技术科学	信息科技、机械、电力、电子、自动化、材料、建筑、化工、能源、环境保护、食品营养等	高新技术发展概论、数据库技术概论、多媒体技术与应用、房地产投资与经营、环境化学与人类健康、自动化概论、信息技术概论、管理信息系统开放技术、机电一体化技术应用、电子图版应用基础、产品造型设计基础、现代机械产品该路、凯图软件的应用技术、办公软件应用技巧、实用AUTOCAD2000、电气通用技术概论、土建基础概论、物理学在工程技术中的应用、网络最优化、FLASH动画设计、网页设计、软件编程基础、Internet应用与开发、计算机组装与维护、数据库基础、能源工程概论	4/40

二、实施课程体系的路径

基于以上对通识教育内容、性质及特点的分析，实施通识教育显性课程体系的途径应包括：

1. 理论修养的课堂式提高。由于通识教育具有导向性作用，因此正面的系统的教育是十分必要的。列宁提出的"工人本来也不可能有社会民主主义的意识。这种意识只能从外面灌输进去"[①]的科学命题，对今天的高职院校通识教育仍具有重要的现实意义。为了实现通识教育的任务，教育者必须要研究理论教育的具体方法，并在实施过程中避除那些强制性的、填鸭式的"硬灌"或照本宣科，因其既无益于达到教育效果，又容易引起大学生对通识教育课程的反感。必须对授课方式和方法进行改进、整合和补充，比如可以采用问题教学法、背景透视法、对比教学法、案例教学法、参与式教学法等，充分调动学生的学习积极性。

通过通识教育提高学生的理论修养，首先要提高政治修养，因此实施通识教育显性课程，应进行能有效提高学生的政治理论修养，使学生成长为有正确的政治价值判断和政治责任感的人。其核心课程涵盖爱国主义教育、党的路线、方针、政策和国内外形势教育、政治观教育、民主、法制和纪律教育、辩证唯物主义和历史唯物主义基本理论教育、建设有中国特色社会主义理论与实践教育、人生观教育、世界观教育、价值观教育、健康心理素质和完善人格教育、审美教育、成才教育、集体主义教育、道德观教育、马克思主义方法论教育、中华民族优良传统道德教育、社会主义道德教育、社会公德教育、职业选择及职业道德教育等。通过这些课程的学习引

---

① 罗洪铁、董雅：《思想政治教育原理与方法基础理论研究》，人民出版社2005年版。

导学生对社会发展历史、当代世界政治与经济发展状况有全面的了解，进而认识到走社会主义道路是中国历史发展的必然选择。同时，还要引导学生对社会上和大学生中流行的各种错误思潮展进行辨析，消除各种错误思潮和腐朽思想对他们的影响。

2. 活动课程的开展。即有意识、有目的、有组织地开展一些学生群众性及其他的通识主题活动。一是组织学生参与政治组织活动，如民主选举、民主评议、民主监督等等，培养学生的民主意识。二是组织学生参与地方人大代表的选举活动，培养学生参政议政及政治宣传等能力。三是开展反腐倡廉教育活动等，增强大学生的社会责任意识以及政治参与热情，并积极有效地参与社会政治生活。此外，还可以开展热点问题专题讲座、国内国际形势报告、座谈讨论、知识竞赛、演讲辩论等，激发学生的通识教育参与热情，提高学生的通识敏感度。

3. 以网络为载体的通识显性课程。目前，学生利用网络进行学习、吸收信息、了解世界已经十分普遍。如何充分利用网络为通识教育服务，是当前高职院校通识显性课程亟待解决的问题。在多元文化背景下，对大学生的通识教育如果仅仅停留在单纯的、正面的通识理论教育上，是很难取得成效的。应积极利用网络开展显性课程。一是应注重加强主流网站的建设，满足大学生的多样化需求，并注意进行通识课程结构中主流价值观的引导。积极探索充分利用网络对大学生进行教育的方法。必须注意，在高校主流网站有关通识教育内容的建设中，不能一味地迎合学生的喜好，仅仅局限于单纯的音乐、影视、娱乐等内容，尽管这样其点击率很高，但达不到预期的教育效果。二是通识教育教师要充分利用 BBS 站来了解学生的思想动态，掌握通识课程的主动权，并作好网上信息的收集、分析和反馈工作，进而形成完备的网上信息监控体系。三是通识教育教师在实施显性课程的教学时，要充分利用网络与学生讨论有关通识课程中的问题，回答学生关注的热点问题及解决学生在生活、学习中遇到的各种问题，并力图使通识教育显性课程的理论与现实生活紧密结合，以有针对性地解决学生在通识课程中的思想困惑和疑虑。

4. 针对不同教育对象进行个别教育。人的思想的形成和转化都需要一个过程，而且也是一个反复变化的过程，不能急于求成。加之高职大学生个性、心理特点、家庭环境的不同，在思想上也会表现各异。因此，通识教育的显性课程应该充分关注不同教育对象在接受通识课程中的不同个性和心理特点，在通识显性课程的具体教学案例中，能够把学生的个性与通识显性课程的共性密切结合起来，针对学生不同的思想认识和心理特点，采取不同方式单独进行教育，努力做到"一把钥匙开一把锁"。对学生进行以通识显性课程为内容的个别教育可以采用谈心方式、书信方式、电子邮件、QQ，等等。在教育过程中，教育者应创造一种良好的民主氛围，建立平等的师生关系，尊重和爱护学生，与学生推心置腹，让学生敞开心扉，把握学生的思想动态，并选择好个别教育的时机，掌握分寸，有理有节，讲究语言艺术。

5. 典型示范与角色扮演。开展通识教育显性课程,其目的是要培养大学生的事物判断能力,提高学生适应社会、自我提高、自我管理,不断创新的综合能力。因此,通识教育的显性课程应在实施教学中强化学生的价值性、自律性、实践性和广泛性。由此也决定了其教育必须要重视大学生的自我养成教育,使之成为大学生成为社会人之后在道德和社会责任的承担上形成自愿自觉的行为习惯。

先进的典型具有强大的精神感染力与激励作用。教育者要注意总结和宣传不同层次、不同类型的先进典型,对典型人物的评价要做到实事求是,让学生感到可亲、可信、可学,真正起到激励作用。而不是树立"圣人"形象,使学生觉得高不可攀。同时,教师自身高尚的师德风范和良好的通识意识、通识能力也是一种很好的示范,因此,通识显性课程的教师无论是在课堂上还是课堂外,都应该做到言行一致、表里如一,做好学生的道德表率。角色扮演是一种教师引导学生担当别人的角色的教育方法。它向学生提供各种以经验为基础的学习情境,通过人际或社会互动情境,再现学生现实生活可能发生的人际或社会难题。它使学生以参与者或观察者的身份,进入这种真实的问题情境中,做出相应的反应。而由扮演者所引起的一系列语言或行动、理智或情感反应,又成了学生通识探索的直接经验。借助这些经验,学生可以去探究和识别自己及他人的思想、感情,洞察和理解自己及他人的立场、观点和内心感受,形成解决人际或社会问题的技能和态度。

6. 自我教育。高职院校的大学生具有自我意识、参与意识、自主意识强的特点,他们渴望自我追求和自我完善。通识显性课程实施过程中,教育者应利用这一特点激发大学生自我教育的动机和欲望,培养他们良好的自我教育方法,从而使他们通过自我认识、自我体验、自我控制等达到自我完善。自我认识是进行自我教育的前提。教育者要引导学生学会对自己的思想和言行的对错、优缺点进行理性判断。帮助学生通过认识自己的活动来认识自我,通过通识教育的评价活动学会评价自我。自我体验是伴随自我道德认识和评价时所产生的情感体验,是学生对自己思想言行做价值判断时产生的道德情感。教师要引导学生在践行中检验自己的道德情感,并使之升华。自我控制是指学生在通识行为中自觉地掌握和支配自己的情感和行为,这也是大学生心理成熟的标志。教育者要不断给学生创设困难情境,磨炼他们的意志。

7. 行为锻炼及养成。苏联学者包德列夫认为"教育不能仅归结为教师的教育影响,而必须以学生自己的活动为前提"。[1] 社会行动模式的创始人纽曼也认为,如果没有教会学生把自己的道德理想付诸实践,他们的道德反思和道德讨论将永远是空中楼阁。真正具备高尚道德的人,应该"知"与"行"统一。所以通识显性课程主张对教育对象进行践行是十分重要,它决定了通识教育的成败。

---

① 黄向阳:《德育原理》,华东师范大学出版社 2000 年版。

通识教育是一种养成教育,教育对象的思想品质、科学精神和科学知识、审美修养和个人习惯,都是在参与社会生活中逐步形成的。一般来说,大学生对道德原则、道德规范的要求是基本掌握的,关键问题是如何形成良好的行为习惯。教育者可以通过学生的日常教育活动、青年志愿者活动或者班级、小组活动等,指导学生掌握修身的方法,指导他们进行情感体验引导他们学会自我批评,不断提升人生的境界。

三、课程体系的特点

1. 精品与大众相结合。通识教育指导选修课是满足高质量精品要求,通识教育任意选修课是满足大众化要求。精品部分对学生和教师都作了比较严格的要求,目的是使学生能接触到高质量的通识课程。大众部分对学生只作学分要求,选课比较随意,给学生充分的自由,以满足学生多方面的兴趣。

2. 对跨学科知识的重视。跨学科教育在未来高等教育发展中占有重要地位,将之作为一个类别单独列出,希望能提高学生从多学科角度分析和解决问题的能力。

3. 对中外文化的偏重,单列出中华文明与外国文明。从通识教育本义讲,是为了让大学生首先成为一个真正的人和合格的公民,要让他们有机会来感受和体验古今中外的文明成就。

四、通识教育显性课程与隐性课程的关系

同大学里的其他课程一样,通识教育的课程也由显性课程与隐性课程两部分组成,每一个大学生的发展和成长都离不开这二者共同的教育影响。显性课程侧重于知识层面的内容,而隐性课程则侧重于情感和意志等内容,二者各司其职,各负其责,互动互补,共同承担培养造就"完人"的使命。通识教育的显性课程是"硬课程",更多地作用于大学生的智力培养,它主要体现在教务处的各种教学计划安排上,以文件或教学计划(方案)汇编的形式下发到各教学单位,是带有一定法规意义的教学执行方案。而隐性课程是"软课程",主要是一种非理性教育,目的在于培养人的非理性能力,如人的理想、信念、情感、悟性、灵感和想象力等,通过这种方式形成人的价值体系。

此外,隐性课程虽然是以间接、内隐的方式呈现的课程,但是隐性课程不等于"无形"课程,许多是有"有形"载体的,其中包括文化活动、人际交往活动、体育活动、课余兴趣活动等多种教育性活动形式。但是,活动形式与活动课程是两个不同的概念,活动课程是为指导学生主要获得直接经验和即时信息而设计的一系列以教育性交往为中介的学生主体性活动项目及方式。隐性课程与活动课程的主要区别表现为:其一,就其影响方式而言,隐性课程对大学生的影响总体上具有潜隐性;而活动课程对大学生的影响是显著的。其二,就教育系统性而言,活动课程是

计划性的,而隐性课程不易计划,因而活动课程对大学生的影响更为系统。其三,就涉及范围的广度而言,隐性课程范围宽广,而活动课程的范围相对狭小。其四,就存在的状态而言,活动课程以具体的活动形式帮助大学生主要获取直接经验,而隐性课程则以各种有形或无形的载体影响大学生的方方面面。

总之,显性课程与隐性课程两者构成通识教育课程这一整体,显性课程的载体主要是课堂,通过有计划、有目标、有明确考量体系的课堂组织教学,而隐性课程的载体可以是活动课程,也可以是物质人文环境等,即大学隐性课程中包含了部分活动课程,而另一部分活动课程则与显性课程联系得较为紧密。

第五节 通识显性课程设置中存在的问题

通识教育的核心精神在于培养学生适当的文化素养、科学知识、宏观视野、生命智慧、分析思辨能力、表达沟通技巧以及终身学习成长的动力。然而,通识教育的理念表面上得到广泛的认同,但是通识教育实践却不令人满意。

在美国,通识教育曾被卡耐基基金会称为难以跨越的"灾祸性区域",在我国台湾,推行通识教育理念有"没有人愿意去管"、"没有教授愿意去教"和"没有学生肯花精神去听"之叹。[①] 很多高校的通识教育实践功利性太强,更多地从提高工作适应性的角度来拓宽专业面,只重视学生知识的获取,忽略了对学生合理的知识结构的构建。国内的学者认为,这种通识教育的实践仅仅停留在第一层次:治疗当前教育所造成的"营养不良"和文理失衡,而没有真正实现学科科际整合、交融,由智慧的领悟到价值澄清和人格养成,最终实现身心全面发展。

一、通识教育显性课程中的教育理念问题

(一)利益选择影响学校的动机水平

通识教育实践具有成本高、收益时滞的显要特征,但却能使学生终生受益。虽然很多高校表面上都赞赏和践行通识教育理念,但是现实中却有难以跨越的"鸿沟"。

通识教育旨在使学生的知识能够实现学科科际的整合,彰显人文精神、端正价值取向,那么,高校必然需要动用尽可能丰富的教育资源,兼顾学科平衡和知识的可接受性,需要整合学校的教学资源,搭建学校的通识教育资源的公共平台,必然要付出更多物化的财力资源和难以物化的时间、精力。同时对教师的授课技巧和技能也提出了更高的要求,通识教育实践必须要超越纯粹的知识观教学,而这些在

---

① 金耀基:《大学之理念》,生活·读书·新知三联书店 2001 年版。

短期的过程中是很难见到效果,在既有的对高职院校评估、示范性建设验收、国家骨干高职院校建设中的指标里也没有出现具体的衡量指标,这些都会影响学校在选择时的倾向,当通识教育所代表的学生公共利益与学校短期需要之间不一致时,学校的决策必然趋向短期需要,使通识教育实践相对于学校其他事务处于资源竞争劣势,虽有一些高校兼顾通识教育,也往往是为了迎合教改,通识课程体系整体上处在体系凌乱、知识零散的状态,未能很好地发挥其在人才培养中应有的作用,更谈不上依托学校条件发挥特长显现各校的教学特色。所有这些目光短浅、急功近利的思想和行为都影响着通识教育的实施。

(二)博弈选择影响学生的动机水平

目前,许多高职院校通识教育修习制度都是采用创建通识教育课程,学生自由选择,这也已经成为世界高校课程改革的普遍趋势。

对学生来讲,可以根据自己的水平选学适合自己需要的课程。但是课程提供给学生的只是框架。正如亨利·罗索夫斯基说的"课程只是骨架,而它的血肉和精灵必须来源于师生之间难以预料的相互影响和交互作用"①。学生是通识教育的真正实践者,因此,通识教育实践的效果也必须以学生的兴趣和主动参与的程度来衡量。

现实中,很多学生并没有对通识教育课程表现出极大的兴趣。在就业形势日益严峻的情况下,学生们对即时的、能够获得可靠的收益的、使自己在劳动力市场上能够增加竞争筹码的活动更感兴趣,对于这部分学生,他们愿意花更多的时间去学习实用的知识技能或者考取证书,而唯一约束他们的是各个学校设置的通识课程的学分数,这个过程学生是一个被动参与的过程,只有时间的付出没有精力的付出。每个通识教育的课堂都会变成教师和学生之间的博弈,学生参与课堂,付出努力成本大于受益。在制度约束与潜在游戏规则的博弈中,学生选修课程仅仅是为了制度约束,以至于在课程选择中,课堂管理松懈、考试容易过关的课程成为选修的热点。

(三)制度瓶颈影响教师的动机水平

教师参与通识教育实践积极性也不高的主要原因在于,通识教育课程的开设对教师提出了更高的要求,要求教师心愿投入而力能胜任。通识教育课程要兼顾专业知识与通俗性,意味着教师要付出额外的努力,而这种努力回报率却非常低,一般都是通过行政管理的安排下达给任课教师。这种安排忽略了教师的真正需求,同样也成为限制教师发挥积极性的制度瓶颈。因为目前高校中对于教师职称

---

① [美]亨利·罗索夫斯基:《美国校园文化》,山东人民出版社1996年版。

晋升的考察虽然有工作量限制,但关键因素还是在于教师研究课题、出版了多少专著和发表多少论文,并没有把通识课程设置为一个考察指标,他们从中得到的回报和激励较少,相反,却占用了他们很多本可用来研究课题、发表论文的时间,反而影响了晋升资本的获得。因此,当教师没有积极性和激情而又不得不去开设相关课程的时候,其实践效果可想而知。

二、通识显性课程设置理论方面存在的问题

目前我国许多高职院校通识显性课程的设置缺乏科学理念的指导,设置过于随意。世界各国在进行通识教育的实践过程中,共形成四种模式的显性通识课程:分布必修制、自由必修制、核心课程、名著课程。各种模式均有其对应的哲学基础。自由必修制来源于进步主义哲学,认为教育应当关注个人不断变化的生活和经验的需要,给予学生完全的自主选择权。分布必修制则是对自由必修制导致学生选择过于支离破碎的一种校正,规定了学生必须修习的课程领域,以及各领域应至少修读的课程门数。名著课程来源于永恒主义哲学,认为在人类不断变迁的社会政治经济文化中,有一套永恒不变的核心价值,教育应为思考这些问题而设,而这些价值都蕴藏在经典作品之中,因此通识课程须以研读名著为第一要义。核心课程则致力于培养个人在现代生活中最基本的几种能力,把人类的文明成果划分为几大领域,规定学生必须在各个领域中都有所涉猎。而综观我们的通识课程,则缺乏科学理念的指导,其结果便是课程设置具有较大的随意性,处于杂乱无章的境地。到目前为止,很少有学校能明确提出划分通识课程领域的具体标准,再加上设置课程时往往是"因师设课",缺乏课程设置理论层面的系统研究。

三、通识显性课程内容方面存在的问题

1. 通识教育课程的内容过于偏向应用型和专业化

通识教育课程的内容应当反映通识教育的基本思想。目前各高职院校的通识课程有较强的专业性和应用性。有的学校基本上就是把某专业的课程降低要求后拿来作为通识教育选修课。许多通识课程的教材是其所属专业的专业教材,如有些通识显性课程的内容专业性较强,对于训练非本专业学生的思维、能力没有太大的帮助。有的通识课程中有太多的应用性课程。当然,教给学生一些应用性的知识有利于提高学生对社会的适应力,但这种适应只是应时的、短期的。通识教育课程要求的是一种基础性的、通识性的课程内容,强调对基本原理与基本方法的学习,因为学生学习的知识越基础,接受新知识的能力、解决新问题的能力就越强。因此,不应把过多的应用性课程和专业性较强的课程列入通识课程中。

2. 通识课程内容存在着明显的知识化倾向

这里的"知识化"并不是相对于上述的应用型,而是指纯粹的传授知识,而不注重能力发展的状况。以知识化的态度来考虑通识教育课程的价值,缺乏对学生基本能力的培养与训练,如表达能力、写作能力、实践能力、国际理解能力等。以为设置什么方面的课程,学生就能获得相应的素质,造成知识量太大而课时有限的困境。殊不知通识教育一方面要促进学生各个领域知识量的增加,更重要的是要促进学生掌握各学科基本的方法与能力,形成合理的知识和能力结构。

3. 在课程内容结构方面,"两课"、外语、计算机和体育所占比重过大

从大部分高职院校的通识显性课程结构中发现,"两课"、外语、计算机和体育这类课程所占比重很大,约占全部通识教育总学分的80%以上;供自由选修的人文类、自然类、艺术类课程比例较小,绝大多数为10%以下。特别是各高校都较多地强调政治素质的培养,而忽略了最基本的公民素质的培养;道德伦理和社会分析类、科学类课程不多,对通识教育课程比例的合理性尚缺乏深入的探讨。

4. 通识课程内容的深度和广度较小

考察通识教育的目标,可以看到,无论是要求学生具有一定的见识、智慧和思维方法,还是培养学生各种能力,或是追求学生人格或素质的和谐发展,都是较深层次的教育教学要求,采用简单的介绍性地讲解、了解、欣赏某些学科知识是不能达到文化素质教育目标的。永恒主义教育思想的代表人物,原芝加哥大学教授、现任芝加哥哲学研究所所长的艾德勒对课程构造进行的研究表明,课程包括三个方面的学习,即系统知识的掌握、理智技能的培养、关于观念和价值的幅度广泛的理解力。与课程三个方面的学习对应的课程内容是,"系统知识的掌握"——采用教科书(包括语言等人文学科、自然学科和社会学科)、依靠教师讲授来达到;"理智技能的培养"——在老师指导、监督下采用听、说、读、写、计算、问题解决、观察、测量、预测、批判性、判断力的练习;"关于观念和价值的幅度广泛的理解力"——采用"产婆术"对书籍(非教材)研读和其他艺术作品的讨论。艾德勒的课程研究为通识教育内容的安排也提供了启示意义。为了实现课程目标,需要学生在了解一定知识的基础上,通过围绕某些设定的问题进行较深入的思考,让学生真正体会到知识的内在价值和思考问题的方法。这也要求学生不仅仅只是机械地知道这个学习领域有什么概念、原理和规律,还要通过对这些知识的应用形成自己的批判性思维以及对社会现实的理解与认识。对事物有深入的理解就需要课程内容在设计上有一定的深度,要形成"开阔的视野和思维"就必须保证课程内容具有一定的广度。

5. 缺乏体现综合、贯通的跨学科课程

从课程内容上看,概论型、常识集锦型、实用技术型、技能训练型、专业补充型、休闲娱乐型的课程居多,综合、贯通的跨学科课程较少,课程与课程之间缺乏关联性。

浙江地区7所高职院校教学计划中的课程结构见表7-2。

表7-2　浙江地区7所高职院校教学计划中的课程结构一览表①

学校	课程组成1	课程组成2	课程组成3	课程组成4	课程组成5	课程组成6
杭州职业技术学院	全校必修课	专业必修课	限制性选修课	任意选修课		
温州职业技术学院	校定必修课	系定必修课	限定性选修课	任选课		
浙江金融职业学院	公共必修课	专业必修课	专业方向选修课	任意选修课	公共选修课	
浙江工业职业技术学院	基础教育课	工程技术基础教育课	专业教育课			
浙江艺术职业技术学院	公共课	专业课	专业选修课			
浙江商业职业技术学院	公共基础课	分类技术基础课	限选专业课	专业选修课	公共任选课	
浙江医药职业技术学院	公共必修课	普通基础课	专业基础课	专业课	必选课	选修课

四、通识显性课程类型方面存在的问题

1. 选修课比必修课比例偏低,学生自由选择度低

从对一些高职院校的通识课程分析中发现,通识显性课程中必修课是绝对的主角。甚至一些学校通识教育必修课占全部通识教育课程的比例更是高达90%以上,通识教育的理念在于给予学生广博的知识基础,使学生能够按照自己的兴趣和专业特点来选择相应的通识科目,从各方面提高自己的综合素质,成为未来社会的健全个体。这必然要使学生有一个充分的自由选择空间。而目前这种状况却将学生的自由选择权放在一个相当狭窄的区域内,学生自由发挥的空间相当有限。

2. 通识课程类型僵化,缺乏多样性与灵活性

由于种种原因所限,各高职院校所开设的通识课程,虽然名称各有不同,但几乎都是清一色"政治理论+外语+计算机+军事、体育+'三大件选修'(自然、人文社科、艺术)"模式,缺乏多样化和灵活性。实际上,通识教育只有在多元化的生存

① 资料来源:相关学校教学资源网站

环境中才能进一步发展壮大。以美国为例,高校中很少有两个完全一样的通识课程模式。如一些学校的通识教育以自由教育为特色,把通识课程划分为九个领域供学生修读,而把研读名著为主的"文化、观念及价值"领域作为其王牌项目。另一些学校则把共同核心课程分为六个部分——人文、外语、数学科学、自然科学、社会科学、文明研究,通识课程学分占其总学分的一半。还有一些学校把通识课程分为四个领域:科学学程,人文、艺术社会科学学程,条件性科技类选修学程,实验学程。科学理念的培养占据重要地位。在国内,也有一些院校在实践中逐步形成了自己的特色。如有的高职院校将所有课程分为四个模块:人文社科知识模块、公共基础知识模块、学科基础知识模块、专业前沿及特色知识模块,除学科基础知识模块属纯粹意义的专业教育外,均有通识教育的意味。在人文社科模块中,包括"两课"以及若干人文社科类选修课;在公共基础知识模块中,包括英语、体育、计算机、数学和大量科技类课程;在专业前沿及特色知识模块中,开设了大量前瞻性、交叉性学科课程,以拓宽学生视野。其虽然没有完全摆脱旧模式的影响,但至少走出了自己的特色。这就启迪我们,通识教育的实现形式是可以多样的。中国幅员辽阔,各地区、各院校实际情况不同,设计通识课程更应有自己的特色。

五、通识显性课程设置管理方面存在的问题

1. 通识课程学分分配方面存在的问题

一所高校对通识课程的学分分配及学时安排从一方面反映出这所学校对通识教育及通识课程的重视程度。世界各国都把通识教育放在一个突出的位置,其学分及学时安排都占整个毕业学分及学时要求的很大比例。目前,我国大部分高职院校通识课程学分占毕业总学分的 28% 以上,有些学校可以占到 40% 以上,这一比例实属不低。[①] 然而从另外一个角度看,发现在通识课程中通识教育必修课所占比例偏大。以浙江五所高职院校的平均值比较看出,三年制高职专科生,平均修习学分总数为 104 学分,其中通识课程平均占总学分的 32.47%;通识课程中,必修课平均约占通识课程总学分的 84%,通识教育选修课为 8 学分,约占通识课程总学分的 16%,通识教育必修课与选修课的学分比例为 5.3:1。而在国外,情况却恰恰相反。日本大学共同必修课程与通识教育选修课程的学分比例为 1:2;美国大学共同必修课程与通识教育选修课程的学分比例为 0.2:1。[②] 这说明我们的通识教育选修课比例偏小,从学生角度而言,这不利于通识课程目标的达成。

2. 通识课程设置缺乏应有的组织与领导

通识教育课程设置需要相应的组织实体保障。从社会组织学的角度看,随着

---

① 王斌华:《教师评价:绩效管理与专业发展》,上海教育出版社 2005 年版。
② 胡显章、曹莉主编:《大学理念与通识教育》,清华大学出版社 2006 年版。

社会的发展,人与人在生活或工作中以一定关系形成的各种形式组织在社会活动中充当了主角,而在各种类型的组织中,最重要的是正式组织。现代高等教育系统已经发展成一个巨型结构的正式组织,它与社会生活、经济、政治和文化关系日益紧密,相互之间影响加剧,其内部工作程序也日益复杂化,这就使得内部组织的作用加强,"组织是可以提供抵抗环境扰乱的坚强堡垒",是工作正常进行的保证。

在高等教育系统中,组织实体是决定学者甚至学生行为的一种主要因素,工作动机、行为方式不同的参与者在组织中承担着各自的任务和角色。在漫长的岁月中,高校形成了一种以学术为中心的独立王国意识,只有在院系组织中他们才有认同感和归属感,因此在高校中建立组织实体是关系到一项工作能否成功的制度保证。虽然我国国内大部分高职院校已经将通识教育课程纳入教学计划,然而却没有一个独立的组织、独立的人员专门从事通识教育的工作。从调查情况看,所有的学校的通识教育课程都是由教务部门统一排课,其管理工作只是教务部门的多项任务的一部分,非专业化的管理人员缺乏对通识教育及通识课程设置应有的学习与理解。因此,由于没有一个专门对通识教育课程行使领导、组织、安排、检查的责任的部门,通识教育课程的设置、实施和发展的机制还未形成。

3. 缺乏通识课程领域的统一划分标准

通识教育课程领域的划分对于保证学生接受全面的知识和能力训练有重要的意义。调查显示,各高职院校对通识课程的划分标准各不一样。这样,同一种课程在不同学校可能分在不同的类中,不同大学的同一类课程包括的内容也可能不一样。如外语课在一些学校属于人文类,在一些学校则属于方法与技术类;如一些学校的社会类课程包括经济、管理、法律、心理等,将美学放在人文类,而有的学校则将美学归于社会科学类,将经济学、管理学放在财经与政治类。从发展和规范的角度来说,各校应当依据通识教育的目标对通识教育课程的领域进行科学的划分。

在以上通识课程设置的诸多问题中,其根本问题是通识课程设置理论建设方面的欠缺。理论对实践具有重大的指导意义,而我国的通识课程设置研究多趋于实践研究,对具有指导意义的理论研究较少,通识课程设置缺乏科学理念的指导,没有明确的通识课程划分标准,使实际的课程内容选择、类型设置、学分设置等方面才会出现种种问题。

造成通识课程设置方面诸多的问题,其主要原因是具有指导意义的通识教育理没有彻底被社会、学校及个人所认识,甚至认同。从就业角度来说,社会、学校及个体是一种连环的制约关系,其中,社会对个体素质的要求又是制约学校课程设置以及学生学习取向的一个重要因素。所以,社会对通识教育的认识及认同就显得尤为重要。

现在,从实践角度而言,社会需要大量的高级技工,这样,一些重实践、重应用的理工学科依旧是高校的重头专业,学校为了实现高就业率,很自然地投入更多力量进行专业教育。而面对巨大的就业压力,学生当然更愿意选修那些能为自身带来实际意义的课程。可以说,一些学生还是没有真正认同通识教育。

从更深的角度讲,之所以会出现社会、学校以及个体对通识教育的误解是有着深厚的社会背景的。新世纪伊始,知识实际上已成为生产力的重要组成部分。知识和科技在给人类带来巨大财富的同时,使人们更加相信"知识就是力量","知识就是金钱"。在这种功利主义的诱惑下,人们更多地走向科学主义、工具理性的片面中,而通识教育所倡导的科学与人文相统一的理念在此时显得软弱无力。这种深厚的社会背景正是造成通识教育及通识课程设置种种问题的根本原因。

第六节　本科院校通识课程改革对高职院校通识教育的启示

21世纪初期以来,国内一些知名综合性大学也逐步开始改革通识教育。其中北京大学的通识教育改革是实施较早也较成功的一个例子。

从2000年9月开始北京大学在全校开设本科生素质教育通选课(简称"通选课"),实施新的本科人才培养方案。将通识选修课划分为五个基本领域:数学与自然科学、社会科学、哲学与心理学、历史学、语言学、文学与艺术。[①]

其通选课的特点在于:第一,它是一套旨在拓宽基础、强化素质、培养通识的跨学科基础教学新体系。它打通了原有的专业和学科分界,把现代学术与社会所需要的知识划分为几个最基本的领域,在这些领域以多学科交叉综合的方式开设了一系列精品课程。相对而言,这些通选课有更明确更全面的素质教育目标,内容精,方法新。第二,通选课只对学生提出在每个基本领域选修的学分要求。至于具体选什么课,由学生在学分制约和教师指导下,自主地选修。以此指导学生在建构知识和让学生自由选课之间寻求平衡,引导学生主动学习,独立思考,全面发展,养成自我建构知识、能力和素质的本事,培养探索和创新精神,并获得尽可能广博厚实的基础,具备学术和社会发展所需要的基本素质。第三,课程遵循严格的遴选原则,由教师申报、院系推荐、专家评审而设立。再根据教学需要和检查评估,不断增设。第四,教学内容重在启发思想、掌握方法,而非灌输知识的细节。教学方法提倡"少而精"的原则,鼓励运用先进手段,完善各项教学环节。任课教师要求为教学经验丰富、效果较好的骨干。

以上通识教育课程的实施,结合了国外先进经验、国内教改实情和学校发展需要。其课程方案参照了哈佛大学的核心课程设计理念,如在课程设置理念中提到"让每一位毕业生不仅受到专业的学术训练,而且还应该受到广泛的通识教育。……将本科教育中所必不可少的学科领域内的主要知识方法介绍给学生。通

---

① 胡显章、曹莉主编:《大学理念与通识教育》,清华大学出版社2006年版。

选课从强调特定的思维方式的意义上讲,与我们各专业教学计划中的核心课程是平等的和相同的"。无疑,这与哈佛的理念是相吻合的。

综合以上改革的实践,可以了解到国内外通识教育改革的一些基本情况和发展趋势。从国内情况看,改革还刚刚起步。目前对于通识教育的讨论比通识教育的实践要多得多,实践通识教育的学校,目前大多局限于公共选修课程的改进。而在国外,通识教育课程改革已越来越系统、越来越深入,并出现了许多新的趋势,主要表现在:

1. 更加注重像写、说、批判思考、定量推理、计算机、外语等基本技能的培养。如提出通识课程要"发展学生在交流、数学、信息处理、批判思考等方面的技能"。要"提供有助于学生终身学习的基本技能:写作与口语交流(包括一种外语)、定量推理、批判思考与研究、道德理性"。认为通识教育应提供给学生一些必备的技能,包括:阅读、写作和口头交流、数学与定量分析、批判思考和抽象推理、研究、计算机等技能。这不仅是因为专业教育的需要,而且是一个学生全人生的需要,可能是学术需要的,也可能是职业需要的,也可能是个人生活的需要,总之是一个大学生所必备和需要的。

2. 更加高标准地要求和加强共同核心课程。无论专业背景和职业倾向,都向学生提供共同的课程学习经历。如全球视野、社会文化、社会分析、历史批判、艺术鉴赏、科学精神等。各学校根据不同的理念和学校特色,提出了不同的知识模块分类,但总的思想是给予学生共同而全面的价值观、文化观。

3. 关注于跨学科研究和综合性知识。一些学校在实施新的通识课程体系时对跨学科成串课程极为推崇。认为跨学科课程能够巩固特定领域及学科的知识,强化批判性思考与交流能力,能促进学生智力的发展。

4. 从仅强调人文艺术和多学科内容,扩展到专业课程或专业基础性课程,重视专业课程中的通识教育意义。

5. 从注重课程内容转向同时注重教学策略、学习方法或环境。通识教育兴起之初,注意力无一例外地集中于课程内容,也就是关注学生知道什么(或者学生不知道什么)。但最近相当多的研究证实,课程内容之外的一些东西可能更有助于学习效果。如师生的非正式关系、各种学习群体等因素。现在,许多学校的课程方案不仅关心课程内容,而且关心学生学习的主动性、合作性。

6. 通识课程设置贯穿于整个大学学习。通识课程不单是低年级学生的学习任务,高年级学生也通过像高级研究等课程来进一步提高分析应用知识的能力。

7. 重视通识教育的评价,以评价促进质量的提高。不仅重视结果的评价,更利用评价结果来改进通识课程和实施方案。

国内外学校通识教育的改革实例及发展趋势,特别是国外关于通识教育改革的一些新思路,是值得我们认真了解和研究的。它对于我们构建新的大学通识教育课程体系有重要的参考价值。其一是通识教育课程模式的选择：是核心课程还是分类必修。这两类模式并不是孰优孰劣的问题，他们都是划定一些课程领域供学生选择，但实施的条件有很大的区别。综合性学校和单科性学校应有不同的选择。核心课程要求学校学科分布广泛，并在此基础上打破传统的按学科设课的模式，强调课程设置应有利于培养学生的有关能力。而分类必修则通常按学科设课，目的在于让学生掌握多方面的知识和能力。其二是通识课程的内容组合：是多学科性还是跨学科性。这两者并不是截然分开的，学校可以设置涉及多种不同的学科领域的知识，也可以设置跨学科综合课程。其三是通识课程与专业课程的关系处理：是并重还是融合。目前许多学校为了把通识教育提高到与专业教育同等的地位，常常一味地增加通识课程的数量，其实并重不仅仅是增加数量的问题，在课程的选择上，仍会涉及与专业课程的配合问题。因此通识课程与专业课程不仅仅是并重的问题，还应考虑进一步的融合。总之，这些问题是学校改革通识教育所必须回答的，它同时表明，通识教育的实施要因校而宜，学校的千差万别决定了通识教育实施方式的千差万别。

第九章　高职教育通识隐性课程模式

通识教育的隐性课程,体现了通识教育的心灵教育特点。隐性课程体系可以根据不同院校不同专业的要求灵活设置,整个课程体系在柔性结构的课程链条中体现通识精神的课程规范。在高职院校的通识教育实践中,隐性课程是其中一个重要环节,其有效性和长远的影响力都体现了隐性课程的价值所在。

第一节　高职教育通识隐性课程内容

隐性教育的内容体系主要由品德修养、作风养成、文化修养、身心培育和潜能开发组成。潜能开发旨在培养学生的创造意识和创新能力,是生存能力和综合能力的应用训练。

从隐性课程的形态和影响方式差异性的角度,将隐性教育分为五大类型:

第一类,物质性隐性教育。学校的物质文化载体,主要包括校园建筑、校园文化设施和校园美化物态。教育建设者们按照预期教育目标,并适应学生成长的需要而进行的精心设计和创造,校园建筑物和生态环境也变得"活"起来了。正如罗兰·恩特·梅根所趣喻:课堂是一个建筑师的幽灵萦绕的场所。苏霍姆林斯基说:"一所好的学校连墙壁也能说话。"[①]由此可见,一个环境建设很好的学校,其校容校貌中透露出浓烈的文化气息和青春活力,它体现出教育者的价值取向、志趣爱好及文化素养,不仅使学生得到美的享受,而且像一位沉默而有风范的老师一样,使学生获得熏陶和感染,深刻地影响着学生的思想品德、行为方式与生活方式的选择。

第二类,行为性隐性教育。学校的行为文化载体主要包括主体行为形象、科技文化活动、社会实践活动和交际行为。主体行为形象主要指学校领导作风和领导风格,教师的学识、人格和气质,学习风气;文化活动载体指自主性科研学术活动,课外文娱、体育活动,社团俱乐部活动,等等;交际行为载体指师生之间、学生之间、异性之间交往以及校际交往活动。在上述工作与生活交往中,教育者和被教育者依据已经理解的和正在理解中的生存规则、道德准则和公务原则,制约并引导着自

---

① 王斌华:《教师评价:绩效管理与专业发展》,上海教育出版社2005年版。

己的行为,选择与他人、与群体、与社会相适应的行为方式,并逐渐形成较为稳定的习惯、情意和倾向。这种文化倾向的趋同与凝结,便会构建成为学校的整体风气——"校风"。正如加拿大学者斯蒂芳·利考克所说:"对大学生真正有价值的东西,是他周围的生活环境。"

第三类,制度性隐性教育。制度教育是学校通过规章制度和纪律条令的宣传、学习、贯彻、督察与活动,促使学生树立法纪观念,自觉约束和端正个体行为,以形成正规合理的教学生活秩序的教育方式和过程。学生自主地选择和利用校园制度的影响力来实现自我管理、自我发展和自我完善,由于学校规章制度、管理组织和各项活动中,集中着学校领导者、教育者的思想观点、价值观念和培养意向,因而,由制度文化形成的教育氛围,必然起到指向、约束、矫正、激励、整合与保障作用。

第四类,精神性隐性教育。校园精神不仅体现着校园主体的浅层文化观念,而且反映着深层的思想理念,是大多数人认可并遵循的共同价值取向和生活信念,因而,直接影响着主体的精神状态和事业观,影响着学校办学方向和活动方式,制约着全部教育活动的进展。校园精神具有极强的渗透性,它浸透、潜伏和弥散在整个校园的各种环境因素及校园主体群之中,形成一种浓重的精神氛围,赋予学校和教师以特有的个性魅力。

由于这种精神性环境是通过校园主体共同实践活动,并经反复选择、凝练和历史积淀而成的,从而使置身其中的广大学生具有向往感与亲和感,在不知不觉中受到感染、熏陶和净化。

第五类,课延性隐性教育。隐性教育的类的结构除上述几种基本形态外,还有一类叫做"课延性隐性教育"。按照杜威的教育思想,学生在取得正式学习结果的同时,"无意地"获得了理念、情感、意志、兴趣、动机等,这些因素都是课程设计者预期之外的效果。这是认知与理念的交和,是学科教学与非学科教育活动的贯通,对研究素质教育条件具有重要意义。

一、道德教育

（一）职业道德教育

在当今科技日新月异、竞争异常激烈的时代,从事生产、建设、管理、服务第一线工作的高职生,不仅要有过硬的业务本领,而且还要有高尚的职业道德。良好的职业道德是企业员工应当具备的基本素质。

高职教育具有实践性的特点,这决定了高职生在校时间较短,理论学习时间较短,大量的见习、实习、实训和社会实践活动使他们比普通高校的学生更早更多地接触社会接受锻炼,对高职学生进行职业道德教育显得更为重要。

职业道德是从事职业活动必须具备的道德规范,是社会占主导地位的道德准则在职业生活中的具体体现，也是人们在履行岗位职责过程始终所应遵循的行为规范和准则。尽管不同行业的职业道德具体内容有所不同，但也有着共同点，如诚信、敬业、责任心等基本人文素质，而这些又与职业态度紧密相关。职业态度包括一个人对职业的认识、对职业的情感和由此产生的行为等，其职业态度的形成是高职职业道德教育的重要内容。

随着我国市场经济与国际化的深度融合，经济活动需要遵循国际的基本原则运行，即遵循公平交易原则、透明度原则和非歧视性原则等。这些原则在更深层次上蕴涵着对道德人格的要求。全球化规则实质上是建立在信用基础上的。在国际竞争中，没有信用就没有竞争的资格。市场经济是契约经济，社会主义市场经济的发展和参与国际竞争都对参与者有着道德要求，如公平、正直、公正、诚信、责任等。参与契约经济的个体品质如何，直接影响到契约能否得到践守，决定着交往能否顺利进行和完成，契约的实现需要个体品德的支撑。对企业而言，竞争实际上是企业的信誉和品牌的竞争。如果企业在社会上具有良好的道德形象，就会在竞争中获得持续的经济效益，可以说，道德是企业的无形资产。维护信用制度成为市场经济能否健康发展的关键，只有市场主体都能自觉维护其信用制度，才能保证信用关系的稳定性，减少信用风险。可见，没有诚信原则，就没有市场经济秩序，就没有市场经济效益，市场经济也就失去了生命力。市场经济的发展需要高职学生成为有道德修养的职业人。

高职学生应该心怀"爱岗敬业、诚实守信、办事公道、服务群众、奉献社会"的职业道德，而这样的职业态度的形成离不开通识教育。加强高职学生的职业道德教育是通识教育的一项重要内容，培养高职学生成为一个有道德修养的职业人。

（二）思想品德教育

除了对高职学生进行职业道德教育外，我们还不能忽视思想品德教育，这有利于人的全面发展，有利于感受做人的尊严和快乐。

美国心理学家马斯洛认为，人有一种似本能的高级需要，这种需要是人的本质的一部分，是一种"更高的本性"，这种需要包括对工作意义的需要，对创造的需要，对合理和公正的需要，对工作价值的需要以及对做好工作的渴望，等等。"高级需要的满足能引起更合意的主观效果，即更深刻的幸福感、宁静感，以及内心生活的丰富感。"①因此，道德教育的价值不仅在于营造良好的社会秩序和政治秩序，充当经济增长和科技发展的工具，而且更在于引导受教育者认识道德在人类社会发展中独立的、终极的意义，使他们把道德追求看作是人生的目的和归宿，在道德追求中体验做人的伟大、尊严、快乐和幸福。

---

① 张通志：《大学通识教育的理念与实践》，华中师范大学出版社 2001 年版。

二、价值观教育

在生活、工作、学习中，我们总是会在自己看重的方面不懈努力，认为不重要的方面总是难以饱含热情地投入。而且在面临着不断的选择中，我们总是会选择我们认为最有价值的东西，因此，价值观构成了个人和组织行为的内在驱动力。而且实际上，无论我们自觉与不自觉，价值观都在影响着我们生命和生活的各个方面，它决定我们应变的水平，决策的能力，以及我们应该沿着什么方面前进。因此，应把价值观教育放在整个通识教育的首位，将人性教育贯穿通识教育的全过程，使整个教育人性化——加强自由和责任的教育，将自由和责任视为现代伦理生活的中心。可以说："一个可持续发展的知识型社会应当以价值为中心，尊重生命、尊重人的尊严、尊重社会和文化的多样性，将人类的劳动和工作作为实现和自我完善的源泉，同时也作为经济和社会发展的动力。因此，价值观教育应当成为职业教育和培训新的特征之一。"[①]

《学会做事——在全球化工作中共同学习与工作的价值观》这本书为我们提供了教育的内容及教学的方法，该书由国际教育和价值观教育亚太地区网络设在德国波恩的联合国教科文组织职业技术教育和培训国际中心协助开发。该书认为，教育可以整合为一对中心价值，即理解人的尊严和劳动的尊严这两个基本价值观，这一对中心价值观以八个核心价值的教育观表现出来，从高到低排列如下：全面健康和人与自然的和谐；真理与智慧；爱与同情；创造力；和平与公正；人可持续发展；国家统一和全球团结；全球精神。

围绕着人的尊严和劳动的尊严两个中心价值观和八大核心价值观展开，涵盖了 35 个教学模块，这 35 个教学模块以体验式的教学方式展开教学。

● 中心价值观：模块 1 至模块 3

相关联的价值是人的尊严，劳动的尊严。懂得尊重人的基本权利，使每个人都有发展他们潜能的机会。尊重和欣赏所有形式的工作，并且认识到工作无论是对个人的自我实现，还是对社会的进步与发展都作出了贡献。

● 核心价值观一：模块 4 至模块 8

相关联的价值观是健康和人与自然的和谐，这不仅要求我们拥有平衡的生活方式，对自身的健康负责，也要求我们保护地球上其他任何形态的生命，尊重自然，成为环境的守护者。并使我们生活和工作的环境更加安全和健康。

● 核心价值观二：模块 9 至模块 12

相关联的价值观是真理与智慧，不仅要正直地为人，还要学会系统思考，提高辨别正误、洞察和理解的能力。

---

① 张通志：《大学通识教育的理念与实践》，台湾乐学书局 2003 年版。

- 核心价值观三：模块 13 至模块 16

相关联的价值观是爱与同情。自尊和自立，相信自己有能力应对生活中的各种需求和挑战。懂得同情、关心和分享，愿意利用个人天赋和技能服务他人，特别是促进他人的幸福。养成根据正确和公正的原则选择并且行动的秉性。

- 核心价值观四：模块 17 至模块 20

相关联的价值观是创造力，具备形成对目前尚未存在事物的想象能力，提升主动性和创业精神，以及创办并管理一个企业的能力，有质量意识与时间管理能力。

- 核心价值观五：模块 21 至模块 24

相关联的价值观是和平与公正，尊重人权，懂得和谐、合作和团队工作，宽容，欣赏各种文化的丰富多样性和人类表达的其他方式，通过采取适当的措施，克服各种不利情况，获得平等的效果。

- 核心价值观六：模块 25 至模块 28

相关的价值观是可持续发展，明智地使用资源，有良好的职业道德和责任感，并且勤奋。

- 核心价值观七：模块 29 至模块 32

相关联的价值观是国家统一和全球团结，履行相关的公民义务，努力完成任务及以身作则的能力，民主参与政治，同时在国家和地区层面，鼓励文化多元性和肯定人的个性。

- 核心价值观八：模块 33 至模块 35

相关联的价值观是全球精神，认识到所有形式的生命都是相互关联、相互依存的，并有将之付诸行动的能力，崇敬神圣。内心平和，具有爱心和同情。

以上价值观教育教师可以根据学生的特点，不同地域文化，对模块内容进行修改或选取部分模块，加入本土化的内容和其他学习方式进行教学，以适应不同的背景。在具体的教学上，目前许多教育者都同意，反击年轻人受到的压力和影响最有效和持久的途径，就是教会他们在价值观形成的过程中，进行批判思维、判断和感悟。然而传统的价值观教育模式更重视内容和技能，忽略了发展学习者基于各自的价值观和信仰，进行抉择和行动的能力。传统模式大多以教师为中心，教育者被视为知识和技能的所有者(专家)，同时也是价值观的模范(偶像)学习者，处于被动状态，只是学习手头现成的材料。这样的教学并不能达到理想的效果。

教育者需要通过怎样的引导和协助，才能够让学习者掌握核心价值观呢？首先，教育者需要找出一种适合学习者的途径和学习氛围。其次，新的教学法要从内容向过程，从认识向评价，从教师中心到学生中心转变。特别要关注有关评价过程的本身，既让每个学生与自己的内心、学生和教师之间以及学生与学生之间产生互动。同时，教育者需要对推动学习者全面发展的动力有足够的理解与掌握，还要对学习者价值观的形成过程给予充分的重视。

通过这一过程,学习者最终将能在个人幸福和工作满意之间进行协调,以实现个人的统一、完整和和谐。这意味着他们在认知阶段所获得的价值观,将会进入到情感阶段,并在行动阶段落实,从而使他们实现真正的自我。同时,还需要学习者寻求自己内心价值观与自己所身处的外部社会现实的价值观,如文化标准,社会期望以及被分配的角色等之间的一致性。学习进行评价的整个过程,对于学习者提升个人的自我意识,以及由此带来的自我定位和自我督促的改进,都具有很大作用。这样一来,学习者具备了更好的能力,对自己周围的社区承担责任并且形成影响,提高了在生活中各方面人的尊严,其中包括在工作和职业中的人格尊严。另外,在教学过程中需要注意的是教师扮演的角色更应该是一个协调者而不是传统的知识技术的传授者,还有不可忘记的是,价值观评价过程中最有效的工具是教师本身。

三、人的存在问题

"存在问题"区别于"生存问题",后者一般只涉及具体的存在方式,而前者则关系存在本身的意义、价值和根据。在人的一生中,无论什么时候,人们对存在问题的触及和思考,都会更加有益于生存问题的认识和解决。

因此,教育应该不断地引导和帮助人们思考存在的问题,而不是仅仅教授给他们一些生存的知识和技能。

(一)自我认同的问题

《哈佛报告》前言讲到:大学里所有的学科知识加起来都不能回答一个问题,那就是"我们是谁"?这是需要通识教育来解决的问题。我存在于"我们"之中,他存在于"他们"之中,以至于不能理解"我们"就不能理解"我",不能理解"他们"就不能理解"他"。我们每一个人都经常性地处在自我认同的危机中。人来到世上总是有意义的。理解"我是谁"和"我为什么在这里"之类的问题是人一生的事情。老子说:"知人者智,自知者明。"对自我有清晰的认识,对增进个体与环境的适切结合有着积极重要的意义。

(二)死亡问题

人在本性上是趋生避死、乐生畏死、贪生怕死的。但人总难免一死,这是人生的大悲剧。死亡给人带来了恐惧,即使勇敢者也不例外。为了避免死的恐惧,人们采取了各种办法,如灵魂说、轮回说等。但死亡也有其意义,假如没有死亡,任何东西都失去真正的分量,我们的一切行为永远是极不现实的。换句话说,死亡创造了责任,正因为如此也创造了人的尊严。事实上,生者只有在面对死亡的时候,只有在与亡者对话的时候,才能获得一种存在意义上的宁静与超越,才能获得生活的内在勇气和智慧。

（三）奴役的问题

反抗奴役，追求内在的和外在的自由是人的本性，而且，就个人而言，自由是一种非常重要的思想资源。自由的状态是我们创造性的思考的状态。没有自由，就不会有新的见解，人类就不会有知识的进步。

（四）有限的问题

人的存在是有限的存在。不仅人的生命是有限的，而且由此导致了人的发展空间和发展能力也是有限的。有限的生命在经验的世界中往往给人以渺小的、卑微的和可怜的感觉。这种感受每时每刻地动摇着人们生活的信心和勇气。超越这种有限性，是人几乎本能的渴望。对"有限"、"圆满"、"永恒"等的追寻，永远是"有限"的人生不可遏止的冲动。这种渴望本身反映了人作为一种时间性存在所具有的内在矛盾。这种矛盾不仅体现在个体，也存在在与群体的无意识之中。对于这个问题，认识上如果没有适度的把握，容易进入一种消极的生存状态中。

（五）孤独的问题

人总是孤独地以自己的方式活在这个世界上。这个世界对于某一个人来说，可能给予他很多很多东西，但是唯一不能给他的就是"另一个"自己。甚至多人感慨"人生得一知己足已"，然而还是知己难觅。当代的克隆技术最多只能仅给予一个生理上的"另一个"自己。所以，人的生命，就是唯一，就是孤独，它从我们出生的时候就伴随着，一直跟随我们到老。由孤独引起的无助感、寂寞感和恐惧感时常会爬上心头。为了克服这种无助感、寂寞感和恐惧感，人们付出了很多的努力，然而这种努力不一定必然取得成效，甚至有时还会适得其反。比如人类在临终时的状态，总是想拼命地抓住什么，又害怕什么，但是没有一个人能帮助他，或者分担他的死亡。任何其他人都不能确切知道当时他到底是什么感觉或者在想什么。

上述作为人的存在问题在不同人的不同年龄段都会以不同形式表现出来。作为教育者，应该重视这些存在问题对于受教育对象生活的影响，它们不仅会使他们的生活变得一团糟，而且在一些极端情况下会使他们丧失存在的意义体验，甚至在生命过程中出现一些极端的行为。只有对这些存在问题进行系统和深入的思考后，只有当学习者全方位体验到自己是人类的一员之后，他才能在成为一名胜任工作的技术工人之外，同时成为一名负责任的、献身于改善生活质量的社会成员。受教育者也才能活得清醒，坚定，富有热情，充满朝气。对于这方面的教学应该贯穿于课堂内外教育的始终，并结合学生自己的生活感受、体验进行引导。

四、生涯规划教育

古人说："凡事预则立,不预则废。"随着社会发展,我国各阶层的职业性质都发生了巨大变化,传统意义的"稳定"工作越来越少,"跳槽"已经不新鲜,这既为广大的高职学生提供了公平竞争和施展才华的机会,同时也对他们的心理素质提出了新的挑战,特别是近年来就业矛盾日益突出,择业难度日益增大,给大学生带来了巨大的心理压力,有的毕业生在严峻的就业形势面前,心理准备不足,在择业过程中出现了种种心理偏差,有的甚至产生了严重的心理障碍。

因此,生涯规划教育就显得有其必要性,开展生涯规划教育不仅指要教育学生规划好毕业后的职业,而且它更需要从未来和发展的角度来来看待个体一生的职业生涯发展,强调要认真、精心地规划好自己一生的职业发展规划。

首先生涯规划教育以自我了解、自我接受及自我发展为主,引导高职学生客观评价自己,明白自己能干什么和不能干什么,树立良好的心态,明白自己的兴趣爱好、价值观、能力等特点,以便在面临抉择时不会过多地犹豫。同时每个人都生活在一定的社会环境中,适应才可以生存。另外生涯规划教育强调对职业世界的了解,可以让高职学生更好了解社会。通过向内了解自己,向外了解职业世界相结合,有助于我们采取有效的措施适应环境,在求职中抓住机遇,避免盲目和减少失败,还能根据社会的需求及时调整就业方向,可以避免一些失误。通过对自己和社会的分析,可以预见前途中的问题甚至危险,做到"未雨绸缪"。

总之,通过生涯规划教育把自己放在合适的位置,寻求符合自己的个性特征的职业,并寻求更好的发展路径与步骤,以求得更好更快的职业发展。同时生涯规划教育还强调对大学生在校期间的合理规划。因为职业生涯规划可以确定我们的目标。需要加上目标才能转化成动机,而动机是前进的动力所在。很多学生进入高职院校后,觉得这一辈子苦读求学的生涯到头了,应该放松一下自己,造成学习上没有动力,生活中没有目标,浑浑噩噩,得过且过,觉得人生好像就是为了考大学,除此之外,找不到前进的方向,久而久之容易变得颓废和失落。通过生涯规划教育要使学生树立起为自己做主,对自己负责的态度,反省中学阶段由父母或老师安排好的生活或学习方式,认识到主动、合理、有效安排大学生活和学习的重要性,重新确立新的人生目标。不仅要规划好大学生活,还要精心规划好以后的人生,培养紧迫感、危机意识,在受教育中主动去思考生命的意义与价值,在任何环境下,审慎而理智地设计自己的未来。

职业生涯规划教育是高职通识教育隐性课程的一项重要内容,其核心是培养学生的自主发展。职业教育不能被动适应社会需求,而应让学习者具有主动设计自己职业生涯的能力。

合理的职业选择是个人特点与社会环境相互适应的具体体现,同时正确的职业选择也是一个人能否获得完满生活的重要因素。因此,完善的职业生涯规划是高职通识教育的一个重要方面。首先,高职学生与普通高校的学生在整体素质上有一定的差异,高职学生中很多都没有养成良好的学习习惯,不少学生各门学科成绩不平衡,缺乏自律自控能力,学习缺乏主动性和自觉性;其次,高职教育教学方法同中学教学方法不同,中学时学生习惯了被动学习,而高职教学方式比较灵活,主要靠自学完成学业,学生进入高职后,会有大量自由时间,于是很多学生放松学习,产生迷茫,对前途既忧虑又不知道该怎么做,这种状态不利于其健康成长。再者,高职学生就业压力加大。本科的扩招使得毕业生数量迅速上升,很多本科生降低了就业期望值,这挤占了高职学生的就业市场,高职学生必须加强就业竞争力。从以上的分析来看,高职教育需要进行生涯规划教育。

生涯规划就是个人对影响自我开发的主观与客观因素进行辨证分析,从而确定未来的职业及事业发展的近期目标、中期目标和长远目标,并对实现目标做出科学的预测与安排的过程。指导高职学生进行职业生涯规划有助于使学生认识自我、确定发展目标,有助于学生渡过入校的适应期,合理安排在校的学习时间,增强学习效能,实现人与职业的合理匹配,有效缩短从"校园人"到"职业人"转变的时间。

高职学生制定目标的过程实际上就是充分认识自我的过程。在这个过程中,分析自己的兴趣、特长、性格、能力、道德水准,自我评估,展现的是对职业的理解、态度、对自我价值的认识及对自我价值与社会需要之间关系的认识。实现目标的过程是一个约束和激励的过程。这一过程中,需要学生在面对各种决策情境时,界定问题并收集、运用资料做出正确的决策,需要学生具有坚忍不拔的毅力和信心,需要学生具有认真严谨的治学态度,需要学生具有勤奋和责任心来实现目标。在学习、实践和实习的过程中学会学习,以开阔的视野来分析和解决问题,发挥自己的潜能,展现自己的才能。学生在达到阶段性目标的时候,会看到自己明显的进步,成就感的获得可以激励学生更加努力地实现下一个阶段性目标。在这样一个充满热情的实现目标的过程中,学生的人文素质得到提高,职业生涯规划的过程实际上就是引导、培养学生自主发展的过程,体现了教育的人文关怀。

五、环境教育

自然环境问题已成为全球经济发展中带有普遍性的一个重大问题。生态系统是经济系统的基础,社会再生产所需要的一切物质和能量都来自于生态系统。

《学会关心》认为,在教育哲学观上,21世纪的教育需要强调全球合作精神;在社会观上,21世纪的教育要倡导"国际合作"和"国际文化",唤起人们关心和保护地球的生态环境,以促进全球社会的发展;《学会关心》号召"向一个全球化社会推进",并提出"在21世纪,人们应该把他们的第一忠诚奉献给地球的生态环境","解决人类问题取得的进展不应该以牺牲其他物种为代价"。①

联合国教科文组织和联合国环境规划署于 1997 年 10 月在第比利斯召开了世界首次部长级"政府间环境教育大会",通过了《第比利斯宣言》,对环境教育做出阐释:"环境教育,应恰当地理解为,是一种全面的终身教育,一种能对瞬息万变的世界中的各种变化做出反应的教育。环境教育应使个人理解当代世界的主要问题并向他们提供在改善生活和保护环境方面发挥积极作用所必需的技能、态度和价值观,使每个人都为生活做好准备。……培养人们以一种全面的观点来认识自然环境与人工环境之间的密切依赖性。环境教育有助于显示今天的行动与明天的结果之间存有的永久关系,并证明各国社会之间的相互依赖性以及全人类团结的必要性。"②

目前,低碳生活、"建设节约型社会"等先进的环境理念已越来越深入人心,这也是经济实现可持续发展对全民素质的一个要求。许多国家已经深刻认识到在高等院校进行系统环境教育的重要意义,并将环境教育列入教学大纲。美国政府规定,环境教育应当面向所有人,并渗透到每个人的终身教育中。美国世界观察研究所每年都发表年度报告《全球预警》,该报告目前已成为美国 583 所高等学校、1106个专业的必备教材。③ 但在我国高等职业教育中,环境教育开展得不足,尚未得到应有的重视和发展,具体表现为除以环境教育为主体的系和专业以外,大多数仅限于开设选修课、专题讲座,导致很多高职生走上工作岗位后环境意识不强,自然观、生态观、环境观和节约观的意识比较淡薄。高职学生环境道德缺失,如对自然环境和动植物缺乏应有的爱心和同情心等。

加强高职学生的环境教育,开展资源国情教育很有必要。我国有限的资源和能源正承受着巨大的发展压力,高消耗和过度浪费现象严重。一些地方经济的发展是以不可再生的资源消耗为代价的。作为高职院校,有义务对学生开展资源国情教育,加强实地考察与环保活动,树立正确的环境伦理观,培养节约意识,动员和激励学生节约资源,不断提高学生的忧患意识,使大家认识到节约资源与能源的紧迫性和对建设和谐社会的重要意义。

六、民族文化认同教育

在全球化时代,虽然人们面对的是整个世界,但却体验着无以为家的感觉。家给人提供的是维系心灵的文化根基,它象征着安全、归属、温馨和亲情。在全球化背景下,人们需要找回自己的文化身份证,在文化多样性中担负起传承民族文化的

---

① 黄俊杰:《全球化时代的大学通识教育》,北京大学出版社 2006 年版。
② 赫钦斯著,汪利兵译:《大学的功用》,江西教育出版社 1993 年版。
③ 黄俊杰:《全球化时代的大学通识教育》,北京大学出版社 2006 年版。

使命,增强民族的凝聚力,因此需要通过阅读经典对高职学生进行文化认同教育。中共中央十七大报告中指出"弘扬中华文化,建设中华民族共有精神家园。中华文化是中华民族生生不息、团结奋进的不竭动力。要全面认识祖国传统文化,取其精华,去其糟粕,使之与当代社会相适应、与现代文明相协调,保持民族性,体现时代性。加强中华优秀文化传统教育,运用现代科技手段开发利用民族文化丰厚资源"①。

民族凝聚力就是对文化的认同。民族精神是什么呢?就是一个民族文化的表现,不是一般的文化,是文化的核心,是文化哲理的表现,是文化哲理凝聚的表现。当前外来思想文化和价值观念良莠不齐,部分学生既缺乏对世界文化的判断、选择,也缺乏对民族文化的理解、接纳,在潜移默化的过程中这些淡化、歪曲民族意识、民族精神的东西改变着大学生的价值观念与生活方式,从而带来民族认同问题,使大学生对本民族认同弱化,甚至边缘化。加强高职学生的民族文化教育刻不容缓。

七、心理疏导教育

学生进入高职教育层次时,生活环境、人际关系、个人身份、追求的目标都发生了变化,原有的心理平衡被打破,但新的平衡还未建立,这期间肯定要经过一系列的心理迷茫,需要有人给予正确的引导。高职教育责无旁贷地要担负起育人功能。

高职学生心理发展自身存在矛盾冲突。高职学生大多是高考成绩不理想的学生,社会上对职业学校存在偏见,很多高职学生也看不到自己的优势,怀有自卑的心理,不思进取,生活目标不明确,影响才智的发挥。一些学生在人际交往中产生了闭锁心理,一方面在集体中沉默少言,不愿意和同伴交流,感到自卑、孤独、羞怯,另一方面人毕竟是社会人,需要同他人交往,这种渴望同羞怯自卑使得一些学生心理产生冲突。很多高职学生家庭比较贫困,他们的心理也充满了冲突。他们有着积极的心理,也有着很多消极心理。一方面,他们自强自立,意志坚强,学习刻苦,勇敢面对命运的挑战,靠自己来解决生活问题;另一方面,他们内心自卑敏感,强烈的自尊与自卑交织在一起,部分贫困生容易产生虚荣心理,甚至对条件好的同学产生妒忌和敌意,认为社会不公,这样的学生走上社会后负面的心理会产生许多社会问题。

社会环境对高职学生心理的影响也不容忽视。当大多高职学生从农村、乡镇来到大城市,报刊、网络、电视等媒体提供了大量的信息,自身的社会经验不足加之社会价值的多元化和人们对一些有违道德的行为的习以为常,使很多高职学生感

---

① 胡锦涛:《高举中国特色社会主义伟大旗帜为夺取全面建设小康社会新胜利而奋斗》,人民出版社 2007 年版。

到困惑和无所适从,很容易产生敌对、焦虑、抑郁、虚无等情绪。

专业的确定、社会竞争的激烈、教育大环境的舆论导向、理想与现实的反差,使高职学生更容易产生情绪、性格、人际关系上的障碍,如果不及时加以解决,就会严重影响学生的全面发展。因此,必须重视心理健康教育。对个体生命的重视,本身就是对人的价值的弘扬,是人文精神的体现,对塑造学生健全的人格,培养全面和谐发展的人起着举足轻重的作用。

八、审美教育

通过开展一些文学艺术欣赏、亲近自然等活动来培养高职学生审美的观念,丰富了他们创造美的能力,创造美感生活的能力。现在许多城市都在打造城市形象,搞外向型经济,这些都离不开决策者和建设者们的审美情趣。高职学生应将审美眼光融入专业知识中以使自己为社会更好地创造财富。

在高职审美教育中,礼仪教育也应占有一席之地。礼仪教育有助于提高高职生的社会交往能力,这也是职业核心能力中必不可少的能力。

现代社会是个高速发展的开放社会,社会分工日益细化使得人与人之间的依赖关系日益加深。礼仪成为人们交往能力的重要构成部分。用人单位更青睐那些温文尔雅、服饰得体、仪表端庄、彬彬有礼的人才。开展礼仪教育,让学生了解礼仪知识,掌握交往技能,积累交往经验,是培养学生社会交往能力、适应社会用人要求的有效途径。另外,礼仪教育,自古以来就是对人进行道德教育、完善人格的一种重要手段。孔子认为"不学礼,无以立";管子则把礼义视为立国的精神之本,指出:"礼义廉耻,国之四维,四维不张,国乃灭亡。"这些精辟的论述从不同的角度深刻地揭示出礼仪在社会生活中的重要作用。

高职学生在学习礼仪的过程中,一方面可以继承中华民族的传统美德,内化为自身的素质;另一方面,可以在发扬的基础上形成崭新的时代美德,认识到什么是当代高职生美好的精神面貌和个性形象,什么是有悖于社会公德的个性形象,从而矫正不良习性,提高自身的审美情趣和人文素质,这更有利于事业的成功。

九、创业教育

高职教育既要帮助学生在未来岗位上有所作为,更要指导学生自主创业。

创业教育应当成为高职学生不可缺少的教育。创业教育以开发和提高学生的创业基本素质为目标,培养学生从事创业活动所必须具备的能力知识和心理品质,以培养创业意识和提高创业能力作为核心和重点,培养学生成为具有创造性的人才。创业意识主要包括创业需要、动机、兴趣、理想、信念、世界观的形成和培养。不仅要培养学生的创业自我意识,更要培养学生的创业意识,使学生形成社会义务感、社会道德感和社会责任感,树立艰苦奋斗、勇于开拓、不断创新的宏伟志向。提高创业能力,主要包括专业能力、经营管理能力和综合性能力的提高。

在高职院校中开展创业教育是时代的呼唤。21世纪的青年除了接受传统意义上的学术教育和职业教育外,还应当有"第三本护照"——创业教育,另外,创业教育适应了知识经济时代所引起的劳动就业领域的重大变化,具有重要的现实意义。创业教育培养学生的自主创业精神和创业能力,提高其社会变化适应性,改善其职业核心能力,对解决结构性失业和促进社会的和谐发展都有益处。

十、人际关系智力教育

人的一生都是在与人的交往中度过的,学生应学会与人交往,建立和谐的人际关系,这是学生圆满完成学业的重要保证,也是走上社会前的必要准备。我们从美国教育学家加德纳提出的多元智力理论获得了很大的启示。

加德纳在多元智力理论中提出了"人际关系智力"①。他认为处理好人际关系是需要智力的,而这种智力就是"人际关系智力","人际关系智力"也是人成长与成才不可或缺的智力。

首先,人本身有交往的本能需要,因为从中可以获得安全感、归属感,并减轻孤独、寂寞感。有稳定良好的人际关系的人能够与他人正常交往,有利于健康心理与个性的形成。如在民主、平等、团结、友善、和谐、融洽的人际环境中成长的学生容易形成乐观、豁达、善良、正直、诚实、友好、合作的个性品质,而在压抑、焦虑、紧张和敌对的人际环境中会形成自卑、封闭、压抑、叛逆等不健康心理。

其次,在知识经济时代,人们的交流合作日益频繁,因此也更加重视人与人之间的交往与合作,所以拥有良好的人际关系处理能力愈加成为现代人掌握社会技能,并取得社会成就的有力"工具"。正如比尔·盖茨说过:"人际沟通能力和交往能力在很大程度上决定了一个人的前途和发展。"美国的著名教育家卡耐基也说过:"一个人事业的成功只有15%是靠专业技术,另外85%是靠人际关系与处事技巧。"实践表明,那些有良好人际关系的毕业生,工作中能较多地得到事业的成功,而那些不重视人际关系智力发展的学生,在学校尽管成绩很优秀,但到了社会,才能却发挥不出来。那些获得高薪和高职位的人,往往不是学习上的尖子生,而是那些全面发展、善于处理人际关系的学生,由于他们善于与人交往,善于展示自己的才华,从而获得了更多的发展和提拔机会。

人际关系教育要使学生向他人开放,要走进他人,要学会关心。向他人开放,就是要使自己向他人、社会的认识网络开放,自主地建构起具有时代特征的认知结构,充分发挥每个人的认知能力。在与他人的交往、沟通过程中,主动捧出自己、开放自己,才能形成认识上的主动,才能赢得别人的信任和关怀,才能在与他人的交

---

① 单中惠:《西方教育思想史》,山西人民出版社1996年版。

互作用中更加主动、自觉而准确地认识自己、把握自己。要走进他人就是要培养学生具有一种生存的同一感，学会"走向他人"，学会与不同价值取向的人融为一体。在追求人类发展与进步的目标下，做到对他人的尊重、宽容、关怀、理解，学会通过对话、沟通，克服狭隘的文化、价值偏见。正如联合国教科文组织所指出的"教育的使命是教学生懂得人类的多样性，同时还要教他们认识地球上的所有人之间具有相似性又是相互依存的。教会学生如何去生存，而且要教会学生如何与他人共同生存、共同发展，而这种共同生存、共同发展，是建立在彼此理解、相互沟通、双向交流、真诚对话的基础上的"。

第二节　高职教育通识隐性课程载体

一、经典阅读

在知识大爆炸的时代，通识教育就是要突出最基本的、任何时候都不会变的东西，而不是跟在爆炸的知识后面追所谓的新东西。也就是说，通识教育的根本是追问在任何时代、任何变迁下，最基本、最不会变的东西是什么。这些最基本的东西可以训练出最基本的思考能力，包括对伦理问题、人生问题的看法等。绝大部分的通识教育提倡者都认为，基本学科知识的学习是培养学生各种基本能力和形成丰富情趣的基础，因为它反映了人类的集体智慧，代表了人类的文化遗产。

在西方，哥伦比亚大学的通识教育基本上是后来所有美国大学通识教育的范本，它一开始就只有两门课，一个叫做"当代文明"，一个叫做"人文经典"。"当代文明"并不是指现代的文明，而是指西方从古到今的文明，"当代文明"这门课是2个学年4个学期，第一个学年学的是从古到今的文明，第二个学年学的是西方现代的文明。第一个学年谈的是人文学科，谈的都是希腊、罗马、文艺复兴，谈的都是在社会科学出现之前的哲学、文学、历史、宗教等；第二个学年进入了现代社会，基本上是社会学、经济学、人类学、经济学等。从哥伦比亚到芝加哥、从哈佛再到斯坦福的通识教育，其核心都没有变，它让美国重新认识到自己在西方文明中的地位，意识到它与自己的历史文明的关系。而如果通识教育要深入，也一定会牵涉课程设置，关键问题是要突出核心、突出灵魂。其根本问题是要让我们的教育立足于中华文明的历史性根基之中。可以设想开两门核心课程，一门中国文明，一门外国文明，但是所有课程要求经典阅读。而且在教学上需要改变以往的讲授为主的教学，代之以结合读者评论为主。对于选读的材料宜精不宜多，因为其实所有的经典在哲学的层面上来说反映的价值观与理想有着惊人相似的一面，但又各有其侧重。就中国文化来说，半部《论语》治天下，一本《老子》也可走天涯。从一本书的精读带动学生在步入社会中学会精读其他经典，而且在精读的过程中不断讨论、反思、感悟，无形中已经培养了学生诸多的通用能力。如《周易》、《老子》、《论语》、《庄子》、《中庸》、《诗经》、《资治通鉴》等。这些书蕴涵深厚的哲学思想,大学期间只要能精读其中的一本,并且读透、悟透,那么人一生都将深受影响。

通识教育与以往教育模式相比,其突破不是体现于多少知识的传授,而是强调精神上的培养,即培养学生怎样做人,做一个什么样的人。著名科学家吴大猷认为:"通识教育的要义或理想,是使一个人有国家历史、社会问题的知识。"开展通识教育,以文艺、哲学、美学、辩论及体育为主的课程教学固然重要,辅之以非课程形式同样不可或缺。通过经典的研读、领悟,陶冶学生,培育学生的人文思维,引导学生做一个有教养的人。研究人文学,必然要注重文本解读,以虔敬的心情对经典文本进行理解、诠释、研究,通过对这些蕴藏着丰富文化资源的原著的诠释,得到智慧的启迪,是实现通识教育的一条捷径。

二、音像体验

(一)音像学堂的概念

1. 音像资料及音像学堂

音像资料又称视听资料,是指记录原始声音或图像信息,并借助相应设备进行试听的载体,其种类有:录音带、录像带、唱片、幻灯片、电影片、CD、VCD等。随着近代科学技术的迅速发展,音像资料已成为现代化信息载体的重要组成部分,在各个领域发挥着重要的作用,尤其在高校,音像资料在科研、教学中得到广泛应用。

音像学堂,顾名思义,即利用多媒体教学条件,将各类知识性、艺术性、思想性俱佳的音像资料向在校大学生播放,为在校大学生开辟一个了解世界、了解社会的全新的信息窗口,以达到教育引导学生,提高学生人文素养目的的一种非课程形式。济南大学于2005年在全国首创了音像学堂的教学形式。

2. 音像学堂产生的背景

(1)信息时代和教育信息化的发展史音像学堂产生的时代背景

随着信息时代的到来,人类社会的发展进入知识不断更新、科技日新月异的时代,经济发展战略资源由资本转向了知识和信息,信息化已经成为各国发展的制高点,自然也成为教育发展的制高点。信息化的基本特点是在教学过程中比较全面地使用以计算机多媒体和网络通信为基础的现代教学技术。许多国家将教育信息化作为迎接知识经济时代挑战、推进教育改革的催化剂。知识与现代信息技术相结合,成为教育教学发展的一种必然趋势。世界信息化进程的推进和我国信息产业的发展,为我国高等教育从传统走向现代提供了难得的历史发展机遇。信息技术中的"多媒体技术"、"计算机网络"、"网上通讯"等先进技术广泛地应用于高等教育,这些教育手段的变革深刻地影响着高等教育的各个层面。因此,音像学堂作为运用现代信息技术传播知识的重要途径,其产生适应了信息时代教育信息化发展的要求。

（2）现代传媒技术的发展为音像学堂提供了广阔的信息资源

现代传媒以其丰富的知识资源,迅捷的传播方式,即时的参与性,成为人们获取各种知识和信息的重要来源和渠道。随着现代科学技术的进步和大众传媒的快速发展,声像技术也得到突飞猛进的发展,国际国内局势、世界发展动态、当今社会热点难点问题等都以最快的速度,第一时间内,通过音像资料以最直观的方式表达出来,极大地丰富了知识传播的载体,增强了知识传播的力量,为大学生了解世界、增长知识、开阔视野提供了有利条件,为学习和借鉴世界优秀文化成果提供了方便。音像学堂正是利用了这一有效的信息源,为大学青年新的知识结构的形成提供了新的平台。

（3）多媒体和网络技术的广泛应用为音像学堂的产生奠定了坚实的物质基础

多媒体系统是指多种媒体的组合教学系统,它包括有线电视、计算机辅助教学系统、计算机多媒体学习系统、远程教育系统和网络教育系统等。随着高等教育的大众化步伐明显加快,多媒体教学系统在教学中得到广泛应用,各高校的多媒体教室、数字化硬件设施、校园网络建设等都相对完备,技术力量较为雄厚,这些为音像学堂的产生奠定了坚实的物质基础。

（4）知识经济时代对人才培养目标的新要求是音像学堂产生的根本动因

知识经济时代对大学生素质培养提出了新的挑战,对大学生的知识结构也提出了新的要求,大学生应具备宽厚扎实的基础知识、精深的专业知识、一定的其他知识技能、大容量的新技术新知识储备等知识结构,才能更好地适应社会的要求。在这种形势下,当代大学生自身的成才需要更加强烈,对知识的要求也更加多样化,一方面,学生获取知识和信息的渠道已不仅仅依赖于课堂,而是呈现出多渠道、多元化的趋势,网络、媒体、短信等都成为其了解社会、收集信息的重要渠道;另一方面,学生对知识文化的需求也呈现出多元化的现象,他们已不满足于书本上的、专业上的知识,而是需要到广阔的知识海洋去吸收更多的养分,从而开阔视野,提高个人整体素质。同时,大学生的学习方式也发生了新的变化,他们正在逐渐从被动接受学习到主动探究学习、从片面书本学习到全面体验学习、从客观知识的掌握到个人知识的生成等方面的转变。这些,正是音像学堂产生的根本动因。

3. 音像学堂的内容及形式

从内容上看,音像学堂的内容可分为教学内容和非教学内容。教学内容主要指由教师制作的用于教学目的的教学多媒体资料,具有模拟课堂教学环境,使学生在自学基础上再接受系统讲授,加深对所学知识的印象等特点。非教学内容主要指用于通识教育非课堂教育形式的内容,涉及政治、经济、科技、法律、历史、文化艺术、外语等诸多方面。从济南大学音像学堂一周节目单可以看出(表 8-1),中央电视台《百家讲坛》、《中国档案》(中国自然与文化遗产)、《对话》、《探索——发现》,凤凰卫视《世纪大讲堂》、《世界地理杂志》、《中国地理杂志》等各类学术讲座、文化、历史、地理、人物、风光、艺术专题片和经典故事片等音像资料影片,都可成为音像学堂的播放内容。[①]

表 8-1 为《济南大学音像学堂》(综合版)一周节目单。

表 8-1 《济南大学音像学堂》(综合版)一周节目单[②]

时 间	栏 目	节目名称
周一	《汉代风云人物》	刘邦用人之谜 刘邦对手之谜
周二	《环球地理》	巴厘岛——梦幻天堂
周三	《探索发现特辑》	踏浪远望
周四	《考古中国》	发现周原
周五	《中国史话——秦汉魏晋》	云冈龙门
周六	《人物访谈》	1. 秦晓:百年新航程新航程新航程 2. 竺延风:汽车之路
周日	《经典影视》	绑架丘吉尔

根据内容的不同,济南大学音像学堂设有综合版、学术讲座版、周末名著、经典影片欣赏专场等。

济南大学音像学堂的开放形式为固定场所,每周一至周日晚上 19:00—21:00 全校 5 个多媒体教室同时开放,一般为一学期开放 126 次。为更大程度地满足广大学生的求知需求,学校还根据观众人数和要求及时调整播放的场次、时间和内容。同时,学校定期向全校学生公布全部资料目录,以便于学生有选择地观看。

(二)音像学堂的特点

1. 规范性、科学性。音像学堂是课堂教学的延伸,是一种有组织的教学形式,其管理机构为教务、电教部门,教学时间、地点相对固定,内容编排设计强调科学性、知识性、趣味性的统一。

2. 直观性、情境性。据科学研究证明,视听结合的信息率接受可达 94%,远远超过单独收听、观看的效果。音像学堂通过声音语言和图像传递信息,表现力强,

---

① 陈五琨等:《课程改革与课程评价》,教育科学出版社 2001 年版。

② 资料来源:根据济南大学教学网站资料整理。

具有更直观、形象、更生动的播放效果,其图文并茂的多彩动感世界,为学生创造了有利于思考理解问题的情境,不仅能够增强学生的记忆力,也激发了学生更深层次的想象力和理解力,使学生对所学知识进行多元化、多角度的认识,大大提高了学习兴趣。

3. 连续性、完整性。音像资料以光盘为载体,其特点为体积小、存储信息量大,可大大节省保存空间和阅读时间。一般一张光盘长为 45～90 分钟,学生能在有限的时间里获得全方位的信息。一篇长篇巨著往往上千页,较少有学生能在很短时间内读完,而音像学堂却可以使学生在几个小时内欣赏完自己心仪的名著,使学生能够在时间和空间上保持其欣赏的连续性、完整性。

4. 新颖性、时效性。音像学堂有别于口头传授、文字教材等传统教学模式,其生动逼真的图像、丰富多彩的表现手法、灵活多样的蒙太奇技巧,较单调呆板的传统信息传递形态更具新颖性。同时,信息时代的发展也为多媒体技术的飞速发展创造了良好条件,音像学堂内容更加丰富,时效性更强,可以将世界各地的面貌、发生的事件快速活生生地呈现在学生面前,满足了高校学生求知欲望。

5. 多样性、广泛性。作为传播知识信息的新型载体,音像学堂不仅具备娱乐功能,更具备了信息、知识、文化的传播和解读功能,涉及的信息面广,内容涵盖量大,可称得上是百科知识宝库,满足了学生方便、快捷了解信息的需要。

6. 选择和技术的局限性。音像学堂受音像资源、场地、播放时间等音素的影响,在学生的自主选择性方面存在着一定的局限性,如开通网上视频点播则对技术要求较高,不能满足多人同时上线的要求。

(三)音像学堂在通识教育中的作用

1. 教育引导作用。音像学堂是传递科学文化知识的重要途径,是信息传播的重要窗口,学生可以通过音像学堂开阔视野,扩大知识面,它对青年学生具有很强的教育功能、导向功能、激励功能。

2. 以寓教于乐的形式,培养学生高尚的道德情操。音像学堂可通过放映历史事件、重大题材资料片、优秀影片等,在潜移默化中培养学生的爱国主义、集体主义和民族精神,引导青年树立正确的世界观、人生观、价值观。

3. 提高大学生的审美能力,使他们养成健康的审美情趣和生活方式。丰富而经典的影视作品把大学生带人一个美的世界,使人的心灵得到净化和升华,陶冶学生的情操,提高学生的道德、艺术和审美等方面的素质。

4. 辅助教学,激发学生学习兴趣。学生可根据音像学堂的内容有针对性地进行学习,避免了课堂教学中的一刀切、满堂灌,其生动形象的方式使同学们在视听奇观中激发出强烈的学习兴趣。

5. 塑造高雅文化阵地形象,促进校园文化建设。音像资料作为一种健康的文化,可以抵制社会环境中的不健康文化的侵蚀,丰富学生的文化生活。格调高雅、内容健康的音像学堂成为学校传播精神文明的阵地,对校园文化建设具有积极的推动作用。

（四）音像学堂的实施途径

1. 转变观念,开拓思路。音像学堂不是可有可无,它在为师生服务的同时也传播着人类优秀文化、先进思想,是学校通识教育的重要组成部分,学校应从全面育人的高度重视起这项工作。

2. 搞好音像资料库建设。把好资料采购关,保证音像资料质量。要由专人负责采购,及时了解音像市场的动态和学生的需求,利用有限资金购买最新、最好、学生最需要的资料。

3. 严格遵守相关法律。要注意知识产权的保护,在音像资料的采购、播放、复制等各个环节都应该符合国家的法律法规,依法实施。

4. 合理配置工作人员。音像学堂管理人员要有较高的素质,具有以学生为本、为学生服务的意识,对工作认真负责主动。应具有一定的外语水平,较高的文化素养和审美能力,较宽的知识面,较高的政治素质,还需要懂得现代办公网络等方面的技术。

5. 利用网络媒体开设音像学堂网上阵地。随着网络时代的到来,"在规定的时间,在规定的地点,向规定的人学习规定的课程"的传统教学模式被打破,网络已成为人们获取信息的重要途径。音像学堂应向网络化发展,充分利用网络资源,在校园网开辟主页,设置网上音像学堂,在网上公布音像资料,方便学生业余时间学习,设置网上信箱,及时收集学生的意见和建议,促进音像学堂的良性发展。利用通畅的校园网、丰富的视频资料,为学生自主点播学习提供便利条件。

三、讲座与交流

（一）学术讲座的意义

1. 学术讲座的历史渊源

讲座伴随着大学的产生而存在,广义上的讲座就是学者与学者或学者与学生之间的学术交流形式。大学学者一开始就被赋予了学术自由的权力,高等学校里的讲座形式就应运而生。西方中世纪大学学科的细化和专业化使得大学讲座成为一种大学制度,它利用教授的个人感召力有效地保证了大学的学术自由和学术水平。19世纪至20世纪上半叶,以德国为代表的许多国家的大学采用了讲座制。柏林大学的讲座制,压缩了讲授的数量,提高了讲授的质量,营造了宽松自由的学术环境,同时一方面可以增加老师本身的学者品格修养,另一方面可以有效地将这种优秀的学者品格潜移默化地传达给学生。由于讲座制使教授的权力过于集中和僵化，无法适应大学规模的扩大，20 世纪 60 年代后日渐衰落，逐渐向系科制转变。但是系科制大学在今天通识教育的实施过程中仍然必须借鉴讲座的优秀传统。

前清华大学校长梅贻琦于 1931 年就职演说中讲过："所谓大学者，非谓有大楼之谓也，有大师之谓也。"大师是文化的创造者和传递者。大师的人格魅力和渊博学识对大学生极其具有吸引力。学术讲座是现代大学为青年大学生与当代最前沿的思想者和实践者提供真诚对话的桥梁，通过这个桥梁，学术精英的思想与体验的独到性，以简洁、生动、直接的形式感染学生，从而使学生开阔视野、活跃思想，寻找到与自己以往生活领域大不相同的另一片开阔的天地。"大学是国民教育的基地，更是思想文化的摇篮。大学的思想学术不仅是社会物质文明前进的动力，而且还是转移社会风气、提高公民思考水平与趣味的利器。大学思想学术的传播不外乎两种，一是著述文章，一是讲坛传授。"①大学是大师、名师聚集的地方，同时又与社会的各级学术机构保持密切联系，有能力组织各种形式的学术讲座，也有必要发挥和完善学术讲座在大学通识教育中的重要功能。

2. 学术讲座与通识教育的关系

近年来，许多有识之士指出了我国高等教育中素质教育的缺陷：文化陶冶过弱，学生的人文素质和思想底蕴不够；专业教育面窄，使学生的学科视野和学术氛围受到局限；功利导向过重，使学生的全面素质培养和扎实的基础训练受到影响；过强的共性制约，使学生的个性发展受到抑制。梁思庄先生曾称这样的大学生仅是"半个人"，形象地指出当时高等教育存在的严重的偏执现象。威廉·冯·洪堡认为大学应实施通识教育，通识教育过程中起突出作用的是学术讲座、课堂讲座和辩论，学术讲座处于中心地位。"对一所大学而言，如果内部没有悠久的讲学传统或教授间良性的跨系科的对话、切磋、研习之风，学者之间没有辩论，那么步入这种大学，人们很快就会意识到即使有雄厚的资金，这大学也将很难有巨大的发展潜力。"②

学术讲座是大学通识教育的重要表现形式。当前中国高等教育面临着重理工、轻人文，重专业技能、轻综合素质的弊端，在高校定期举办人文社科学术讲座可有力促进高校通识教育的发展。学术讲座可以提供思想交锋的阵地，通过这种形式培养学生严谨求实的科学态度、踏实的工作作风，使学生逐步学会做事，学会生活，学会做人，从而树立良好的道德品质，培育健全的人格。随着高校通识教育的

① 《中国大学学术讲演录》编委会：《中国大学学术讲演录》，广西师范大学出版社 2001 年版。

② 贺国庆：《德国和美国大学发达史》，人民教育出版社 2009 年版。

日益开展,学术讲座的作用必将日益得到突显,这就是在通识教育过程中举办人文学术讲座的理论基础。

通识教育尤其重视人与人之间的互动和影响,仅凭课堂知识的传授、实用技能的培养不能使学生全面接受精神文化的感染和熏陶,造成人文教育的偏失。人文学科的学术讲座往往以浓厚的人文精神、自信的民族传统、高远的大学文化调动广大青年学子的学习热情。有一些有国外生活经历的主讲者,在谈到海外与异国文化直接冲突而受到的压抑时,认为一个抛弃自己民族性而刻意模仿他人的人,不会得到别人的尊重。只有尊重自己的民族,并且运用特长发现和开拓他人不能企及的领域,自己才有可能获得尊重和成功。一些国际形势讲座,尤其是谈中国经济腾飞引起的世界震动时,起到了鼓舞人心,激发人们奋发图强的作用。而科技学术讲座以学术为主导,同时教育学生发扬艰苦拼搏、求真务实、精益求精这种以科学创新为核心的时代精神,启发学生比较我们在科技上的优劣态势,强化了学生社会责任感和紧迫感,以切身经历培养了他们的爱国情怀和民族感情。

学术讲座可以为高校带来新鲜的学术空气。学术讲座时代气息浓郁,面对的听众又是朝气蓬勃、求知欲强的年轻学生,主讲人必须不断更新知识和观念,关注科学与人文研究前沿,以保证提供切合时代的讲座内容,为学生传递最新信息。专家学者围绕不同主题各抒己见,精辟的见解、敏锐的思想、充满智慧的发言既有引人深思的学理,又有催人奋进的人生哲理,很容易与现场听众发生共鸣,使大学生们浸润在浓郁的学术氛围里,视野也更加开阔。同时大学学术讲座形式和内容都比较活泼,既有主持人的系统讲授,又可以提问和讨论,适合大学生的思维特点和学习兴趣。大学生可以在各类讲座中直接观察到知识的推理过程,以较高的效率体会并模仿它,并根据自己的特点和需求,吸收需要的知识,开拓思维,激发感情,自发地接受主讲人的教育。

学术讲座可培养学生的悟性思维。悟性思维中所包含的创造功能,有利于受教育者认识社会、实现自我。朱熹说过:"使以大学始教,必使学者即几天下之物,莫不因其已知之理而益穷之,以求至乎其极,至于用力之久,而一旦豁然贯通焉,则众物之表里精粗无不到,而吾心之全体大用无不明矣。此谓物格,此谓知之至也。"悟性思维是最高级的思维形式,现代科学证实理性思维与悟性思维缺一不可。而在现代教育实践中往往片面突出理性思维,这也是当前通识教育面对的问题之一。

学术讲座可以帮助学生超越同辈文化限制。由于社会发展,变化多端,当代文化中存在着比较严重的代际隔离问题。在快餐文化盛行的时代,一些青年人在价值取向上向同辈认同而较少向成年人学习,甚至亲子或师生间的交流沟通机会也在减少,以致在观念上加大了代沟的距离。年轻人与成年人之间存在着文化传统上的差异,这种现象对学生的心理成长极为不利。大学生终将走向社会,从事职业,其成败均由成人的行为规范接受考评。因此,一个人在大学时代如能提早超越同辈文化限制,对于促进其早日成熟是十分关键的。大学生参加学者专家举办的学术性研讨活动,享受思维的盛宴,直接向名师当面求教,有利于跨越同辈文化的局限性,较多了解社会。

学术讲座可以帮助学生消除知识的自我异化现象。所谓知识的"自我异化",是指现代大学教育通过教学与研究活动,而逐渐转化成为与教育的原初目的对立之事物。现代大学中知识的自我异化发展,使大学师生与自然世界、他人乃至大学师生自己之间的陌生感与日俱增,而现代大学中的知识创造与传播活动遂成为一种"异化劳动"。举办学术讲座,使大学师生或大学生与社会学术名家面对面地沟通、交流、切磋,消除陌生感,进而消除自我异化现象,以期使自己的知识、能力、人格全面得到升华。

通识教育实际上是人文主义关于自由发展和个人全面发展这个理想的实现。通识教育所要求的是综合能力、广博知识和自我选择能力,重要的是有良好的判断力。主讲人以自己的切身体验强调文、史、哲修养对知识分子做人品格和创造性思维形成的重要影响,以言传身教的形式感染学生。聆听大师、名师讲座,可以使学生具备扩展知识领域的潜力,成为能适应社会人才市场多变性的复合型人才,从而较好地实现通识教育的目的。

(二)学术讲座在高校通识教育中的实施途径探索

1. 学校精心策划

为了把学术讲座办得制度化、规范化、精品化,学校有关部门应制订名家讲座实施办法,专门划拨经费,积极组织各种形式的学术讲座,真正把举办学术讲座当作校园文化建设的一个有机组成部分来对待。由专门的主管部门负责学术讲座的审核和组织工作。学术讲座可以分为两大类型。一是校级选修型,其目的是扩大学生的知识背景,学生自愿参加。二是由各院系组织的专业方面系列讲座,作为学分课程而开设。学校还应积极提高教师素质,加强与国内外通识教育研究机构的交流,推动老师通识教育观念的转变。

2. 主讲人的选择

主讲人是讲座的实施者,讨论开展的程度和效果直接取决于主讲人的知识水平、表达能力和通识教育观念,因此应充分重视对主讲人的选择。对于校内师资应注意培养其通识教育意识。除了充分利用校内师资以外,还应广泛邀请国内外、境外专家学者、企事业领导、行政部门负责人等开设人文社科讲座。讲座的主讲人必须具备广博的学识和高尚的人格,对科学与人文有统一的认识,能达到文理贯通,在某一领域具有较高的学术水准或者突出业绩,有能力向全校师生传达所攻读专业的学术前沿信息或者自己的最新研究成果。主讲人可以反映学术前沿成果或者某个领域的最新科研信息,也可以结合自己的治学体验以广博的学识、严肃的思想以及深刻的分析来启发听众思考,引起听众共鸣,以便对听众确实起到开阔视野、增长知识、培养能力的作用。

3. 讲座制度的建立

学术讲座是进行学术交流、提高教学和科研水平的有效手段。国内外许多知名的大学和研究所都有较为固定的学术讲座形式。侧重于通识教育的学术讲座也应做到制度化。一方面,积极宣传、鼓励,使学术讲座在大学内形成气候,逐步提高讲座的受众率,使在校生听讲座成为生活中不可或缺的一项内容。每个学校可以结合自身特点,设置经常性的、系统的学术讲座名称,并使之品牌化,如南京师范大学的"学术日",北京科技大学的"星期四人文讲座",湖南大学的"人文讲坛"和"自然科学论坛"等,固定的名称反映了讲座的基本定位与目标,给人以深刻的印象。另一方面,结合学分制实施,以使学术讲座在大学教育中逐渐走向制度化,系统化。如上海师大在这方面已有较为先进的经验。讲座类型可文可理,讲座形式可以不拘一格。比如在大学生一年级时可以开办初级研读班式的讲座,使新同学有机会与一些知名教授或者是热情的青年学者相互交流,师生之间建立起长期的指导关系,以鼓励学生积极主动地参与学习和探索过程。[①] 在讲座的高级形式中,可以鼓励学生在现场提问,事后撰写心得总结,一定时期以后编选精彩讲座内容作为学生读物。

4. 增强学术活动的互动性和学生的参与性

讲座的特征就是主讲人与听众的交流,也就是互动性。讲座内容是学生教材中没有讲到的东西或者根本就是不同学科的对象。学生听讲座激发了对主题的兴趣,可以现场提问、会后讨论,从而涉足到另一个完全陌生的领域,并可以引发较长一段时期内对这个问题的关注。主讲人听取了学生的疑问也可能为自己的研究带来一些意料不到的启发。为增加学生的参与兴趣,学校可建立起以院、系为单位的学生参与互动的考评机制,并由专门机构负责学术论坛信息的收集,以学生座谈会、讲座效果调查等形式组织反馈,以此有效实现学术活动的良性互动,增强活动的时效性,并通过这种形式活跃学术氛围,提高学生的综合素质能力。学校还可以帮助学生建立相关学生社团,专门负责讲座事宜,如考勤、督导、收发材料、考查评分等;同时鼓励学生融会贯通,撰写"听讲札记";建立学校文化素质教育网,将讲座制成软件放在网上,供学生通过网络自由点播,以扩大讲座的受益范围。

5. 高校学术讲座的培养理念

讲座内容文理兼顾,既要重视学生科学精神和人文精神培养,又要重视科学方法训练;既强调培养科学精神,又注意社会责任感、爱国精神、伦理道德及纯哲学等

---

① 吴飞、赵晓力:《作为文化事业的通识教育——"全国首届文化素质通识教育核心课程讲习班"综述》,《北京大学教育评论》2007年第4期。

人文教育,同时还应帮助学生通过听讲座掌握科学的学习、研究方法,以加强自主学习和分析、解决问题的能力,从而提高了学生的整体素质。高校学术讲座还应重视鼓励年轻老师与学生一起听讲座,让青年教师与学生一起思考并发问,这不仅帮助新老师更快成熟,而且无形中培养了他们的通识教育意识。好的"讲座"不仅是师生交流的中心,还应成为一个学术的阵地和交流的窗口,甚至是一个学校的形象,对学生及学校发生着深刻的影响。

为适应时代需求,培养创新人才,高等学校要进一步加强教育资源的利用,加强教师人才队伍建设和学术讲座的资金投入,充分重视学术讲座在通识教育中的作用。通过开展学术讲座,增强学术氛围,丰富校园文化生活,促进学术讲座的规范化、制度化管理,借以提高科研教学质量和办学效益。学术讲座将会在大学生的通识教育上扮演重要角色,在学生的成才、学校的发展上发挥更大的作用。

四、实训与社会实践活动

教育要发展人,必须在活动中进行。人文知识的积累,就是我国古代哲学家庄子所说的"知道",人文精神的养成就是庄子所说的"体道"。由"知道"到"体道",要经历一个过程。龚育之说:"通识教育不等于人文知识的教育,人文知识如果不与真正的人文精神联系在一起,知识死背教条,脱离实际的感性生活,那只能导致一种后果:学生把知识的因素都接受,但人性的因素越来越被遮蔽了,这不是通识教育的理想结果。"①

高职学生的人文素质是在人与人、人与社会、人与自然的互动中形成和发展的,只有让他们参与各种互动实践,才能领会思想、感悟道德。职业教育注重实用性和实践性。实践对于高职通识教育的实施有着重要作用。学生对工作的认识、对社会的经验、对职业道德的理解、对自然的认识以及人与人之间的交往等都是从实践中来的。让学生参与各种实践,如教学计划内的实习、实训,再如勤工俭学、助残扶困、社区援助、志愿者服务活动、经济调查、地方文化体验等。在组织社会实践方面,深圳职业技术学院以提高学生的就业能力为目标,大力开展社会活动,如利用暑期举办海峡两岸大学生夏令营、革命圣地之旅、支援西部考察之旅、生态考察等活动;广泛建立校外大学生文化素质教育基地,开展多种形式的社会实践活动;组织学生到街道社区挂职锻炼,构建"区校共建"学生党建工作模式,推动大学生社区社会实践基地以及和谐文明社区的建设等,这些活动都取得了良好的效果,值得其他高职教育院校借鉴学习。

教育部《关于全面提高高等职业教育教学质量的若干意见》提出把工学结合作为高等职业教育人才培养模式改革的重要切入点,改革以课堂为中心的传统人才

---

① 龚育之:《龚育之自选集》,学习出版社 2002 年版。

培养模式,这是高等职业教育理念的重大变革。

世界发达国家高职教育模式大多突出"工学结合"教育。德国的"双元制"职业教育是世界公认的"工学结合"人才培养模式的典范,学生在职业学校学习理论知识,在企业通过实习掌握职业技能。工学结合充分利用学校内外不同的教育环境和资源,把以课堂教学为主的学校教育和直接获取实际经验的校外工作有机结合起来,给学生带来很多利益。美国 1961 年在福特基金会支持下进行了一次调查,形成的"威尔逊—莱昂报告"认为:①工学结合可以让学生在一线岗位接受职业指导、经受职业训练,了解到与自己今后职业有关的各种信息,开阔了知识面,扩大了眼界;使学生"加深对自己所学专业的认识","加深对社会和人类的认识,体会到与同事建立合作关系的重要性","大大提高他们的责任心和自我判断能力",为学生"提供了通过参加实际工作来考察自己能力的机会,也为他们提供了提高自己环境适应能力的机会"。

工学结合是职业教育教学实施的需要,在实践中高职学生一方面提升了专业知识运用能力,一方面有利于将人文知识和技能内化为人文精神,实践人文精神。我们要将通识教育贯穿在企业实习过程中,借鉴实践性教学中体现的企业文化、企业的规矩、秩序和团队精神,使学生学会做事的同时,更要学会做人。

工学结合的模式可以极大促进高职学生人文素质的提高。工学结合模式涉及学校、企业、学生三方,但企业参与的积极性并不高,使得高职院校单头热。企业作为市场主体,谋求利益最大化,不可能主动为社会培养人才,甚至是与自己竞争的人才。这就需要政府部门、行业主管部门有所作为,促进三方都能从工学结合的模式中得到利益,体现"多赢"。加快高职教育"工学结合"人才培养模式的实现,德国的"职业教育合同"做法,给我们带来启示。"职业教育合同"是德国"双元制"职业教育制度建设的重要组成部分,更是实施职业教育的重要依据。德国以立法的形式明确了职业教育合同的地位。在职业教育的实施主体上,它突出强调了企业参加职业教育的重要性,是实施职业教育的两个主体之一,以此明确企业在工学结合人才培养模式中的责任。我国的高等职业教育也可以借鉴这一做法,尽快修改职业教育法,明晰工学结合人才培养模式的法律,使企业尽到应尽的社会责任,另外,是否可以在税收政策上给予企业优惠条件以提高企业参与工学结合人才培养的积极性,这样实践教学才真正落到实处,为高职学生人文素质的提升创造良好的条件。

五、学生社团活动

高职院校的学院团委对有特色的各种学生社团要加大扶植力度,加强学生社

---

① 陈玉琨:《教育评价学》,人民教育出版社 1999 年版。

团的管理和建设,鼓励社团开展丰富多彩的文化科技活动,搞出特色,活跃校园的文化、科技气氛,更好地完善学生活动的形式,让学生的兴趣、爱好、特长淋漓尽致地发挥出来,同时可充分锻炼他们的组织管理能力。

应以学生社团为载体,开展大学生心理健康教育。针对大学生普遍存在的心理问题,要按照教育部关于加强高校心理健康教育的文件精神,在学生中宣传、普及心理健康知识,可成立大学生心理素质教育中心,组织专题讲座和活动,积极为广大学生身心健康服务。如组织院内外心理学专家对新生进行心理健康教育,强化心理咨询和测试;培养一支心理咨询、心理教育、心理帮助的专业队伍,通过心理影视赏析、成长团体训练营等活动载体,开展分层次有重点的心理健康教育;各系可选聘兼职心理辅导员和班级心理委员,开展学生心理咨询活动,大力引导学生心理协会,完善心理健康网站建设,加强心理小报的出版工作,帮助学生提高心理素质,增强承受挫折、适应环境的能力;开发学生的潜能,培养具有创新意识和创新能力的成功者素质;帮助学生改变认知结构,矫正不良行为习惯,调节化解消极情绪,使学生恢复和回归到健康成长的轨道上来。

六、贫困学生帮扶活动

近几年,随着招生生源结构的变化,经济困难学生人数日益增加,贫困生成了特殊的学生群体。

如何关注这些学生中的弱势群体,倡导人文关怀,解决他们的实际困难?首先,调整学院勤工助学岗位设置,优先考虑经济困难学生。其次,为需要助学贷款的同学开通绿色通道。第三,慎重对待特困补助金、"国家助学金"等认定发放工作。第四,积极拓展资困助学的渠道,使更多学生受惠。发动教师开展爱心结对,在学习上、生活上予以关心帮助;积极争取企业设立"爱心奖学金",发动企业和广大教师开展"党员一日捐"和"送温暖、献爱心"等捐款活动,成立学院"阳光助学基金",真正体现"以人为本"的工作理念。第五,对贫困生进行"精神扶贫"。在日常生活、课堂教学中善于发现贫困生身上的闪光点并及时予以表扬,让他们深切地感受到一份平等的尊重,使他们心理上得到安慰,在关爱中找到自尊。同时开展"感恩与责任"教育,通过征文、影评、信件以及"感恩在心、点滴在行"、"真心真情"、"自立自强"等主题系列教育活动对贫困生加强感恩教育,并延伸到全体学生。同时,坚持教育、管理与服务并重,在加强贫困学生管理工作的同时,对不懂得感恩的学生进行教育引导,关心他们的学习、生活,并对他们加强勤俭自强教育,鼓励他们克服困难,排除干扰,集中精力完成学业。要帮助有困难的学生,让接受帮助的学生把这份爱传播给需要帮助的人,让爱心在全体学生中产生共鸣,使学生的人格更加健全、健康。

第三节　美国的隐性教育及其启示

美国大学通识教育中的隐性教育是随着通识教育思想在美国的演变而不断进步的。

一、美国通识教育中的隐性教育的发展

（一）隐性教育思想的历史渊源

美国通识教育中的隐性教育思想深受柏拉图思想的影响。在柏拉图看来，就个体发展而言，教育是灵魂在环境刺激下的演变。可见柏拉图的教育思想中就已经包含着丰富的隐性教育思想，课程本身不仅在于其实用价值，也在于培养记忆、丰富想象、发展理性，使人的灵魂高尚，最终形成"善的理念"。此外，亚里士多德自然教育、自由教育、和谐教育思想对美国的隐性教育都产生了较大影响，在其自然、自由、和谐教育思想指导下，美国的隐性教育形成了以人的人格发展为基础又充分关注人心灵成长为指向的基本特征。[①]

（二）"隐性课程"的提出及实践

在过去的几十年中，隐性课程（也称潜课程、潜在课程、隐蔽课程）的概念在课程研究中曾处在中心和显著的地位。该术语最初由杰克逊使用。杰克逊在他的《教室中的生活》中首先使用了潜在课程一词。他分析了教室中的团体生活、报偿体系和权威结构等特征，认为这些不明显的学校特征形成了独特的学校气氛，从而构成了潜在课程。潜在课程由规则、法规和常规构成，对学生的社会化发生着不可避免的影响，并揭示学校是如何潜在地传递和强化各种态度和行为的。该术语所提供的新的观点超越了传统的对行为对象、涵盖内容、保持秩序、提高考试成绩等的关注。[②] 布卢姆在《教育学的无知》一书中使用了显性课程和隐性课程这对概念，并说历来的课程研究忽视了隐性课程。布卢姆认为，隐性课程的主要目标与学生的学习有关，也与学校所强调的品质以及社会品质有关，学校的组织方式、人际关系等社会学、文化人类学、社会心理学的因素对于学生的态度和价值观的形成，具有强有力的持续影响。这是因为学校是一种特殊的环境，对生活在其中的学生负有相互支持、关心和尊重的责任。学校的学习不可能是学生的单个学习，它是集体的活动。在这种集体活动中，有时要强调控制、等级、竞争，有时要强调鼓励、平

---

① 王杨：《美国大学中通识教育中的隐性教育及其启示》，东北师范大学 2008 年 5 月。

② 张玉荣：《大学隐性课程建设探讨》，江西师范大学 2007 年 6 月。

等、互助。各个学校还有各自所强调的主要品质。布卢姆指出,隐性课程与显性课程同样重要,隐性课程能很好地达到某些教学目标(特别是在品质、习惯、态度方面),并比显性课程的明确目标能保持得更久。学生在学校中形成的这些社会性品质与学生形成的学习技能对以后工作所起的作用同样重要。[1] 而美国学者沃伦斯则将隐性课程的研究归纳为三个层次:第一,师生互动、教室结构、教育制度的组织模式等学校教育的结构;第二,价值的学习、社会化、阶级结构的维持等作用于学校的进程;第三,从课程实施的偶然的、无意识的副产品到包含在教育里的历史的社会的功能中的各种结果的种种"意图性"或"隐蔽性"。[2]

20世纪90年代后,随着全球化进程不断加速,美国高等教育也开始由大众化向普及化转变,这样的客观事实使人更加重视人才的综合素质和能力水平。因此,美国研究型大学对通识教育课程进行了革新,加强了基本能力的训练课程,注重新生的研讨课程。他们更注重用办学理念、办学特色、学校精神等隐性课程培养人格健全、敬业乐群、专业精练的适应国际社会的人才。

二、美国大学通识教育中的隐性教育的途径

(一)培养大学精神,渗透隐性教育

大学精神是在大学的发展过程中,长期积淀而成的共同的追求、理想和信念,是为大学人所认同的价值观,是大学文化的核心,是大学的灵魂所在,是科学文化精神的时代标志和具体凝聚,是人类社会文化精神的集中体现。大学精神是抽象的,也是具体的;是无形的,也是有形的;是不成文的,但却铭刻在人们心中。它无时不在,无处不在,无事不在;它活跃在讲台上,在校园里,在人们的言谈和行动中。学生在学校中学到知识,可以由时代的进步而老化,而淡忘,但大学精神却影响学生的事业,长久、长久、直到永远。良好的校园精神具有导向、规范、凝聚、激励、熏陶和感染作用。

美国大学特别重视隐性教育在大学精神培育中的重要作用。美国大学注重创造良好的物质文化环境、规范行为的文化系统、完善的规章制度、提炼思想观念的系统;通过办学理念、办学宗旨、校风、校训、校歌等载体凝聚大学精神。

(二)树立正确的办学宗旨和办学理念,继承优秀的大学传统

办学理念是大学的灵魂和大学文化精神的象征。它具体表现为办学宗旨、办学原则、办学方针、办学目标、育人目标等理性认识和理想追求。现代大学的存在有两个哲学基础,一是认识论的,另一个是政治论的,前者要求现代大学要"注重学

---

[1][2] 张玉荣:《大学隐性课程建设探讨》,江西师范大学硕士论文,2007年6月。

术"，后者则要求现代大学要"服务社会"。大学服务于社会这一理念在美国大学得到深刻展示。

美国的一些著名高校认为，大学办学的宗旨与使命是"在各个学科领域发现新知识；保留、解释与重新解释现有知识；培养学生掌握方法知识技能与探索问题的习惯，使他们终其一生不断地追求学问，领导社会向前发展"。① 他们成为世界一流大学绝非仅仅在于传授知识和技能方面，在强调社会责任感上、在伦理教育上也是堪称楷模。这些高校的课程设置充分体现了其教育宗旨，即教师应竭力教育学生要虔诚、正义、崇尚真理、热爱祖国、人道与仁慈、勤奋与俭朴、节制与高雅等。为履行这个宗旨，美国许多高校公共基础课中专设道德伦理课程。

以耶鲁大学为例。该校创立的初衷是为教会和社会培养人才，其使命就是教育学生大有作为，并通过最丰富的思想训练与社会体验发展他们的智慧、道德、公民责任和创造能力。耶鲁大学已有300年的历史，它很注意继承并发展自己的使命。首先它强调对学生进行人文学科的教育，其次强调通过人文学科的教育使学校服务于更广大的社会。正如查尔斯·西莫校长在1949年大学成立近250年时所说："耶鲁教育使命的核心怎样强调都不过分，这就是：无论出于什么理由，都要培养青年人在增进社区和国家福祉方面作为公民的责任与服务精神。"1999学年，耶鲁大学自我研究评鉴报告涉及大学的各个方面，其中第一部分"使命与目的"有这样几个部分：把教育作为一种智慧训练；通过参动进行教育；把教育视作性格塑造。耶鲁大学的校徽上，书写着"光明与真理"几个字，历经300年风风雨雨的洗礼，"光明与真理"依然光芒四射。正如理查德·莱温校长所说："教育人们服务于社会并不意味着教育必须集中于掌握实用性的技能。耶鲁追求为学生提供一个宽广、自由的教育面，而非狭窄的、职业性的教育，以便使他们具备领导才能和服务意识。耶鲁大学同时也是一个相互尊重的社区，并且珍视自由的表达和对世间万物的探寻。在这个社区中人们的互动模式同样服务于社会。"——永远强调对社会的责任感、蔑视权威、追求自由和崇尚独立人格被认为是"耶鲁精神"的精髓，它是耶鲁人奉献给世人的一份宝贵财富。②

在美国西海岸的斯坦福大学对"大学必须为社会发展服务"这一理念更是一以贯之。斯坦福大学的创始人斯坦福提出"学以创业，学以进取"的办学理念，后来，斯坦福大学校长斯德林与特曼继承与发展了这一办学传统并形成"实用教育"理念，努力探索大学的生产功能，发展大学与工业合作的关系，成功创办了斯坦福的大学研究园区，形成了世界上著名的高新技术的"硅谷"。此乃斯坦福大学最独到的誉满全球的办学特色。20世纪40年代提出"学术尖端"战略，即以特殊待遇招揽

---

① 胡显章，曹莉主编：《大学理念与通识教育》，清华大学出版社2006年版。

② 罗伯特·赫钦斯：《美国高等教育》，浙江教育出版社2001年版。

尖端人才,把有条件的系科率先办好,率先实行产、学、研结合,发展大学研究园区——硅谷战略,使斯坦福从一所"乡村大学发展为全美大学三甲之一"。"斯坦福是硅谷的母公司",斯坦福大学推出的"学术—技术—生产力"的办学理念,在促进社会产业发展上取得明显成效。①

由此可见,办学理念是大学精神的结晶,是大学的生命线,是大学取得卓越成绩的关键因素之一。美国各大学校长的办学理念有着共同的相似点,即大学既要重视学术精神,又要服务社会,这一理念对于美国研究型大学的发展有着重要的影响。随着知识经济、信息社会的到来,大学将被推向社会发展的中心,成为社会经济发展的重要动力。21世纪将是一个大学的世纪,高等学校必定真正成为社会的轴心机构。②

（四）树立良好的大学校风、校训,体现现代大学精神

大学校风,即大学的特色和风格,是一所大学师生员工共同具有的理想、志向、愿望和行为习惯等多种因素的综合,是一种精神状态和行为风尚。大学校风、校训体现着一所学校富有特色的办学理念、办学宗旨和办学特色,是一所学校的精神风貌的载体,是一所学校的内在灵魂,是维系一所学校生存和发展的一种精神力量,一个精神支柱。它潜移默化地融入学生人格的各个层面,影响着学生的思想观念、价值取向以及行为规范,直至人生的各个阶段。建设良好的校风,就在于培育大学的灵魂,弘扬大学的精神,就在于"以高尚的精神塑造人",使置身于其中的莘莘学子受到良好校风的熏陶和校训的激励,而其受益终身。"大学校风既是每所学校各自传统文化的积淀,又是每所学校各来发展的指向,由此,也就决定了各个大学校风内涵不尽一致。虽然大学校风的内容各异,但其基本方面是共通的,既都就包括学风、教风和工作作风。""好的校风源于好的学风,好的学风源于好的教风,好的教风源于好的工作作风。在这当中,工作作风建设是关键,教风建设是主导,学风建设是核心。"有利于校园的优良风气教育影响在校的每一个大学生,使大学生们的心理、情感、兴趣、思想、意志、观念等方面受到陶冶和熏陶,以培养其健全的人格。校训则以学校精神、传统和作风的综合潜移默化地影响和培育学生,它能时时激励学生潜在的学习动机,培养学生自尊心、自信心,使学生默默地学会分析问题、磨炼意志、理解人生、感悟知识、升华人格、规范伦理、完善自己。哈佛大学以"让柏拉图与你为友,让亚里士多德与你为友,更重要的,让真理与你为友"为校训,耶鲁大学以"真理和光明"为校训。哈佛和耶鲁校徽上均写着"真理"二字,重于启发师生追求真善美的智慧与灵感,强调对社会的责任感,将为社会服务作为自己永恒的信

① 罗伯特·赫钦斯:《美国高等教育》,浙江教育出版社2001年版。
② 王德广:《美国校园文化特点及其对我国高校的启示》,《三峡大学学报》2003年第5期。

条。因而,其校训和校徽上昭示该校"立校兴学"的宗旨是崇真、求实。

这些名校在教学中鼓励学生的参与、探索、创造、竞争与领导精神,从而提高其能力,激发其兴趣,启迪其智慧,并最终使之在发展知识、增进理解、服务社会等方面居于领先地位。

如果学生在接受学校教育的过程中,能够充分感受、体验、欣赏到真、善、美,并主动完善自己最主要、最根本、最基础的素质,把对真、善、美的追寻作为终极目标,那么他的智慧就会得到不断的提升。

(三)健全大学制度,渗透大学精神

制度层面的大学隐性教育是指学校的领导体制、规章制度、管理模式、奖惩制度、评价制度等在不知不觉中对大学生产生的教育影响。大学的制度体系中深刻地渗透着大学领导者的思想观点和价值取向,起着引导、激励、整合、约束与保障作用,具有管理育人的功效,一经形成便成为一种强大的教育力量,以内隐的方式影响着生活于其中的人们。

美国大学的校内管理一个最突出的特点就是教授治校、民主管理。每个学校都有教授评议会,这是学校最重要的一个委员会,委员除了教师外,一般还有一名学生代表。主任由全体委员民主选举产生,但校长不能担任主任。该委员会下设若干个分会。凡是与教育教学、教师学生有关的政策或较重要的事宜,都要首先经过这个委员会研究通过后,才能呈报校长审批。另一方面,校长的重大提案也须经过该委员会审议方可生效。在美国有这样的说法:美国政府是国会、司法和总统三权分立,而学校则是两权分立:教授评议会和校长。从其作用上来讲,教授评议会除了对学校的行政管理起到咨询以及监督和制约作用外,同时也使校长超脱了许多具体的事务性工作。

另外,美国大学基本的管理原则有四条:[①]

1. (学校自治)大学对自己的内部事务拥有最后的决定权;

2. (学术自由)只要是以个人的名义而不是代表其所属的大学,教师可不受任何约束在公共场合发表自己的任何学术观点;

3. (学术中立)即在党派政治和校外公众的争议中,学校确保中立;

4. (责任)高校要向纳税人负责,有效地使用社会提供的资源,在法律的范围内运作。

又如:美国大学对教师的管理也是有着正规而严格的制度的。美国主要大学教师队伍管理的特点,大致可以概括为:严格招聘、广纳英才;注重参与、自主管理;学术优先、质量第一;注重激励、以人为本四个方面。正是这种完善、严格而灵

---

① 杜维明:《人文学与知识社会——兼谈美国大学的通识教育》,《开放时代》2005 年第 2 期。

活的教师管理制度,为其吸收和保留了大批高素质的人才,进一步推动了其教学、科研和学术的发展;同时也为其赢得和维持一流的地位奠定了坚实的基础。制度是联结理念与实践的中介,对于这些大学而言,制度建设是其核心,没有先进的制度,再好的理念也难以转化为现实的行动。其中,人事制度是研究型大学制度建设的重要内容。许多校长在教师管理问题上曾经创立了一些先进的制度,有些甚至沿用至今:如教师分类制度,将教师分为编外讲师、编内讲师、助理教授、副教授和教授几类,并规定了各类教师的任职年限。在此基础上对教师管理进行了进一步改革,制定了教师聘任和晋升过程中的"非升即走"原则和教师晋升的学术标准。有的大学一开办就建立了教师梯级制度。其中,最下端是任期一年的五级职位,在此之上是任期两到四年的三级教师,最后是永久聘任的副教授、教授和首席教授。正是有了这些相对完善而合理的教师管理制度,才保证了美国主要大学的教师都是杰出的教师,从而保证了它们在世界上的一流地位。[①]

三、美国大学基于隐性教育的学术环境、学术氛围的建设

营造浓厚健康的学术氛围是大学的生命力所在。美国大学的隐性教育主张,大学应该经常开办各类学术活动,倡导学校追求的目标和价值,影响学生的思想和思维。美国大学隐性教育的学术氛围自由开放,注重培养学生的独立活动能力,特别强调激发学生自身的创造力和想象力,可以使学生共享大学的教育资源,包括丰富的讲座和学术报告等,这些都将成为学生终生受益的学习经历。

(一)大学里的学术报告与讲座

美国大学经常聘请国内外知名权威人士讲课、做学术报告等,使学生有机会聆听大师的思想和心声,以便有更高的眼光、更宽广的胸怀,进而提升他们的生命价值和生活品质。美国大学校内也有不同学术背景的教师围绕某一专题开设系列讲座,感兴趣的同学可以参加学习并参与讨论,这样学生不仅在不知不觉中学到了知识而且也提高了学术研究的能力。这也是美国大学实施通识教育的隐性教育的重要途径。

(二)学术氛围的建设

培养学生良好的学术行为习惯是美国大学重要的教育目标。美国大学在新生入校时就对其进行学术诚信教育。在美国各个大学形成了学术自由、教学自由、教授治校与大学自治、学术中立与科研超越社会要求的传统,它与通过陶冶教育发展个性的目标一道不仅保证学生接受最佳的科学教育,而且能够使学生学会独立思

---

① 肖淑芳、苏宁:《美国大学的组织与管理》,《北京理工大学学报》2000 年第 11 期。

考,养成个人良好的品质。德国教育家洪堡认为,"教授和学生都是为了学术而在大学","学术自由"的保障是"教学自由"和"学习自由",它们两者同等重要。他的"学术自由"、"教学与研究相结合"的办学方针影响深远,逐渐成为全德乃至世界许多国家大学的基本制度之一,直到今天仍是世界许多大学所尊崇的教育思想。一些大学鼓励学生自立自治,学生以自治会的形式参与学校的管理,一方面符合学术自由的原则,另一方面也有利于学校保持常新的局面。美国的一些名校都是高度国际化的大学,它们不仅名师荟萃、人才辈出、科研显著、经费充足、设施一流,而且还广泛参与国际事务,面向世界办学。一方面,它们通过联合国、世界银行、世界卫生组织、经济合作与发展组织、联合国教科文组织、国际教育局等国际组织把一些优秀教员派到国外,积极开展对外技术援助和国际开发,为世界许多国家服务;另一方面它们也在全世界范围内选聘杰出学者和优秀学生到本国学习或工作。同时,它们还广泛开展国际教育交流与合作,包括学生互换、教师互派、学者互访、相互承认学分学位、举办国际学术会议、科研合作、联合办学等。旨在营造浓厚的学术氛围,鼓励学生学术自由,学术自治。① 由此可见,美国的高等学府,都已成为"两个中心",既是教学中心,又是科研中心。

(三) 大师高深的学识及人格魅力

大学乃大师之学,无大师则无大学。曾任哈佛大学校长的南特说过:"大学的荣誉不在它的校舍和人数,而在它一代一代教师和学生的质量,大学之大乃大师之大。"② 由此可见一所大学是否取得成功,是否能跻身世界一流之列,关键要看它是否拥有世界一流的师资队伍。只有拥有高水平的师资队伍,才能培养出优秀的学生。在教育过程中教师的人品魅力对学生的影响是任何东西都取代不了的。教师的人格魅力所产生的吸引力和感染力对学生的影响是巨大的、深远的,有些方面甚至会影响学生的一生。教师的魅力是教师个人修养及综合教育素质的外在表现,教师的人格魅力来源于渊博的学识和教书育人的能力。马克思说:"性格是环境的产物。"从老师身上,学生性格能受到各方面的良好影响,受益终身。这说明每一位教师、教授,特别是名教授都会产生一个气场,他能散发出巨大的能量,影响着学校的氛围,影响着学校隐性教育的效果,影响着学生的知识、思想、品德。教师往往成为学生最直接的榜样。教师的崇高人格,就会像一丝丝春雨,"随风潜入夜,润物细无声",潜移默化地影响着学生的人格。

美国各校视人才为立校之本,竭力建立强大师资阵容。美国高等学府特别重视人才。他们认为,一流的大学就要有一流的教授阵容,二流师资只能办二流的大

---

① 夏丽:《学术自由思想在美国的发展》,《教育视野》2006 年第 9 期。
② 杜维明:《人文学与知识社会——兼谈美国大学的通识教育》,《开放时代》2005 年第 2 期。

学。美国大学的院长、系主任的首要任务就是找大师、找合适的教授，然后给他们条件和发展空间，让其施展才华。加州大学前校长田长霖教授曾经说："在美国，大家有一种认识，哪一个学校的教授力量大，哪一个学校将来就会成为最著名的学校。"

美国著名大学的共同经验证明，高素质的师资队伍既是决定一所大学核心竞争力，也是培养创新型人才的关键所在。正因此，耶鲁大学的校长在开学典礼都要骄傲地告诉新生这样的事实：在耶鲁，教导你们的教师都是各自研究领域中的国际级领先者，他们几十年如一日，为知识的发展做出了开创性的贡献。为此，MIT等名校坚持让如诺贝尔物理奖得主、著名宇航员等一流的教授为一年级新生上课。这些大学并不期待大师级的教授立即给学生传授他们一时不能理解的高深学问，更为重要的是让学生在进校之初就能在与大师巨匠的零距离沟通中，在很高的起点上领悟科学、宇宙、人生的真谛，并充满信心找到自己未来的人生目标。优秀教授对学生影响不仅体现在学科专业的指导方面，更在于由他们带给学生的追求科学、献身科学、严谨做学问的精神和思考、研究问题的方法，以及由他们形成的知识至上、真理至上的优良教风和学风。

四、美国大学基于隐性教育的校园文化建设

大学是传播和创造人类文明的阵地，培育人才是大学精神的核心内容，而高素质人才的培养需要优良的文化环境，良好的隐性熏陶。这种隐性教育的媒介就是造型独特的建筑、富有教育内涵的壁画雕塑、优雅别致的绿地屏风、朝气蓬勃的体育馆、藏书丰富的图书馆、庄严肃穆的学术报告厅以及设施齐全的宿舍等。美国每个学校都有比较好的文化积淀。他们重视作为精神形态的校园文化建设，他们认为人文精神是一所大学文化的精髓所在，也是一所大学办学成功的原因之一。因此，重视对大学生人文精神的培育，体现了美国大学对大学发展生命的重视，体现了对建设高尚的校园文化的更高意蕴的不懈追求。

（一）大学的建筑、校园景观的设计与布置

美国教育家杜威在《民主主义与教育》一书中强调，教育必须利用环境的作用，离开环境也就没有教育。美国大学非常注重环境的熏染作用。美国教育界历来都认为环境是一个非常重要的教育场所，一定要做到环境与教育目标相一致。正如焦连岷在《试论潜在课程及其对高校人才培养的作用》一文所说，"言传身教之外，情境教育是达到通识教育不可忽视的一环，切具有潜移默化之功效，不亚于课本或教师。美国著名大学的校建筑，让每一位师生和访客，均感到受到肃穆幽雅的人文情怀，校舍兴建委员会都一再强调学校建筑，除了使用方便之外，尤宜考虑起精神

的作用和心绪的功能"①。

1. 美国政府从硬件建设入手,对校园外部环境和内部环境的治理与营造采取了一定的措施。他们在环境建设上十分下功夫。美国大学校园的规划布置十分重视审美原则,从中体现出一定的价值取向的人文精神。他们用一定的建筑、雕塑、校徽等载体将学校的办学理念、育人原则直观形象地传达出来,其效果必然是巨大广泛而持久的。美国加利福尼亚大学创建于 1868 年,1875 年建立了伯克利分校。其南大楼是一座新哥特式建筑,常青藤覆盖着红砖墙。它是分校 19 世纪校园建筑幸存下来的唯一建筑。从伯克利市中心一直延伸到绿树覆盖的山坡,俯视旧金山海湾。② 耶鲁大学的美丽校园环境甚为著名。而一些现代建筑也常被作为建筑史中的典范出现在教科书中,其中包括路易·康设计的耶鲁大学美术馆、耶鲁大学英国艺术中心。

2. 美国大学一般都有较好的人文传统,体现了对美、正义、和谐、智慧等人文精神的终极目标十分重视,并努力用建筑、雕塑、园林等形式加以体现。休斯敦大学位于德克萨斯州的休斯敦市,是一所著名的研究型大学。该校的主门面向东方,面向大海,进西欧澳门之后有一个 3 米左右高的校徽标志,接着是一个 5 米左右的小土包,长着浓密的青草,不高的小土包后面是三层的校办公楼,小土包的遮蔽作用,增加了进入大学的庄严感和神秘感。校办公室后面市一个人造湖,湖内有大型雕塑及喷泉,池畔飘扬着国旗、州旗和校旗。湖水给人开阔、流畅的感觉,湖畔不同方向和道路通向各个不同学院。这种设计,加上古典风格及不同风格的雕塑还有错落有致的树木和绿茵草地等,使整个校园给人一种浓郁的文化氛围。③

耶鲁大学中大多数古建筑都为哥特式风格,多建于 1917—1931 年期间。大量的浮雕都展现了当时的大学生活:有作家、运动员、喝茶的交际花、读书时打瞌睡的学生等。在耶鲁大学法学院大楼(官方名称为史德林法学大楼)的雕刻上,也展现了当代的一些场景,包括警察追逐强盗和逮捕娼妓的场面。

(二) 校园内丰富多彩的文化活动

美国校园内丰富多彩的文化对大学生的身心发展具有潜移默化的作用,如各种学生的社团活动、校园文化艺术节、大学生辩论会等都可以成为同时教育的重要环节。整个校园文化融学术性、知识性、趣味性、娱乐性为一体,营造了良好的人文氛围,通过这些活动的开展,丰富了校园文化、增长了学生的知识、陶冶了学生的情操、提高了大学生的素质。美国的康奈尔大学有供学生活动的俱乐部、学会和协会

① 焦连岷:《试论潜在课程及其对高校人才培养的作用》,《内蒙古电大学刊》2006 年第 5 期。
② 李先国:《高校隐性文化建设探析》,湖南师范大学硕士论文,2002 年 6 月。
③ 王传中、刘春江、翁亮子:《试论高校优质隐性课程建设》,《中国大学教学》2007 年 5 月。

达 600 多个。还有很多美国学校有许多文体活动协会和俱乐部以及各类兴趣小组,通过开展丰富多彩的活动,培养大学生的审美能力,培养大学生社会交往以及合作精神,培养学生自立、自信、开朗的人格品质和热爱生活乐观向上的生活态度,通过全校性活动,即通过校庆、国庆日等节日庆典和入学仪式的活动,培养学生爱校爱国的精神。

美国大学加强了社团的独立性,使社团活动富有知识性、社群性和文化性。提供学生娱乐、锻炼和休闲的场所和设施,加强交际或各院的比赛联系,培养学生的集体主义精神、丰富学生生活。如大学里经常举办各种艺术展、音乐会,特别是学生自己演唱、自奏的音乐会用轻松愉快的形式影响和塑造学生的心灵和人格。大学生合唱团里的演员是来自不同的院系的学生,自愿报名,经过考核挑选后进入合唱团,大家利用业余时间学习演唱和排练。

美国大学长期以来一直鼓励学生参加社区志愿服务活动,美国社区志愿服务活动形式多样,种类繁多,有些美国学校规定不参加志愿服务活动的学生不能毕业,而且很难找到工作。无论是学校还是用人单位在审查申请人简历时,往往都比较注重是否品学兼优,要求为人正派,富有奉献精神。

（三）民主和谐的师生关系

在隐性教育的教学过程中,如果师生关系处于一种平等、信任、理解的状态,那么它所营造的和谐、愉悦的教育氛围必然会产生良好的教育效果;从学生的发展角度看,拥有交流能力、合作意识是事业取得成功的必要条件。优化师生关系可以为学生健全人格的形成与综合素质的提高打下基础,优化师生关系也是建设校园文化的重要组成部分。

1. 美国大学教师和学生在人格上是平等的、在交互活动中是民主的、在相处的氛围上是融洽的。师生心理相容,心灵的互相接纳,形成师生至爱的、真挚的情感关系。它的宗旨是本着学生自主性的精神,使他们的人格得到充分发展。一方面,学生在与教师相互尊重、合作、信任中全面发展自己,获得成就感与生命价值的体验,获得人际关系的积极实践,逐步完成自由个性和健康人格的确立;另一方面,教师通过教育教学活动,让每个学生都能感受到自主的尊严,感受到心灵成长的愉悦。这来源于教师对学生信任和宽容,如美国大学课堂教学方式非常灵活,教师和学生在直截了当的氛围中交流思想、学习知识。美国教师一般不会对学生进行大量的知识灌输,而是采用实验、案例、讨论、互动交流等丰富生动的方式提高学生的学习积极性。在美国的大学,教师还非常注重培养学生独立思考的能力,鼓励学生大胆提出自己的设想和建议。

2. 美国教师在课堂上把学习的主动权交给学生,让学生在探索之中享受成功。他们是指导者和引路人,他们相信学生的能力并想方设法锻炼提高学生的能力。他们很少对学生说你必须这么做,他们更喜欢对学生说:想一想,你应该怎么做。美国教师还用他们从不满足的执著精神和胜不骄败不馁的形象感召学生追求卓越。在挫折和困难面前,他们是当之无愧的强者。他们不会陶醉于成功之中而不思进取,更不会沉溺于暂时失败的痛苦中不能自拔。他们会反思,并从反思中获得宝贵的经验教训,确立新的奋斗方向和目标,用勤奋和智慧浇灌出更丰硕的成果。

五、美国大学通识教育中的隐性教育的特点及作用

(一) 美国大学通识教育中的隐性教育的特点

美国大学的隐性教育作为一种独立的教育形态,除了具有教育性、导向性等通识教育途径所具有的特征以外,还有自己的特点。与显性教育相比,美国大学的隐性教育具有如下特点:

1. 教育效果的持久性和连续性

大学隐性教育往往是作为活生生的学校生活对学校发生影响的。一方面,大学的隐性教育的校园文化景观、大学精神理念、大学校风学风等许多因素,在一定时期内是稳定的、持久的,它所隐含的教育价值也会持久地作用于大学生。另一方面,现代社会的发展日新月异,美国大学无法也不可能传授给学生终生收益的知识和技能。而大学的精神理念、大学的制度、大学的校风校训、学术氛围等对大学生数年的稳定持续的熏陶,往往会形成某些稳定的个性心理品质,持久地伴随学生的一生。大学生进入社会后,显性教育所传授的知识会因时间长久而被遗忘或需要不断更新,但是,大学的隐性教育而形成的世界观、人生观、价值观、行为方式和准则等对人成长影响往往是深远的,它很难因时间的推移而改变。有学者说"大学精神是人们遗忘了所有学校灌输的知识以后,仍能保留的东西",从某种意义上指的就是隐性教育对学生的持久作用。

2. 教育内容的丰富性和复杂性

美国大学非常重视对学生进行隐性教育,因此美国大学的隐性教育涉及大学生活的方方面面,包括物质环境、精神文化氛围、教师的人格魅力、大学生社团和社会实践活动、大学的精神理念等,范围相当广泛,形式多样。大学教育本来就是多层次、多因素、多侧面的,是一个复杂的系统工程,这就决定了学校中隐性教育内容的丰富性、复杂性。美国大学隐性教育既有人文景观、建筑设施、制度规范、人际交往;又有大学精神、教育理念、校风学风;还有丰富的社团活动和演出比赛等。大学的隐性教育内容的丰富性和形式的复杂性将使美国大学校园的大学生从中获得广泛丰富的影响教育,进而得到全面发展。

3. 教育方式的渗透性和感染力

美国大学隐性教育是以不明显的、间接的、内隐的方式教育影响学生的。大学

隐性教育潜隐于大学的校园景观、物质环境、精神氛围、人际关系等中,隐藏于大学教育情景之中,对生活于其中的大学生们潜移默化地施加影响。因此,它不象显性教育那样能直接而公开地向学生施教,而是以潜隐的方式,默默地把有关道德的、审美的、思想的、政治的等经验,渗透到具体的人、事、物以及活动过程之中,使大学生在不知不觉中接受各种载体的隐含教育影响,寓教育于无声无息之中,论道而不说教。美国各大学通过对校园环境的美化、校风学风的培育、人文素质的学术讲座、社团活动的组织等将人生观、世界观、价值观等渗透给学生,以一种无形的力量对学生产生教育影响作用,从而不断改变其态度、信念、理想、人生观等精神世界。美国大学里校园优雅的环境、名人的雕塑、墙壁上的名人名句、学识渊博的教授学者、严谨而自由的学术氛围也在时时地感染着每一位大学生。他们被这些潜在的积极的精神上的教育因素包围着,他们被陶醉、被激励、被感染着,他们在这愉悦的心境中接受了教育。

（二）美国大学通识教育中隐性教育的重要性

随着时代的发展,国际化的浪潮于 20 世纪 90 年代开始席卷全球。美国大学为了适应国际化趋势,为争取做世界一流大学做出了很多努力。他们为培养集科学素养、人文素养于一身的、健康的、人格健全而富有创造力的大学生进行了许多次课程改革,其中在通识教育的课程设置上已经把隐性课程提到与显性课程一样重要的地位上。因此,隐性教育是美国大学通识教育中不可或缺的一部分;是美国大学通识教育实现全人教育目标的必要途径;也是全力推进"人、自然、社会"统一、平衡发展的关键。

1. 隐性教育是美国大学通识教育中不可或缺的一部分

美国的教育,不同于欧洲,它所重视的是通识教育而不是专业教育,曾经深刻影响美国教育、在美国大学扮演历史性领导角色的哈佛大学艾略特的"选修制"和康奈德的"通识教育"认为,大学本科教育始终应该以培养具有广泛文化意识与修养的人才为目的。美国通识教育的基本立足点是,大学在专门的兴趣之外,也应该熟悉其他的知识和技术,接受一些非学术性的、培养大学生人文素养的教育。美国大学的通识教育目标是培养完整的人,即具备远大眼光、通融识见、博雅精神和优美情感的人。当代美国大学的使命是发展大学生全面的人格素质,形成广阔的知识视野。所有这些都需要隐性教育来完成,隐性教育的作用是其他教育方式所不能替代的。显性课程主要构成人才的骨骼框架,隐性课程主要构成人才的灵魂血肉。它们在不同的方面,以不同的教育方式,共同完成培养全面发展的"全人"这一教育的终极目的。如果没有隐性教育、通识教育的培养,完全人格的教育目标就不可能实现。

2. 隐性教育是美国大学通识教育实现全人教育目标的必要途径

自 20 世纪 70 年代,"全人教育"作为一个概念在北美出现以来,其理念被广泛应用于实践并取得了显著成效。全人教育首要关注的是人类学习如何适应生活的深层次的挑战,以及为适应这种挑战而做好准备。全人教育关注每个人的智力、情感、身体、审美、创造力和精神等方面的潜能发展。它积极鼓励学生参与到教学过程中并承担个人和集体责任。全人教育在于培养健康的、整体的、好奇的人,使他们能够在任何新情境中学会他们需要知道的任何知识。全人教育认识到每个人的智力、创造力和系统思维的潜力,全人教育认识到所有的知识都产生于特定的文化背景中,鼓励学习者采取批判的方法对待他们所生活的社会环境中的文化、道德和政治情境。因为全人教育重视精神知识,所以隐性教育是实现这一教育目标的必要途径。

3. 隐性教育是全力推进"人、自然、社会"统一、平衡发展的关键

美国的大学注重培养学生的人文精神——一种追求人生真谛的理性态度,即关怀价值的实现、人的自由与平等以及人与社会、自然之间的和谐等。他们认为仅发展熟练的技术是不够的,高等教育应使个体有能力和有效地参与集体文化。教育不仅仅是智力的发展,也是为生活做准备。因而学生受教育的整体环境是重要的。研究、学术和集体生活一体化,学生相互间的合作以及同教师的互动成为其显著特征。美国最早进行通才教育的学校,至今仍保持着美国大学中最严格的核心课程。学校的教师及课程设置都必须围绕以下三个问题来展开:第一,让学生学习什么? 第二,用什么方法教育学生? 第三,毕业时,学生除了学位和所学的知识外还具备何种世界观? 他们最强调实践,注重学校与社会结合,鼓励教师走出课堂和学校,学以致用。①

六、美国大学通识教育的隐性教育的作用

这些学校在择师和育人上坚持高标准、高质量,学院的教育成果及通识教育内容对美国社会的经济、政治、文化科学和高等教育都产生了重大影响,对世界各国的求知者具有极大的吸引力。其中隐性教育的作用不可低估。

(一)隐性教育强调真善美,可以陶冶学生的情操,树立正确的人生观、世界观

1. 把为社会的利益而发现和应用知识作为中心使命。这样的办学理念培养出一批批敢于追求真理、对社会有责任感的人才。

2. 注重学校的校园文化景观建设,通过坐落有致的校园布局、美观别致的校舍建筑、优美大方的校园绿化,使学生产生严谨感、秩序感、舒适感,产生热爱生活的情怀,这些都是隐性教育的独特之处。

3. 积极开展各种学术活动,举办各种有趣的体育比赛、社会和文化活动,以此

---

① 黄加贤:《在隐性教育中培养学校精神》,《教学与管理》2004 年第 5 期。

来营造学术氛围,培养大学生运动精神,陶冶学生的情操。

4. 通过通识教育传承其自由民主的思想,影响着学生一直为能够坚持独立精神,不向外来的政治压力、物质利诱妥协而自豪。

(二)隐性教育是高校特殊的核心竞争力

一所大学的核心竞争力是建立在综合实力基础上的,是持续竞争力与比较竞争力相结合的一个组合。虽然没有各方面都是最优秀的大学,但任何一所知名大学,必然有几个学科独具特色,作为其支撑的亮点。综观美国的大学都各具特色。

关心社会和强调"领导者教育"的传统。教育学生大有作为,并通过最丰富的思想训练、社会体验发展他们的智慧、道德、公民责任和创造能力,以便用人类的丰富遗产陶冶学生,使之服务于美国价值。

(三)隐性教育与显性教育相结合,完善了通识教育结构,巩固了教育效果

通识教育作为一种人才培养模式,不仅要求学生学习本专业以外的知识技能,而且应对过分狭窄的专业教育进行改造。此外,更为重要的是,还应统领学生在本科教学所有方面的形成和发展。其教育手段不仅包括有计划安排的显性教育,还包括隐性教育。美国通识教育培养模式下培养出来的学生不仅学有专长,术有专攻,而且在智力、身心和品格各方面能协调而全面的发展;不仅具有高尚的道德情操、独立思考及善于探究和解决问题的能力,而且能够主动、有效地参与社会公共事务,成为具有社会责任感的公民。

七、美国大学通识教育中的隐性教育对我国的启示

(一)我国大学通识教育中隐性教育存在的问题

1. 校园环境缺乏人文教育

通过走访部分高职院校,发现隐性课程的建设虽然得到较大的重视,各高职院校都在纷纷扩大校区、铺设新路、盖建新楼、绿化草坪、美化校园。学校只为学生创造了一个良好的学习生活环境,但却忽视了人文精神的塑造,具体表现在学校布局没有规划,物质建设没有体现学校特色,校园环境不能使学生体会到一种独特的文化底蕴和人文教育。

2. 教育管理缺乏人文关怀

一个学校的管理理念、管理体制、组织结构及其运作机制的价值观,是大学精神的集中体现。无论进行怎样的教育改革,真正的大学都应该在长期实践基础上形成自己独特的社会文化形态,以此作为大学的核心竞争力。大学精神的

重点应该是,以人为本的人文精神和着眼未来的超越精神。但是目前我国的教育管理一直比较注重制度管理,强化对各项教育管理规章制度的建立和完善,强调"服从性"、"统一性",使教育者和学生被动地接受命令和要求,学生的主动性和创造性得不到充分发挥。大学在这种僵硬的管理模式中失去了人文关怀。

3. 文化建设缺乏人文精神

一所大学的精神是长期积淀的一种文化,它不可能像盖房子一样短期内拔地而起,也不可能由于短期内增加了几个教授而一飞冲天。如果说高大的建筑、美丽的校园、一流的设施、甚至一些精英人物的短期存在只是一所大学有形的一面,那么大学精神则是一种内在的、具有内生动力的发展源泉。有形的东西可以通过其他手段拥有,而大学精神却需要长期的养成。

当代高职院校面临的最突出的问题是人文精神的缺失,表现在人文精神滑坡、目标功利化、官僚化,缺乏主体意识和办学特色。

4. 校园活动缺乏教育渗透力

"只有学生没有教授的校园是不和谐的大学。"著名高等教育专家、原教育部高教司司长王冀生教授在上海交通大学闵行校区题为"大学文化与一流大学建设"的演讲中,批评了国内许多大学的豪华新校区只有学生"留守"的怪现状。王冀生教授指出,目前国内许多高校为扩大办学规模,纷纷在郊区建立分校,造成"教授上课来,下课走"的现象,这样的大学不可能成为一流大学。

大学生在交往与活动中所受的教育影响是直接而有效的。在校园中开展的各种娱乐性、学术性活动要具有教育渗透力,大学班风、校风等隐性课程因素对大学生理性发展有重要的间接意义,而教授导师的榜样影响更是意义非凡。"教授上课来,下课走",使学生校园活动缺乏了教育的渗透力。

(二) 对我国通识教育隐性课程建设的启示

1. 合理定位

高职院校要确定科学合理的办学定位,必须以增强本校的综合实力与核心竞争力为准则,根据本校的办学传统、资源条件、特色优势和社会经济环境,来确定在什么领域、层次做出自己的贡献。要尊重历史并充分挖掘传统资源,面向社会结合区域经济发展需要和社会需求,尤其要突出个性并结合本校办学优势和特色进行合理定位。

2. 树立"以人为本"的服务意识和教学理念

坚持"以人为本",最主要的是以学生为本和以教师为本。第一,"以人为本"就是要相信师生员工的积极性和创造性,依靠师生提升核心竞争力。第二,要把"以人为本"作为培育核心竞争力的出发点和落脚点,在制定教育计划时,要充分尊重师生的权利和个性,以充分考虑他们的正当利益和合理要求为出发点。在组织实施教育活动时，要充分理解人、尊重人，以实现师生的利益需求为落脚点。第三，要把"以人为本"贯穿到教育工作的全过程。

3. 完善以激励制度为龙头的管理制度

广义的管理制度包括激励制度和监控制度两个方面。提升核心竞争力不仅要有监控制度，更要有相应的激励制度。激励制度包括高职院校的考核奖励制度和与此相关的分配制度、福利制度、薪酬制度等，它决定教育过程中资源的分配规则。高职院校如何考核教师的教育绩效，昭示着学校的价值标准，关系到学校的发展方向，对此管理者不应忽视。

在构建内部激励机制的时候，要将短期激励与长期激励有机结合起来。短期激励是必要的，津贴制度和物质奖励的实行，能在短期内激励教师勤奋工作，但核心竞争力的生成毕竟是个长期的过程。从长期激励的角度出发，学校应当创造一种环境，使教师树立起与学校一起成长的精神需要。

4. 强化比较竞争力，保持持续竞争力

比较竞争力就是树立起有别于其他大学的独特性，并把这种比较差异转化为竞争优势。追求学校之间的差异是源于社会对大学教育需求的差异性。一是发展目标的差异。发展目标决定着发展方向、发展模式和发展策略，是竞争实力的综合体现。二是专业发展差异。大学尤其是高职院校由于资源的有限性，不可能在所有专业上都取得优势，必须选取一定的学科或专业作为主攻目标，集中资源，形成竞争优势。

第十章　高职教育通识课程评价

在通识教育教学评价中,必须将课程评价作为全面衡量学生发展质量和通识教育课程质量的一个重要组成部分,制定适合于高职院校运行特点,适合于教师、学生和教学环境的指标体系和评价办法。

第一节　通识教育课程评价模式

在我国,高等院校的教学质量的评价,一般比较注重"硬指标",甚至有时会过于夸大"硬指标"的作用。这种可以量化的"知性取向"的衡量指标和手段,恰好反映出通识教育在高等教育中的失位,以及对通识教育进行评价的特殊性、复杂性。不过,对通识教育的评价并非无能为力。通识教育应依据一定的标准或条件,通识精神的培养应立足于人才培养目标,不断加强理论和实践操作研究,对通识教育采取定性分析与定量分析相结合的办法,最后做出基本符合客观实际的正确的通识教育评价,并提出改革和完善通识教育的合理化建议,这完全是可能的,也是可行的。因此,明确评价目标,遵循评价原则,是保证克服不利因素影响的重要条件。评价不仅是一个价值判断的过程,而且也是一项综合诸多因素的系统工程。

一、评价机制的构建原则

高职院校通识教育改革的难点与重点在于教材建设及考评标准的确定。首先应制定一个高职人文素质训导大纲,大纲制定时完全可以按照职业核心技能的"工作活动"、"技能要求"、"培训与自学指导"、"考评指导"四个方面,对人文素质训导的目标、内容、程序、考评做出定量定性的规定,在此基础上再进行培训教材的编写与考评体系的建设。在教材建设上要突破传统文本教材的概念,建设一种新型的全方位的立体教材,这种教材除了教学目的与标准确定以外,其案例与相关资料应该建成一个分类资料库,可以随机抽取与运用,达到教学内容活化的目的,以避免学生将此课程变成一种记忆性模式化的课程。在具体教法上要以案例、情境、模仿和讨论为主,以确保学生的主体作用,确保教学效果。

要从根本上解决高职通识教育过程中存在的问题,特别是领导重视程度、队伍建设力度、经费投入额度和培养目标等问题,可参照当前高职院校示范性建设工作的模式和工作原理,结合通识教育的特点,先行在不同类型学校搞试点,待工作过程评估和工作效果评估取得一定经验后,再加以普及,可收事半功倍之效。从评价机制看,面对通识教育这项系统工程,需要构建通识教育的导向机制,形成通识教育与科学教育相融合的教育理念,以避免再犯类似科学主义和人文主义、现代主义和后现代主义等错误思潮的倾向;需要构建通识教育的动力机制,从理论与实践的角度、历史与现实的联系、成功与挫折的起伏等方面,逐步改变对通识教育形而上学的看法;需要构建通识教育的创新机制,不拘泥于传统的教育内容和教育方法,切实解决通识教育的普及和提高的问题;需要构建通识教育的操作机制,调动和发挥广大师生共同参与通识教育实践活动的积极性与创造性,真正使各方面协调一致、形成合力;需要构建通识教育的保障机制,在组织领导、监督检查、政策导向、资金投入等方面,确保通识教育工作的有效开展。实际上,评价机制就是建立在这样的基础之上,并反作用于它们的运行机制。

教育评价是管理的一种手段,是教育管理的一个环节。教育评价作为一种价值判断和管理手段,具有社会性和权威性。因此,应充分发挥教育评价的"指挥棒"作用,通过评价,向学校教育管理部门提供有关教育工作和教学改革的反馈信息,为学校的教育决策和教学改革提供科学的依据;通过评价,保护改革的积极性,巩固改革成果,引导改革方向,促进教育模式、人才规格和教育过程的组织等主动适应知识经济发展的需要;通过评价,充分调动各方面的积极因素,发挥各业务部门抓好教育教学工作的主动性、积极性和创造性,进一步提高学校教育教学工作的规范化、标准化水平,完善学校的教育评价制度。坚持质与量的结合、评与建的结合,采取激励措施,建章立制,以评促建,以评促改。

通识教育课程评价是指按照一定的价值标准,对受教育者在接受通识教育课程后人文素质的发展变化及构成其变化的诸种因素所进行的价值判断。通识教育评价是通识教育的重要组成部分,也是通识教育管理的重要手段,是完善通识教育的必要条件。作为教育管理过程的基本环节,通识教育课程评价是通识教育决策的基础,对通识教育具有重要的反馈调控作用。作为教育管理的重要手段,通识教育课程评价又是一项系统性、科学性很强的工作,必须采取科学的方法,有计划、有步骤地获取有关教育活动的可靠信息,并根据教育的目标对其作出科学的价值判断。

二、评价体系的构建原则

研究建立科学、规范、可操作性的通识教育课程评价体系,有利于确立正确的通识教育价值观、人才观、质量观和教学观,有利于构建具有自身特色的通识教育培养模式,有利于学生知识、素质、能力的全面协调发展。这对进一步更新教育思想、转变教育观念、拓宽教育渠道、整合教育资源、优化培养方案、深化教学内容和课程体系改革、提高教育质量和教育效果具有巨大的推动作用。通过教育评价,可以向学校教育管理部门提供有关教育工作和教学改革的反馈信息,并对其做出科学的价值判断,从而为学校的教育决策和教学改革提供科学的依据;可以充分调动各方面的积极因素,发挥各业务部门抓好教育教学工作的主动性、积极性和创造性,进一步提高高职院校教育教学工作的规范化、标准化水平,完善学校的教育评价制度。

通识教育是一个庞大的系统工程,涉及方方面面。教育质量受多方面因素的影响和制约,学生质量也是其主观因素、学校因素、家庭因素以及社会因素等客观因素共同作用的结果。因此,通识教育课程评价既要重视第一课堂的评价,又要重视第二课堂的评价;既要重视显性课程的评价,又要重视隐性课程的评价。不仅要重视课堂教学评价,更要重视学校通识教育环境、校园文化建设、学生社团和社会实践活动以及通识教育基地等方面的评价;不仅要重视学生基本知识的评价,更要重视学生思想道德、才智、心理品质、行为习惯、兴趣爱好等方面的评价;不仅要评价教学工作,还要评价教学管理和教学保障等,以考察"教书育人、管理育人、服务育人、环境育人"的总体水平。

通识教育具有教育对象的全体性、教育内容的基础性、教育空间的开放性、教育目标的全面性等特点,决定了任何一种评价方式不可能是万能的,不可能做出全面、准确的判断。通识教育评价应根据不同时期,针对不同评价对象,采取不同的评价手段和方法。不仅要重视总结性评价,而且还要重视过程性评价;不仅要重视他人评价,还要重视自我评价;不仅要重视质的评价,而且还要重视量的评价;不仅要重视共性评价,还要重视个性评价;不仅要重视虚的评价,还要重视实的评价;不仅要重视静态评价,还要重视动态评价;不仅要重视短期评价,还要重视较长时段评价;不仅重视要基本评价,还要重视特色评价;不仅要采用定量评价,还要采用定性模糊评价,同时还要借助诊断性评价、分析评价和综合评价;等等。

教育评价是一种系统地收集信息和解释证据,并在此基础上做出价值判断的过程。建立价值判断的标准是通识教育课程评价的核心。因此,通识教育课程评价要站在教育全局的高度,对教育理念、教育思想、办学条件、办学水平、管理水平、课程建设、教育教学改革、教育活动的组织实施、教学保障和教育效果等做出全面、科学、客观、准确的判断。要从全局的观点和立场出发,了解通识教育的全貌,把握通识教育的整体及其发展的全过程,解决教育评价中的局部问题。一方面要抓住评价标准的全面性,另一方面还要抓住评价过程收集信息的全面性。评价标准的制定要坚持先进性、方向性、可行性、群众性和激发协作精神,要以科学文化素质和基本道德规范教育为基础,以理想信念教育为核心,以爱国主义教育为重点,以培养高职学生人文素质和全面发展为目标,重视和加强校风、教风、学风建设,重视校园人文环境和自然环境建设。

指标体系的设计要坚持科学性、方向性、独立性、可测性、可比性和简易性原则。评价的过程实际上是一个诊断的过程。通识教育是一个系统工程,其效果是综合多种因素形成的。人文素质的形成是一个长期的内化过程,它是通过长期的潜移默化的作用才形成的,具有内在性和长期性。同时通识教育具有教育效果的潜隐性和表征的多样性与模糊性等特点,通识教育的这些特点,决定了通识教育课程评价的长期性、艰巨性、连续性和复杂性。因此,通识教育评价的主体在教育评价的过程中,必须坚持教育评价的连续性原则,应用多种评价方法,从发展的观点出发去评价教育成果。

三、通识教育课程评价的特点

(一) 评价内容的广泛性

通识教育评价要以教育的全部领域为对象(包括与教育对象相关联的各个方面的实态把握和价值判断),以学生为重点,着眼于人的全面发展,从德智体美等多方面提高学生的素质。而当前的教育评价,仍是以本学科、本专业书本和课内知识为主,注重评价本专业教学计划内学业完成情况,忽视了跨学科、跨专业的综合性知识的掌握和运用;注重评价智力因素,忽视了创新意识、创新精神和实践能力等非智力因素。因此,在进行教育评价时,既要全面评价学校的办学理念、办学水平,又要全面评价学生的质量;既要评价学校的课程建设,又要评价学校的办学条件、校园规划、建筑风格和格局等;既重视第一课堂的评价,又要重视课程的评价;既要评价教学工作,又要评价教学管理和教学保障等,以考察"教书育人、管理育人、服务育人、环境育人"的总体水平。这一切,不可避免地要用到多种测评手段、多种测评角度、多种测评标准来进行,而其必然是动态的评价。

(二) 教育效果的潜隐性及其表征的模糊性

通识教育效果的养成不是一蹴而就的事情,绝不可能在短期完成,而是通过人文知识的教育、人文环境的熏陶、社会实践的锻炼,潜移默化地发挥作用、长期地内化形成的,它是无形的,具有潜隐性特点。通识教育效果的潜隐性,表征的多样性和模糊性,决定了通识教育评价的复杂性和艰巨性,其评价较难以量化的形式清晰揭示出来,而必须通过多种评价方式,经过综合分析才能做出判断。

(三) 评价方法和手段的多样性

传统的人文素质评价方法是以单一量化排序为手段,注重排序的结果,忽视产生结果的过程,注重总结性评价,强调评价的鉴定,忽视评价的形成过程以及评价的改进和指导作用。因此,在今后的评价中必须既重视总结性评价,又重视过程性评价;既重视他人评价,又重视自我评价。将质评和量评、基本评和特色评、定性评和定量评、短期评和长期评结合起来。

（四）评价客体的自律性

在通识教育评价中,教师、学生、教学管理者既是评价的主体,也是评价的客体。评价客体,特别是人作为客体,并不是完全处于被动地接受评价的地位,而是需要发挥主观能动性,自己对自己做出评价,这是通识教育评价对客体提出的要求。在重视自我评价或内部评价的同时,还要重视他人评价或外部评价,正确处理好二者的关系,使其尽可能做到二者的和谐结合。

四、通识教育课程评价举要

（一）基本内容

以学生主体为例,美国哈佛大学心理学家加得纳认为,人的智力是由语言智力、数理逻辑智力、空间关系智力、运动智力、人间交往智力、自我反省智力、自然观察智力和存在智力等九种智力构成。这九种智力在每个人身上以不同的方式、不同的程度组合存在,使得每个人的智力都各具特色。

在进行课程测评时,可以根据学生的这九种智力划分为六个方面来进行,其内容包括:[①]

（1）德育测评主要评估学生政治表现、思想修养和道德品质、日常行为规范、遵纪守法、学习态度、集体观念、劳动观念等。

（2）智育测评主要评估学生选修课的学习成绩与学习效果、发表论文和文艺作品等。

（3）参加、组织活动能力测评主要评估学生在文体活动中的表现及成绩、组织管理、参加社会社团、公益活动等。

（4）技能测评主要评估学生的专业技能、资格证书等。

（5）创新能力（创业能力）测评主要评估学生的科学研究和创新能力、创业项目等。

（6）人际交往和心理健康测评主要评估学生的心理素质、心理健康、与陌生人沟通的能力、为人处世能力、与异性交往的能力等。

测评总分为100分。其构成、比例和成绩计算方法如下:

---

① 崔相录:《二十世纪西方教育哲学》,黑龙江教育出版社2006年版。

（1）测评的构成和比例：德育测评占20％，智育测评占20％，组织活动测评占15％，技能测评占15％，创新测评占15％，人际交往测评占15％。

（2）测评成绩的计算方法：人文测评总分＝德育测评得分×20％＋智育测评得分×20％＋组织测评得分×15％＋技能测评得分×15％＋创新测评得分×15％＋人际交往测评得分×15％。

测评结果归入学生个人档案。各班按学生学年测评得分的名次和专业知识考试的名次，两个方面来进行评优评奖，只有两方面都达到一定名次，才可允许参加；学校和院（系）按照毕业生测评总分名次进行就业推荐；其中德育测评不及格不予毕业。

实施综合测评必须坚持客观、公正、民主、公开的原则。学生的通识教育课程评价宜采用多样性的评价方式。多样性的评价方式即在非结构化的情景中评价学生学习结果的一系列评价方法，其中主要是"另类评量"。它不是以单一的多项选择方法，而是以观察、记录、让学生完成作品或任务、团体合作计划、实验、表演、展示、口头演说、检核表等多种方式进行；不是从单一的考试背景中，而是从广泛的背景（从教室到家庭到社会生活）中收集信息；而收集到的也不是单一的对标准呈现的试题反应的信息，而是在多种智力活动中如言语、数理逻辑、视觉空间、身体动作、音乐、人际和自我等显示出来的各方面表现的信息。

（二）基本形式

通识教育开展以学生为主体的课程评价，可以概括为以下几种形式：

1. 成长记录袋。它的意义在于使教师能全程掌握学生的能力迁移和认知过程，从而为"因人施教""对症下药"创作了条件。成长记录袋中包括每学期的人文素质评价表、三年的总评价表，道德品质、公民素养、学习能力、交流与合作、运动与健康、审美与表现等六个方面突出表现的材料及其他有价值的材料。成长记录袋须进入学生档案。

2. 写作。鼓励高职学生从事论文写作、文学创作、新闻通讯的撰写，并鼓励其向有关学术刊物、报刊、电台、杂志积极投稿或发表相关论文，并设立智育奖励分。

3. 展示。鼓励学生通过各种活动展示自己的组织能力、管理能力、协调能力、创业能力、演讲能力、歌唱能力。例如，对学生的社会实践活动学分的考核，可以做如下规定：学生参加社会实践活动的表现及成果，应作为学生通识教育测评、社会调查课程成绩评定、三好学生与优秀团员等荣誉称号评定的依据之一。社会实践活动每学期都有一定分值，学生应认真参与，积极对待。每项实践活动要做到有方案、有总结、有完整活动资料。集体成员参加的社会活动项目，每项活动后要采取汇报会、图片展等形式进行活动总结，并选优参加学期开学后进行的学院"暑假、寒假社会实践活动"汇报会和图片展。各团支部组织开展暑期、寒假社会实践活动的表现及取得的成绩,作为团支部创优晋级和先进班集体的考评项目之一。每一位学生都应在活动结束后认真撰写相关研究报告,并将研究报告以班为单位上交到各院系(部),由院系部组织专业教师进行打分。

4. 创业规划设计。高职院校培养的目标是"懂技术、会应用,有一定的创新能力、创业能力"的新型技术应用型人才,其就业的途径主要是企业的技术性岗位。还有众多的高职毕业生,由于掌握了一定的技能,会独立创业。因而,在高职教学过程中,必须未雨绸缪,提高学生的创业意识、创业责任感、使命感,并采取多种方式进行测评,将创业能力和创业项目纳入必修课的范围之内,以便学生在校期间即对创业的相关内容了然于胸,从而在步入社会后,能很快地适应社会,融入角色,为将来的创业打下坚实的基础。高职学生要及早规划职业生涯发展,合理安排生活节奏。在创业能力上,要求每个学生都有一个创业项目。项目不分大小,但要落到实处。无项目的学生,学校在每学期进行创业测评时,不予以及格。另外,为切实加强学生的创业能力和分散创业风险,学校可视市场的预期前景,启动金额从几百元到几万元不等的"大学生创业基金"。对市场效益显著的项目,学校可不忙收回资金,而是以"入股"的形式,占有项目的股份,以便实现创业项目的良性运转。

5. 优秀读书笔记、优秀影片观后感、优秀讲座听后感的收集、编撰成册。在高职学生通识教育测评的六个方面中,其中有一个《参加、组织活动能力的测评》。活动测评可分为六大块:① 读百部名著,② 观百部影片,③ 听百次讲座,④ 文体艺竞赛活动,⑤ 社会公益及实践活动。对于前三项活动,校通识教育认证中心,可按照各年级 10% 的比例选评优秀"读书笔记"、优秀"影片观后感"、优秀"讲座心得体会",并将其分别汇总,制作内部刊物《优秀"读书笔记"集锦》、《优秀"影片观后感"集锦》、《优秀"讲座心得体会"集锦》,分发到每个班级。

(三) 基本制度

依据评价的多样性的评价方式,应构建交叉性的评价主体,通过不同制度和载体进行评价。

1. 学校依据本方案,结合学校实际,制订学生综合素质实施细则。实施细则应包括明确的评价标准、清晰的评价程序以及相关责任人等内容。

2. 学校在组织实施综合评价过程中,要充分发扬民主,采取学生自评、同伴互评、任课教师评价、班主任评价、学校评价等方式进行评定。通过评价激励学生成长。

3. 将学生的每学期通识教育评价放入学生的成长记录袋,在学生就业、专升本时向相关的单位、高校寄送,以便用人单位、相关高校及时地查知学生的人文素质情况,从而进行正确的评价。

4. 在学期末和毕业前,学校应以书面形式将评价表通知学生本人及家长,以便学生本人和家长及时指导自己的评价情况,从而建立"自评＋他评＋家长评＋学校评＋社会评"的"五位一体"的评价模式。各评价内容得 A 等的学生在校园内公示。若学生及其家长对评价结果有异议,应以书面形式在公示期间向学校通识教育评价工作领导小组提出申诉或复议;学校通识教育评价工作领导小组应在收到申诉或复议之日起 7 日内给予书面答复。如学生及其家长对学校通识教育评价工作领导小组的复议仍有异议,可以通过正常的途径和程序向教育主管部门反映。

5. 评价项目抽测制度。学校不定期组织对学生的理化生实验操作能力和音乐、美术、舞蹈、体育等项目 A 等的学生进行抽测。一旦发现有弄虚作假、违反规定评价程序操作的,一律取消其相应的等级,并将抽测学生的有关情况记录在案,并追究相关责任人的责任。

6. 年度非诚信班主任或测评教师公示制度。对在实施学生评价过程中存在非诚信现象的班主任或测评教师,学校采取适当的形式在全校公示。

高职院校的内部评价主要在于加强组织领导,开展对通识教育的研究,把工作做得扎扎实实。通过成立通识教育工作领导小组,对通识教育工作给予必要的指导和关注;加大投入,支持课程建设、课题研究、购置图书资料等,丰富文化素质教育手段;定期做好检查督促工作,将通识教育工作开展的好坏作为衡量学校、有关部门、系部工作实绩的重要指标。将"通识教育工程"纳入学生管理之中,把从学校获得的学生参加通识教育活动的情况,作为学生的重要考核资料进入档案管理,纳入学生评先、评优、评定奖学金等内容;纳入班主任工作重要日程,作为重要考核内容之一;作为学生综合测评的重要考核条件。联系高职院校开展对通识教育工作进行校本研究,制定切实可行的研究方案,本着边研究、边产出、边应用的原则,深化通识教育研究工作,力求形成一批成果,培养一支队伍,养成一种氛围,从而保证通识教育的深入开展,扎实地提高通识教育的水平和成效。

第二节　通识教育课程评价体系构建

一、通识课程评价的必要性分析

对通识课程评价的必要性判断可以从评价的外部价值和内部价值两方面来考虑。前者揭示来自社会发展与高等教育自身发展所带来的要求;后者则揭示因通识课程本身不断完善的要求而对通识课程进行评价的必要性。通过这两个方面的分析,可以进一步明确为什么要对通识课程进行评价？这样做对学校、教师、学生和社会而言有什么重要意义？

（一）从外部价值看通识课程评价的必要性

1. 开展通识课程评价是回应大学内外责任压力的需要

20 世纪 80 年代以来,世界高等教育进入以提高质量为中心任务的时代。许多外界机构给高等教育界施加压力,要求大学解决评价问题。大学的"浪漫"时代结束了。高等教育领域正在发生一种"教学文化"的根本转变,包括从"几乎不加论证地假设"到"评价、论证"的转变,从"教学和教师为中心到学习和学生为中心"的转变。高等教育界正在开展一场重要的评价运动。①

高校扩招后,国家的成本大幅提高。同时,由于相当部分的高职学生来自于低收入的家庭,个人成本对于学生及其家庭来说也比较高。扩招导致的成本增长使得对高等教育感兴趣的人数增加,引发了人们对高等教育质量的关注。过去,高等教育的精英体系可以将他们的教育质量和出色归于其"准入"机制上,因为只有"最好"的学生才能成为高校学生,只有"最有能力"的人才能成为高校教师。这种假设使人们忽略了评价的必要性。而扩招动摇了这一假定的前提,使评价逐渐走入人们的视线,成为现代高等教育管理的有效手段。

通识课程作为包括高职教育在内的高等教育的一个重要组成部分,理所当然地应该接受质的审查。现在的情况是,高校似乎在极力回避明确说明其学生接受完通识教育后会具备哪些方面的能力,学校很少愿意描述教学目标和评定通识课程帮助学生达到这些目标的有效性。有的教师把要求阐明和衡量学习成效和安排课程体系结构的做法视为一种对他们教学自由权利的侵犯。其结果是拿不出什么证据来证明学校通识教育的成功之处。高等学校这种对通识课程质量漠然处之的态度,使其难以走出种种通识课程改革遇到的困境和掣肘。要增加支持的话,就必须把通识课程体系、课程与教学明确说明的目标以及学校的总目标相结合;否则的话,大学就不可能拥有家长、学生、社会和我们自己所要求的有效的通识教育体系。

进一步来看,通识教育类似无所不包的理念也使得课程的多样性得到大发展,各高职院校在推进通识教育改革进程中推出了越来越多的通识课程供学生选择。由此而引起的课程的庞大规模和复杂化使得通识课程的管理者越来越难于用感觉来衡量课程的状况。与此同时,教学资源的相对贫乏也不允许任何不加考虑的浪费。因此,课程管理者要求了解更多的关于通识课程的运转情况。另外,高校还可通过实施通识课程评价来向外界展示课程改革绩效,赢得更多的

---

① 韩凝:《对高职院校通识教育课程体系的认识》,《科教文汇》2008 年第 4 期。

认同和支持。通过通识课程评价,学校可以向公众展示通识教育的有效性,展示通识教育赋予了学生怎样的能力,从而对社会做出了怎样的贡献。总之,通识课程评价面临来自外部和内部的种种压力,评价通识课程的质量应该成为高校的自觉责任。

2. 开展通识课程评价是在全校范围内形成重视通识教育质量氛围的需要

通识课程评价可以对一所学校起到彻底变革的作用。但是,这种作用要得到实现的话,一些核心价值观,比如说系统搜集与学习成效相关的数据与信息,改进学生的学习结果中指向通识教育价值的那部分等,必须成为学校文化中不可分割的一部分。成功的评价不仅仅意味着评价的技巧、过程,甚至结果;它还会影响到教师群体如何看待自己的工作和对学生应负的责任。值得注意的是,评价文化即使在高等教育评价起步较早的国家的高校中,也都尚未发展到使评价成为学校常规性行为的阶段,它的成长还需要不断地呵护和支持。

一项有生命力的通识课程评价规划要求教师突破学科和系科的樊篱,从整体的角度看待学生的学习,共同承担起实现学校教育目标的责任。在现在的高职院校中,这种责任感既不容易激发起来,也不容易维持下去。通识课程变革尤其需要精心建立这样一种群体责任感,因为通识课程体系涵盖多个学科领域,课程分散,缺乏内在联系。通识课程属于每一个系或专业,又不属于任何一个系或专业。通识课任课教师往往不把自己所教的这门课当作通识课程体系的一部分。结果,通识课程一盘散沙,内部凝聚力严重缺失,像一个"分裂的大家庭"。通识课程评价方案制定过程中,要对整个通识课程体系作通盘考虑,围绕各个通识能力领域教育目标,提炼各领域的学习结果目标。这样做的好处是打破学科界限,综合、全面地分析通识课的目标学习结果,因而有效地促进了把通识课程体系看作一个整体,至少是由若干个通识能力领域构成的整体。通识课程整体性的加强有助于增强通识教育的凝聚力,促使通识教师自觉参与到通识教育目标的实现过程中来,让他们考虑自己所做的工作对学校通识教育目标能做出何种贡献。

成功的评价机制能够使教师和学生都受益无穷,变革在双方的交互作用中更有可能达成一致。评价把所有教学部门都卷了进去,促使教师去研究解决通识教学目标、课程设计和教学效果方面的重大问题。学生也可以通过参与评价活动从而了解到学校建立在评估结果基础上而向他们提供了哪些服务,明确学校期望他们通过接受通识教育发生哪些变化,进而激发学生的学习动机,促进通识学习的有效性。此外,教师的评价及学生的报告在评估中是他们的一项重要权力,学校应当提供措施满足这一需要。

重视通识教育质量氛围的形成显然能成为学校通识教育的一大进步,对推进通识教育改革意义深远。

（二）从内在价值看通识课程评价的必要性

1. 通识课程评价是进一步澄清通识课程目标的需要

泰勒在谈到教育评价概念时提出，教育目标实质上是指学生发生的变化，即在学生行为模式中产生某种所期望的变化。由此可见，评价目标与教育目标具有一致性。通识课程评价的一个最大困难就来自于其目标明确上的困难，人们很难真正说清楚通过实施通识教育希望达到哪些目标。通识教育的目标是要培养满足现代社会要求的合格"公民"和"全人"；培养学生的知识文化素养，使其具有合理的知识结构；对学生进行基本能力的训练，使学生具有合理的能力结构；培养大学生高雅的情趣和完善的人格结构，使其具有完美的人性。那么，我们的通识课程目标就应该围绕通识教育的目标而展开，但从实际情况看，现有的目标较多地强调以政治素质为首的全面素质的培养，而忽略了最基本的公民素质的培养；从提高工作适应性的角度来拓宽专业面，忽视了对学生合理的知识结构的培养；重视对学生获取知识能力的培养，对培养学生合理的能力结构考虑不多，对社会交往能力、语言表达能力、审美能力等的培养考虑不多，可以说大多数高校都缺乏明确而完整的通识课程目标。没有完整而全面的通识课程目标，又怎能开发和设计出高质量的通识课程呢？泰勒在讲到评价的价值和用途时指出："如果在课程设计过程中，教育目标还没有得到澄清的话，那么，评价是澄清教育目标的一种有力手段。"①开展通识课程评价，在通识课程目标得到足够清晰的界说前是不可能进行的。因而开展通识课程评价是进一步澄清通识课程目标的需要。

2. 通识课程评价是改进通识课程体系的需要

美国课程学家斯塔弗尔比姆说过："评价最重要的意图不是为了证明，而是为了改进。"②由美国高等教育委员会于 1986 年授权的一项研究显示，高等学校管理者在重视内部学术课程评价的目的上存在广泛共识，超过 90% 的管理者认为教学改进是学术课程评价的主要目的。

通过对通识课程的评价，高职院校通识教育的各个部门能够更加互相了解、促进、协调，从而对整个通识课程体系进行改进和提升。通识课程评价可以促进学校主管部门管理的科学化。通识课程评价运用系统论、信息论、控制论的原理，不仅本身具有不断调节和适应的功能，而且更主要的是由于它是建立在教师、学生、管理者全员参与的基础上的一种民主评价方式。通过通识课程评价获取大量有关信息，因而有助于管理者准确地了解课程现状，合理调整课程结构，明了教学上急需解决的问题，科学地制定课程长远的和近期的建设规划。

---

① 单中惠：《西方教育思想史》，山西人民出版社 1996 年版。
② 王天一：《外国教育史》，北京师范大学出版社 1993 年版。

　　通识课程评价的目标除了要了解目标达成程度,判断改革成效外,更多的是为了促使学校重视通识教育,积极树立自身通识教育特色;促使学校察知自身通识教育存在的问题,增强改善问题的动机。

　　用通识课程评估来促进通识课程计划的制订,经验证明这是对课程内容改进非常有效的途径。有人指出,"学生和教师对通识教育质量的责任感对于讨论和修订通识课程有重要的推动作用"①。事实上,在已经具备通识课程评价机制的院校中,课程评价所面临的最大挑战是,通过评价要向公众证明通识课程评价对学生学习结果有促进作用。

　　3. 通识课程评价是通识课程设计和完善过程的一个必不可少的环节

　　在传统的概念中,课程评价是课程设计的一个组成部分。课程理论中现代主义的经典范式——泰勒原理,即课程编制的四个步骤:第一,学校应该追求哪些教育目标? 第二,如何选择可能有助于达成这些教育目标的学习经验? 第三,如何组织学习经验才能使教学更有成效? 第四,评价学习活动达成教育目标的程度。20世纪 60 年代以后,在各国大规模的教育现代化进程中,课程编制逐渐成为一项由课程计划、实施、评估以及修订组成的具有连续性和开发性的工作。随着课程和课程理论研究的深入,课程评价的概念不再局限于对既定目标达成程度的描述,而更多地强调为改进课程,即为课程的再设计提供有效的信息。

　　有一种趋势是,高职院校已经定期实施形式多样的内部课程检查。评价被看作是课程持续过程的本质属性。在决定什么知识应该构成教育内容,在一门课程中应如何组织它以及应如何把它传授给学生等方面,定期检查通常被认为是必要的。通识课程体系也应遵循一般课程的规律,把通识课程评价纳入到整个通识课程体系中来,使通识课程评价与课程设计形成一种开放的良性循环系统。

　　包含通识课程评价的完整通识课程体系、有利于建立自省机制,有利于增强学校改善通识课程的动机。通识课程评价是通识教育理论与其课程建设实践关系的中介。通过通识课程评价,一方面将通识教育理论具体化为一系列指标体系,用以指导通识课程设置、设计、实施等一系列实践环节,调节校正改进通识课程建设;另一方面,又通过对通识课程建设实践的评价,来检验通识课程理论,从而在通识教育理论与实践之间架起桥梁。

　　通识课程评价是实现通识教育理想的基本途径。合理的通识课程评价应与其所追求的通识教育理念有着内在的一致性。通过对通识课程价值的不断反思,恰当处理外部价值与内在价值之间的关系,最大限度地实现通识教育理想,这就是通识课程评价的基本使命。

---

　　① [法]保尔·朗格朗著,周南照等译:《终身教育引论》,中国对外翻译出版社 1996 年版。

二、通识课程评价的特殊性分析

通识课程是通识教育理念在课程中的具体落实,通识教育的使命决定了通识课程不同于一般专业课程的特点。而通识课程评价的特殊性则来源于通识课程所表现出来的特殊性上。

通识教育的使命尽管随着时代和学校任务而有所不同,但其基本内容都在于造就学生高尚的人格,使学生能获得全面而自由的发展。具体来说,就是养成正确做人的态度,能恰当待人处世,成为负责任的公民;锤炼学生的交流和应变能力,使他能不断充实和完善自我,以适应社会生活和科学技术的千变万化。这里,最重要是要养成一种态度,其核心是"尊重",即对自我、他人、社群、民族、国家、人类、职责、事业和自然的尊重。简单说来,就是学"做人"和"做事"。这当然是和专业教育相辅相成的。这样,通识教育的目的实际上就在于提升一般的"文化"。这文化就是人文教化,就是"人化",就是"道",就是怎样做人、做事,做一个继承了人类文化优秀遗产和凝聚了人类优良品质,从而能在社会上安身立命、使自己获得全面而自由发展、使人类持续进步的人。

通识课程的特点就"特"在"文化"或"教化"上,而不在追求"知识"或"理论"。它既是"课",却不在"传授",而在滋润、陶冶、熏染和感化。当然,两者之间并没有一条决然的鸿沟,不可逾越,而是互相交融,你中有我,我中有你。没有知识,自然无所谓"文化",不讲道理,自然不可能"教化"。但是,这里有出发点和侧重点的不同,这就区别了通识课程和一般专业课程。这就是为什么通识课程不能开成以介绍一般知识为目的的"概论"、"入门"或"简介"课,类似"文艺概论"、"哲学入门"、"社会科学通论"、"自然科学简介"等。因此,通识课程不能光是知识介绍性的,而讲授通识课程也绝不能满足于学生记住了"知识点"、通晓了名词术语、理解了概念的含义,而是要使他们体会课程的实质和精神、了解对课程对象的独特研究态度和方法。在这点上,通识课程与"专业基础课程"是很不同的。"通识教育"更不是中小学普通教育阶段的"常识",教给学生一些作为中国人待人接物所必需的日常知识。通识课程应以知识作为载体而彰显其提升人的品格和气质的作用。

以上是从通识课程的本质属性上来分析通识课程的特殊性的。除此之外,从通识课程的范围构成、课程与课程之间的内在联系,以及学生的修习顺序上也体现出不同于专业课程的特殊性。首先,通识课程范围广泛,融合了多种通识目标和多种教学方法。通识课程分布在各个领域,几乎涉及每一个学科;通识教育的目标也是多样化的,包括了培养一个"全人"需要发展的多种能力;多样化的目标和多样化的课程使得在通识课程教学上也融合了多样化的方法。第二,由于学生要从范围广泛的通识课程中选修,一个很明显的结果是,不同学生的通识课程缺乏一致性,修完课程计划的时间表也缺乏一致性,且不同专业对不同通识能力的要求也不同。

通识课程评价的特殊性就在于在评价中要充分考虑以上通识课程的特点,这也是造成通识课程评价异常复杂的原因之一。

表 10-1 为骨干通识课程建设指标体系及评价标准。

表 10-1　骨干通识课程建设指标体系及评价标准

一级指标	二级指标	评价标准		权重系数	评价系数				需要提供的实物及佐证材料
		A 级	C 级		A 4	B 3	C 2	D 1	
1 师资队伍建设	1-1 师资结构	1. 该课程教师中,高职称教师比例≥20%	该课程教师中,高职称教师比例≤20%	1.4					师资现状一览表
		2. 课程负责人为副高职称的比例≥30%	课程负责人为副高职称的比例≤30%	1.4					
	1-2 学术水平	1. 近三年担任课程教师与承担的课程有关的校级以上(含校级)教学项目,或教学研究论文 1 篇/年·人(第一作者)以上	有近三年担任课程教师与承担的课程有关的教学研究论文	1.4					教学成果目录及证书。近三年教学研究项目及发表放的论文一览表及原件
		2. 近三年担任课程教师与承担的课程有关的校级以上(含校级)教学项目,或教学研究论文 1 篇/年·人(第一作者)以上奖励	有近三年担任课程教师与承担的课程有关的教学科研论文	1.4					
		3. 有省级(含省级)以上教学研究项目		1.4					
	1-3 师资培养	近三年该课程负责人和参加过教育职能部门组织的相关培训并取得证书,教学团队参加参培人数≥30%	近三年教学团队参加参加课程相关内容的培训人数≤30%	1.0					教师继续教育情况一览表

续 表

一级指标	二级指标	评价标准 A级	评价标准 C级	权重系数	A 4	B 3	C 2	D 1	需要提供的实物及佐证材料
2 教学目标特色与规划	2-1 课程目标	课程目标具体，可量化，与高职教育和学院专业定位结合密切。教学周期结束时实现率80%以上。	课程目标与高职教育和学院专业定位结合不密切，课程目标实现率不足80%	1.2					课程目标的说明及佐证材料
	2-2 课程特色	课程特色明显，在全省同一课程中具有原创性和独创性。	课程的原创性不强，与省内其他高职院校的同类课程有明显雷同。	1.4					课程优势和特色的说明及实物
	2-3 课程规划	有一个教学周期的全部课程规划书面材料。有修改、完善、补充的记录。规划经院教学指导委员会认可，好评率80%以上。	有一个教学周期的全部课程规划书面材料。无修改、完善、补充的记录。规划未经院教学指导委员会认定。	0.8					近三年的课程规划
3 教学条件资源和环境	3-1 教学条件	近三年有用于改善和提高教学条件的财物投入	近三年无用于改善和提高教学条件的财物投入	1.0					相关实物
		有完善教学条件的实施计划，能按教学大纲提供配套支持，支持年度实现率在80%以上	无完善教学条件的实施计划，能按教学大纲提供配套支持，支持年度实现率≤80%	1.2					近三年任课程的教学大纲
	3-2 教学环境	教学环境有丰富的人文载体和文化元素。物理环境洁净、安静、有课程风格	教学环境无人文载体和文化元素。物理环境卫生状况较差，无课程风格	0.8					能提供相关证明

一级指标	二级指标	评价标准		权重系数	评价系数				需要提供的实物及佐证材料
		A级	C级		A 4	B 3	C 2	D 1	
3 教学条件资源和环境	3-3 教学参考资料	与课程的配套率≥80%	与课程的配套率≤80%	1.0					提供相关资料
		主干课程的参考资料配合率达到100%,资料翔实、具体、信息和数据有更新机制	主干课程的参考资料配合率≤50%,资料陈旧、无更新。	1.0					能提供相关证明
	3-4 教学手段	多媒体教学率达到100%,有根据课程内容设计教学手段的具体规定和实施措施	多媒体教学率达到≤80%,无根据课程内容设计教学手段的具体规定和实施措施	1.4					近三年的相关资料及佐证资料
	3-5 考核方法	有考试课、考查课等多种考核方法,有试题库,使用率达到100%	考核方法单一,无试题库	1.6					近三年的相关资料
	3-6 试卷分析	近三年的试卷分析材料齐全,数据完整率达到100%。有根据试卷分析的教学反馈与改进。	近三年的试卷分析材料齐全率≤80%,数据完整率≤80%	1.6					提供近三年试卷分析
4 教学质量	4-1 学生评价	近三年的学生评价资料完备,评价级次清晰,优良率≥80%	近三年的学生评价资料有缺失,评价优良率≤80%	1.5					提供近三年学生评价成绩
	4-2 同行评价	近三年年度同行评价记录3次以上,年度同行评价量化分析资料3份以上	近三年年度同行评价无记录,无同行评价量化分析	1.5					近三年的教改成果材料或综述材料

续　表

一级指标	二级指标	评价标准		权重系数	评价系数				需要提供的实物及佐证材料
		A 级	C 级		A 4	B 3	C 2	D 1	
5 网络课堂	网络教学	网络教学设备完善，有网络教学平台，教学资料有更新机制，网络教学资源比例≥80%	网络教学设备不完善，无网络教学平台，教学资料无更新机制，网络教学资源比例≤80%	1.0					提供相关网站网址

说明：

1. A、B、C、D 分别表示 4、3、2、1 四个分值。在评价标准中，只给出了 A 级（4 分）和 C 级（2 分）的标准，介于 A 级、C 级之间即为 B 级（3 分），低于 C 级即为 D 级（1 分）。

2. 最终得分≥70 分，且同时满足下列三个条件的为一般优质课程：（1）"师资队伍"中 B＋C 个数不大于 4 项，C 不大于 3 项，无 D；（2）"教学质量"无 D，为骨干优质通识课程；（3）最终得分≥60 分，为骨干达标通识课程。

3. 教师和学生评教成绩有一人次平均评价成绩≤60 分，该课程则不具备评审资格。

4. 论文篇数折算方式：一篇论文，刊登在公共发行刊物上为 1 篇，刊登在全国核心期刊上为 2 篇。

5. 课程组依本指标体系加强课程建设。达标（优质课程）验收时据此写出自检报告，进行自我评价。

6. 校课程建设指导委员会、院（系）教学指导委员会依据本指标体系对课程进行监督、指导、评价、验收。

三、通识课程评价的过程和方法

（一）通识课程评价的一般过程

过程是指事物发展或活动进行的先后次序。通识课程评价的过程是一个由多要素构成的动态系统，它是将评价活动的各项内容，按其相互联系的活动顺序，有机地组织在一起，成为一个具有特定功能的整体，具体内容如下：

1. 评价的准备

"凡事预则立，不预则废。"准备阶段对于通识课程评价的过程来说，是必不可少的一个步骤，是成功地开展评价工作的前提，它将直接影响评价工作的成功与否和质量好坏。

准备阶段的具体工作包括以下几个方面：

（1）组织准备。组织准备是指成立有关的学校通识课程评价组织，如，成立专门的评价委员会或评价领导小组,聘请有关专家组成专家组和动员全校师生参加评价活动。

(2)人员准备。人员准备是指组织有关人员学习通识课程评价的理论,使他们明确评价的目的、意义、范围、内容、原则、方法,进而以高度的责任感、实事求是的态度,认真负责地做好评价工作。

(3)方案准备。在整个准备阶段中,最具有实质性和关键性的工作就是设计评价方案。

评价方案是整个评价过程的计划和蓝图,是评价活动的先行组织者。

一般来说,一个完整的通识课程评价方案包括以下基本内容:

第一,明确评价目的,确定对象。评价方案准备必须从明确学校通识课程评价目的开始,即评价的原因是什么?为什么要进行评价?明确评价目的后,就要确定评价对象。评价者要决定通识课程评价的焦点是整个通识课程计划,还是某一门通识课程。

第二,确定评价标准,选取合理的评价尺度。评价标准是进行价值判断的依据,缺乏标准或标准含混不清都会直接影响到评价的顺利开展。可见评价标准是评价活动得以开展的逻辑前提,确立评价的标准和尺度是方案设计中的核心问题。评价标准是评价通识教育实际达到指标程度的具体要求。标准有两种含义:一是指测量的尺度,即标准物,如用来测量长度的尺子;二是指事物的临界点在量上的规定。所以,评价标准也就是对所要评价的属性或方面在量上的具体要求。评价标准就是把通识课程目标具体化,是根据具体的、可测的、可观察的要求而确定的通识课程评价的范围和内容,即规定评什么,不评什么。

近年来有一种普遍的误解,认为标准就单单是指指标体系,这是一种缩小了的评价标准概念,已经有学者提出要突破原有既定标准,改变这种只要提评价就必有指标体系的单一做法。

第三,选择评价方法。它是指为了达到评价目的而采用的方法与手段,主要是指通识课程评价信息的收集与处理的方法,信息的搜集必然与评价目的和评价标准相关联。

第四,制定评价步骤。它是确定通识课程评价活动的进行应包含的程序,这一过程应按课程先后次序进行。

第五,设计各类表格。表格设计得科学合理有利于信息收集的全面、有效。

良好的通识课程评价方案应具有以下几个特点:

(1)目的性。通识课程评价是一种有目的的活动,评价方案须体现评价目的,并从各个方面保证评价目的的实现。

(2)可行性。评价方案应从实际出发,避免抽象的、脱离现实的要求和意见,应保证其可实施性和可操作性。

（3）周密性。评价方案内容应细致周详，评价实施步骤完备，能对学校通识课程评价工作具有指导性。

2. 评价的实施

学校通识课程评价的实施阶段是实际进行评价活动的阶段，它是评价者根据评价方案所确定的标准、方法、步骤等，收集评价信息，并在整理和处理评价信息的基础上，做出价值判断。实施阶段的具体工作包括以下几个方面：

（1）收集评价信息。评价信息是进行评价的客观依据，收集评价信息是进行评价的一项基础性工作。对评价信息占有得越充分、越全面，就越能使评价结果准确合理、客观科学。

（2）整理评价信息。整理评价信息，主要是指对评价信息的全面性、准确性、适应性以及收集资料方法的可靠性，反复加以检查与核实，将评价信息进行分类保存，以便于使用。

在学校通识课程评价中，整理评价信息的方法主要有：归类，即将收集到的信息资料在规定的时间内汇集归拢，初步理出类别；审核，即将归类的信息逐一核实，去伪存真、去粗取精，对缺少的信息及时补充，对次要的、不必要的信息进行舍弃；建档，将审核后的评价信息，根据评价指标体系，分门别类地制成一定的表格或卡片，按编号建档。

（3）处理评价信息。处理评价信息是进行评价的一项核心任务，前面的信息收集与整理工作都是为其服务的。在通识课程评价中，处理评价信息的方法主要包括：量化评价方法、定性评价方法，前者是指运用数字或定量的统计技术将评价对象在各评价指标中呈现出来的特征处理成为评价结果；后者是运用定性的方式对收集和整理好的评价信息进行处理。

（4）作出综合评价。作出综合评价，是指将分项评定的结果，运用教育学、统计学、模糊数学的有关理论和方法，把它们汇总成评价对象的整体综合评价。为了得出综合评价结论，评价者需对处理好的评价信息进行逐级整合，得出一个综合的判断。

3. 总结与反馈

通识课程评价的总结与反馈阶段是评价过程的最后一个阶段，这一阶段完成的质量与效果好坏，直接影响评价功能的发挥。总结与反馈阶段的具体工作包括以下几个方面：

（1）形成评价报告。评价报告，是指在学校通识课程评价工作完成后，为了便于反馈评价信息和结论，而对评价过程、结论等进行全面叙述和提出相关建议的报告。评价报告的框架一般包括：封面、正文和附件。正文提供下列信息：评价报告简要综述、评价方案的背景信息、评价方案实施过程的描述、结果及其分析、结论与建议。附件一般指对正文能起到补充、说明、证实作用或与正文有密切关系的材料。

（2）反馈评价结果。反馈评价结果，是指把学校通识课程评价结果进行及时反馈，积极发挥评价的作用，帮助学生不断增强自身的心理素质，引导教师不断改进自己的教学方法，促进通识课程的不断完善与提高。反馈评价结果的信息应向以下三方面进行反馈：一是向有关部门领导及课程编制者汇报评价结果，为他们决策提供依据；二是向有关教师及一定范围内的同行公布评价结果，使他们可以相互借鉴、共同进步；三是向学生反馈，并对有些结论作出慎重解释，使他们增强对自己的认识。反馈评价结果的方式有多种，如书面汇报、座谈会、个别交谈等。

（3）评价的再评价。通识课程评价在操作过程中可能会出现一些偏差，因此，评价自身也应成为评价对象，以保证评价工作的质量。评价的再评价是指评价工作完成之后，为了检查评价方案、过程和结果，以及检验根据评价结果作出的改进工作的效果，借以及时纠正评价工作的不足或为今后的评价工作提供经验教训，而根据一定的标准，对评价工作进行的价值判断。对学校通识课程评价工作进行再评价，作用在于保证评价的科学性、规范性、可信性及有效性。

（二）常用的通识课程评价方法

仔细分析上述通识课程评价的一般过程，不难发现，其中的每一步都离不开对所需资料论据的收集与分析。而论据的收集与提供离不开相应的技术和方法。如果说通识教育理念是通识课程评价的灵魂，决定着评价的性质和取向，则技术和方法就是评价的骨骼，支撑和架构起评价的各相关因素，决定着通识课程评价完成的质量。评价方法的分类有很多种，基本分为直接的评价方法和间接的评价方法。通识课程评价直接的评价方法主要有：档案袋评定法、基本技能测验法、价值增值法等；间接方法是各种问卷调查，包括对校内教师和学生对通识教育的意见和看法的调查以及对毕业生的追踪调查。以下分别对这几种方法加以说明。

1. 档案袋评定法

档案袋评定法是指将一些与学生通识学习有关的具有代表性的作业、作品或材料收集起来作为档案袋的内容，通过这些材料看到学生的通识方面知识和能力的增长历程。

档案袋评价是一种能较真实呈现出学生学习表现的评价工具，它能记录学生的学习历程与学习成果，训练学生批判反省与问题解决的能力，改变学生的学习动机与学习态度，增加学生对教学的参与度，提供师生与同伴之间更多的沟通渠道，训练学生沟通与表达的能力，并可以帮助学生对自己的学习有更深层的认识等优点。通识教育强调培养学生思考反省的能力，希望通过通识课程提升学生对自身的了解，档案袋评定法是一种有效提升学生反思能力与学习态度的工具。运用于通识课程评价时,主要是收集某项通识能力在一个学期或一个学年的作品,评定学生进步的一些具体信息,即学生在哪方面取得明显进步,在哪些方面还要继续努力。

2. 基本技能评价法

通识课程的目标之一是提高学生的交流能力(写作、阅读、演讲、计算机能力)、问题解决能力和批判思考能力等基本技能。通识课程评价中一类重要的方法就是测验学生是否掌握了这些基本技能。

在交流能力的检验上,主要通过论文写作、快速阅读测试、口试、计算机基本技能测试等方法对学生基本技能进行评价;评价学生批判性思维技能的方法有论文法、日记法、多项选择测验等,问题解决能力的评价主要通过模拟问题情景,让学生扮演角色,设身处地地从自己所扮演的角色出发考虑问题,角色扮演结束后,提交一份反思性报告作为自己解决问题能力的证明。

3. 价值增值法

价值增值法是基于对测验的假设:如果学生在进入高职院校前和接受完通识教育之后的成就、行为等可以测量的话,那么,两者的变化越大,价值增值就越多,通识课程的质量也就越好。

价值增值法也称为"前测——后测"法,其基本的实施程序是:在学生入学时有一个前测,在读期间和学生毕业后进行的测试相对于前测就是后测,把前测和后测进行比较时发现学生有一个"增值",所谓"增值"就是指学生在完成通识课程后与学生初入大学时在通识知识、能力等方面发生的变化。价值增值法有利于回应外界对大学通识教育的压力,同时积累了学生信息数据,使评价结果更为清晰。但这种方法也有其显而易见的缺点,即从教育结果来看,有些增值容易测量,有些却难以测量,它无法多角度综合地测量出学生的变化。此外,学生在学校中受到的影响是多元的,很难分辨出他们所增加的价值哪些是学校对他们的影响。

4. 问卷调查法

问卷调查法是一种间接评价方法,通过问卷调查可以了解师生对本校通识教育的意见和看法,或可以追踪调查毕业生对母校通识教育的意见等间接的手段来看本校通识课程质量和效果。

其中对师生进行本校通识教育的意见的调查包括:对通识课程设计意见调查、对通识课程实施过程意见调查、通识教育实施结果意见调查。

例如台湾中原大学对通识教师通识观念调查列举了以下问题,请教师根据自身对通识教育的理解做出判断:

(1)大学通识教育的由来,是为了消除因科系过于分化造成知识窄化的现象。

(2)通识课程是指专业科目之外的人文社会科学。

（3）所谓通识教育就是指通识课程而言。

（4）大学通识教育所注重的是广博及统整的人文、社会、自然科学的基本知识。

（5）大学通识教育的目的在于培养懂得生活，了解生活的知识分子。

（6）大学通识教育的最终目的，在于培养一个健全的人应有的知识、技能与情意。

（7）通识课程可使学生找到人的整体性、自主性，并懂得如何自处及与他人相处。

（8）通识教育应包含通识活动，例如电影欣赏、文娱活动。

针对已经毕业的学生进行的调查，内容可以包括：毕业生以自我评估的方式，评估通识教育所培养的能力增长的程度；毕业生对于通识教育是否成功地纳入课程体系中的感觉；以自我评估的策略去评估通识能力的优缺点等。

第三节　通识课程中对教师的评价

1987年，美国"全国专业教学标准署"提出，优秀教师应具有以下特征：第一，全身心致力于学生及其学习；第二，熟练掌握学科知识和教材教法；第三，勤于思考，不断总结自己的教学实践经验；第四，教师是"学习村"的成员。[①]

我国学者则总结出"21世纪教师角色的特征"：第一，教书育人的角色；第二，学习者的角色；第三，学习的指导者和合作者；第四，集体的领导者和团队的管理者；第五，心理辅导者的角色；第六，研究者的角色。[②]

对新时期教师的评价有两种：一种是用以考核教师资格和能力，为教师的聘任、晋升、加薪、续聘等提供人事决策依据的奖惩性教师评价制度；一种是用以提高教师专业水平，促进教师职业发展，保证教育教学质量的发展性教师评价制度。新时期的教师评价应将奖惩性评价制度和发展性评价制度结合起来，并以发展性评价为主。发展性教师评价制度倡导多元评价主体，旨在促进教师与学校、个人与组织的共同发展，进一步提高学校办学质量，促进全体教师的专业发展。教师评价既是为了教师自我认识、自我调节、自我改进、自我完善指明方向和目标，又为学校领导加强教师队伍建设，提高教师素质提出了明确的要求和标准。基于这个评价制度，有步骤、有计划地对开设通识教育课程的教师进行评价是非常必要的。该评价主要以课堂教学评价为主，以学生评价、同行评价和督导评价等形式完成，才能多角度、多层次、多视角地反映教师的教学水平、敬业精神、课堂教学组织、与学生互

① ［美］A.C.奥恩斯坦著，刘付忱等译：《美国教育学基础》，人民教育出版社1984年版。

② 陈五琨等：《课程改革与课程评价》，教育科学出版社2001年版。

动情况、教学手段和方法等能力,对教师提高教学质量,进一步推动通识教育发展起着至关重要的作用。其目的一是为了保证通识教育课程的教学质量,提高教师的教学水平,促进教师对通识教育课程内容的不断更新,对今后实施学分制、学生在选择和选修通识教育课程时有了更精确的指导意义和现实意义。二是加快通识教育的发展,使通识教育始终处于一个良好的循环状态,最终达到培养学生的目的。

一、学生评价

学生评价是对教师课堂教学评价多种形式的一种,在评价中是必不可少的一个环节。国外学者对学生评价提出如下观点:

① 学生是教学过程中的主题;② 学生直接受到教师教学效能因素的影响;③ 学生参与评教有利于师生沟通;④ 学生评教的结果可作为其他学生选课的参考①。由此看出学生评价是学生与教师之间、教与学之间最有效的互动形式之一,是反映教师教学质量最直接的形式之一,也是被各高校经常采用的形式之一。学生评价教师的教学质量,一般以评价课堂教学质量为主,评价手段和评价指标则各不相同。评价手段有:网上评价、涂卡评价、随堂评价、学生座谈、邮件评价、学生信息员评价、匿名或实名投诉等。这些不同形式的评价或监督也都有着不同的评价指标。网上评价、涂卡评价和随堂评价可以使用相同的评价指标,主要是针对教师课堂教学的方法、手段、理念、途径、思路、互动等,这样形成的是具体的分值,是对教师进行的全面的评价。

评价内容主要包括备课充分,内容熟练,讲课用普通话,语言清晰,规范突出重点,强调难点,抓住关键,深度、难度适宜,作业批改认真,辅导答疑及时,课件制作优良或板书工整,注意理论联系实际,培养学生创新能力教学方法灵活,注意调动学生学习本课程的积极性,为人师表,教书育人等。

相对于学生网上评价、涂卡评价和随堂评价,学生座谈、邮件评价、学生信息员评价、匿名或实名投诉则是针对教师在教学中出现的具体问题向相关管理部门反映,或采取座谈的形式,面对面与学生交流、互动,其目的是更好地提高教师的教学水平,解决学生在学习过程中出现的实际问题,是对教师具体授课的方式、方法、手段的具体评价。在多种资料的收集途径中,学生对课堂教学的评价是最有力的材料,但是,通过实践表明,教师一般对此都感到不舒服,他们大多对学生能准确地评判教师活动的能力缺乏信心。值得注意的是,学生评价中会出现人为因素。所以相关部门在总结和汇总相关数据时应剔除这些异样数据,以期达到较为客观的结果。

学生评价体系见表 10-2。

表 10-2　学生评价指标体系

序号	评价内容	评价等级				
		A	B	C	D	E
1	备课充分,内容熟练					
2	讲课用普通话,语言清晰、规范					
3	突出重点,强调难点,抓住关键					
4	深度、难度适宜,信息量大					
5	作业批改认真,辅导答疑及时					
6	课件制作优良或板书工整、认真					
7	注意理论联系实际,培养学生创新能力					
8	教学方法灵活,注意调动学生积极性					
9	学生学习本课程有兴趣、有较大收获					
10	为人师表,教书育人					

二、课堂评价

课堂评价是教师评价中一个重要的组成部分,它具有自身独特的过程和特点,而且运用十分广泛和频繁。

其主要指标包括:讲授的逻辑性、教学环节的多样性、教学的启发性与考核方法的先进性等。

对于通识教育课程的课堂评价,旨在促进教师职业道德和专业水平的提高,建立有利于实施素质教育,为教师的创新、发展提供动力,为教师的自我反思、自我改进、自我提高、专业发展服务创造条件,努力造就一支能够适应社会发展需要、足以承担提高国民素质重任的一流的教师队伍。因此,在进行课堂评价时,首先,应关注学生的学,强调课程与学生学习以及现代社会和科技发展相联系,教学内容与学生培养目标相符合,教学效果与学生的学习兴趣相一致;其次,要评价教师的教学方法、手段、形式、理念、知识结构、授课技巧、驾驭能力等,是否能理解通识教育的内涵,适应通识教育的特点,符合通识教育的要求;再次,应评价学生对通识课程的学习兴趣以及学习的态度是否积极,在课堂上学生与教师之间的互动等。

　　课堂评价应以同行评价、督导评价的形式进行。同行评价不仅在形成性评价中有较大的潜在价值,其结果在评价教师能力方面具有较高的地位,同时有助于教师之间取长补短,共同提高。因此,在进行同行评价时,学校应选择具有高级职称并有一定教学经验的从事任教工作第一线的教师担任评价专家。这些教师在评价其他教师时,也在不断地总结和归纳其他教师的优势,有助于提高教师的教学水平和教学能力,互相学习,共同进步。督导评价则是学校为了掌握和监控各教学环节和过程,及时发现和解决教学过程中出现的问题。因此在进行督导评价时,学校应选择具有高级职称并且具有一定教学经验的从事教学工作第一线的教师和已退休的教师担任评价专家,目的是视察、监督、指导、建议学校的教学工作,保证学校正常的教学秩序,提高学校的教学质量。

　　基于以上的认识,应制订通识课程评价指标体系和评价标准,并以此对通识课程按照评价标准进行了验收。通过评价,学校领导和教师对通识教育课程的建设和评价可以有统一的认识和界定,评价指标体系和评价标准见表 10 - 3 和表 10 - 4。

表 10 - 3　同行课堂评价指标体系

序号	评价内容	评价等级				
		A	B	C	D	E
1	不随意调停课,按时上下课					
2	口齿清晰,讲普通话,用规范字					
3	教学语言简洁,逻辑性强					
4	备课充分,讲课熟练,重点突出					
5	讲课态度认真,精神状态饱满					
6	讲课中与学生互动					
7	教学方法、手段适宜					
8	课程教学组织合理、有效					
9	理论联系实际					
10	总体评价					

表 10 - 4　督导评价指标体系

评价项目	评价内容	评价等级				
		A	B	C	D	E
教学态度	治学严谨,为人师表					
	备课认真,充分					
	不随意调停课,无教学事故					
课程建设	教学文件齐备,并不断更新					
教学内容	内容丰富,反映学科的新成果					
	重点突出,难度、深度适宜					
	符合教学大纲的要求					
教学方法	教学方法多样,生动有效					
	运用现代化教学手段					
	注重学生能力的培养					
讲授能力	内容熟练,条理清晰,系统性强					
	语言生动、简练,用普通话					
学生情绪	调动学生学习积极性,课堂气氛好					

第四节　通识课程评价的运行机制和保障机制

一、通识课程评价的运行机制

"机制"是系统运行的内在机理。高职院校通识课程评价的运行机制主要有目标机制、主体机制、自我约束机制、激励机制和信息反馈机制。

（一）目标机制

评价和目标是分不开的。建立可操作化的通识课程评价体系,即研究如何将抽象的、原则的、概括的教育目的转化为具体的、生动形象的、可以量化的、可以监测的一个个具体的通识目标。可以说,通识课程评价是紧紧围绕通识教育目标来开展的,通识教育目标贯穿于评价工作的每一环节,是评价工作的灵魂。目标既是评价活动的理论依据,亦是人们的行动指南,可以激发人的责任心和创造力,不断推进通识课程改革。

然而,我国关于加强通识教育的共识并非建立在对通识教育的真正而全面的了解之上,据调查,许多高职院校仍然流行着对通识教育的误解,例如,认为将每门专业课教得浅显一些,便是合适的通识教育科目;通识教育的主要目的就是让学生多学点其他科目的知识;通识教育只是辅助学习专业的基础知识和训练;等等。通识教育目标的不明晰导致了某些落实通识教育的方式扭曲了通识教育的本来面目。因此,要在通识教育理念的指导下,建立以目标为导向的通识课程评价机制,促进通识教育目标体系的形成与完善。

(二)主体机制

通识课程是学校根据市场需要和社会经济发展要求以及学生个体发展的要求而自主进行的教学改革和人才培养模式的改革,因而学校对通识课程教育教学质量负有直接的责任,理所当然地也应该成为通识课程评价的主体。但近年来外部评价,主要是上级教育行政部门组织的评价占据了主导地位,学校的自我评价多是为了应对外部评价而进行的。实践证明,外部机构评价只能生硬地对照评价基准,并不能做出对学校改革有益的建议,也不能考虑到各个学校的特色和实际。在同时开展校内外通识课程评价的美国,高职院校的教师自己也认为,外部机构在通识课程设置及具体科目安排方面的影响并没有他们对学校一些其他问题上的影响大,如大学目的、学生准备、学生利益及教材的可用性等其他方面。

通识课程评价主体机制有利于学校根据学校的传统、特色和目标以及现有条件,构建起一套符合本校通识教育定位的通识课程评价体系,同时,主体机制的评价也是学校为自己设置的通识课程提供全面服务的表现,是学校自我约束、自我监控通识课程质量的表现。

(二)信息反馈机制

评价至少能起到收集信息的作用。每一次通识课程评价都是一次全面收集有关通识课程设置、实施及学习效果信息以及来自各方面的反馈信息的过程。信息反馈系统包括通识课程质量的整体信息和单门通识课程质量信息,要确保信息经过整理、归类和分析后能及时反馈给各个系统和个人,为调整和改进通识课程提供可靠的参考依据。

收集信息的过程不是"复印资料"的过程,如何处理和使用信息是至关重要的,包括对资料进行评分、整理和统计,以及按照一定的评价标准进行解释和根据原定的评价目的加以利用。评价是从价值上对所收集的资料进行解释和判断的,因此它是评价本质的所在。

如果没有这个阶段的工作,即使有正确的客观评价资料也不能说明通识课程评价的意义,自然也不能利用它改进通识课程。

通识课程教育是新生事物,对每所高职院校来说都充满了挑战。在课程推进的过程中,需要及时收集来自各方面的反馈信息,发现问题,寻找解决问题的思路和方法,如此,才有可能越来越靠近通识教育理想。

二、通识课程评价的保障机制

(一) 必须建立相应的组织保障

一般而言,通识课程是由各系分别开设,供全校学生选修的,通识课程的相关人员(管理者、教师和学生)广泛而分散,相应的组织联系也匮乏松散。面对通识课程体系评价这一"宏大"工程,必须建立相应的组织保障。

目前我国大部分高职院校的通识教育主要由教务处主管,由于教务处事务繁忙,并不能很好地开展学校通识教育评价工作。通识教育是大学教育的基础与核心,而不是各专业教育"之外"的补充性教育。为落实通识教育之理想,强化全校师生对通识的认知与投入,调整统合各专业院系资源以支持通识教育,必须进行艰苦而细致的工作,这需要强有力的通识教育主管者进行规划。因此,通识教育的成效相当程度地依靠校长及通识教育主管的健全理念、推动热忱和充分授权,最好是能建立专门的通识教育管理机构。

第一,成立学校通识课程评价委员会,作为最高权力组织,进行统筹和决策。该委员会一般由学校主管教学的副校长、通识教育中心主任、教师代表、学生代表等组成。其主要的职责是阐明通识课程评价的目的和目标,制定通识课程评价方案,协调有关部门和人员收集资料,制定有关通识课程评价的教师发展计划,组织和管理通识课程评价结果报告。

第二,成立通识教育中心,作为最高行政管理的执行机构。通识教育中心(或称通识教育指导中心)是通识课程评价的职能部门,具体负责执行、督导、评价本校通识课程的实施和结果。权力机构的组成人员中包括执行机构的成员,特别是其领导成员。在权力机构的决策过程中,执行机构的领导成员要参与,平时受执行机构领导成员管辖的学校成员甚至是学生也要参与。这既有利于提高权力机构的权威性和正确性,又有利于避免执行机构的我行我素。

(二) 必须建立相应的制度保障

通识课程作为课程的一个重要组成部分,根据"有课程,必有评价"的原则,对通识课程开展系统化、制度化、经常性的评价应成为学校教学管理制度的有机组成部分。通过建立一套系统、科学、可行的通识课程评价体系,加强对通识教学的引导,从制度上保证学校通识课程质量的不断提高。

通过认真开展各项通识课程评价工作,逐步建立和完善校内通识课程评价机制,如通识课程开课规定、课程选用制度、通识课程奖励制度、通识课程方案的评价制度、通识课程学习结果评价制度、年度通识质量报告制度以及对毕业生质量的追踪调查制度等。

（三）必须有相应的经费支持

有效的评价需要有相应的经费支持。通识课程的复杂性决定了通识课程评价亦是一件极其复杂的事情。评价方案的制定凝结了大量的"人类劳动"。开发有效的评价工具需要投入大量的精力,从众多的评价方法中做出明智的选择同样需要特别谨慎;实施通识课程评价也需要投入大量的人力去搜集数据资料;对复杂数据资料的分析和处理更不是件轻松的事。因此,通识课程评价需要众多学校管理人员和教师的努力,必须提供一定的经费保障各项评价工作的顺利开展。

通识课程质量是通识教育活力的源泉。从开展通识课程评价来推进通识教育改革,可以起到正本清源的作用,不断匡正通识教育的发展思路,更有成效和更高效率地去实现通识教育的目标。

通识课程校内评价,由各高职院校根据本校的历史、使命、培养目标等自主开发,因而在其实行过程中必然会彰显学校办学特色,也对学校的专业建设、师资素质的提高、教学资源的分配与使用,以及学校未来发展起到深远影响。

目前,我国高职院校通识课程评价实践还仅限于调查教师与学生对本校通识教育的意见和看法以及学生评教中包含的那部分对通识课程教学的评价。通识课程评价若不及时进行,就有可能出现通识教育规划不周,实施不慎,从而造成教育资源的浪费,教学效率的低下。

第十一章　高职教育通识课程与校园文化建设

高职教育通识课程与校园文化建设是一个相辅相成的关系。通识教育的核心价值和教学目的,往往需要通过校园文化的构建去实现,而校园文化建设也会在一定程度上促进和丰富高职教育的通识课程内容。所以,对两者关系的梳理和探求,可使高职教育的通识课程和高职院校的校园文化相得益彰。

第一节　高职教育的校园文化特征

什么是校园文化? 目前从不同角度对校园文化及其内涵的理解和阐述不尽相同,有从教育学、现象学、社会学、政治学、文化学、思想政治工作等视角来考察校园文化的,有"广义说"、"狭义说"、"氛围说"、"第二课堂说"、"课外活动说"、"规范说"、"社区说"、"校园精神说"等阐述。① 这些探讨虽然从某个侧面揭示了校园文化的内涵,但没有概括出校园文化这一概念最本质的特征,或者说没能充分揭示各要素之间的内在联系。

考察校园文化,首先必须对"文化"这一定义有最基本的理解。夏昭炎先生在研究了中西"文化"内涵的演变情况及中西学人对"文化"一语的界说走向后,得出结论:"文化是某一特定民族通过长期的历史实践所创造的物质成果、精神形态以及制度规约、交往方式、生活习俗与语言思维方式的总和或复合体。"化学专家刘守华先生认为文化系统中,同人与自然、社会、自己的三个关系相对应或相联系地存在着物质生活、社会生活和精神生活方面的文化,即物质文化、制度文化、行为文化和精神文化。物质文化处于文化结构的表层,制度文化和行为文化居于文化结构的中层,精神文化浸沉于文化结构的里层。

一、高职院校校园文化的内涵

校园文化作为社会文化的反映和子文化,既反映社会母体文化的一般属性又具有自身的特殊性。从文化学角度解读校园文化,校园文化应是校园人在长期的

---

① 庄丽丽、刘楚佳:《通识教育与职业关键能力培养》,《深圳信息职业技术学院学报》2008年第3期。

教学、科研、管理、服务中追求和创造的物质财富和精神财富的活动方式与结果。从文化存在的形态着眼，可将高校校园文化划分为物质文化、制度文化、行为文化、精神文化四个层面。

所谓校园物质文化是指校园人智力或体力外化的可触知的具有物质实体的实物，但不是实物的简单组合，而在于这些实物所表现的文化内涵和文化观念。包括校园整体布局规划、教学科研设施、校园建筑、校园环境、传媒载体、教学楼、图书馆、实验室、运动场、宿舍、草坪花园、假山雕塑、校办产业、校报、电视广播、校园网、宣传窗等。

所谓校园制度文化是指校园人在办学实践中遵循的各种行为规范，包括与高等教育相关的法律法规、管理体制、组织机构、行为规范、岗位职责、校徽、校标、校旗等。

所谓校园行为文化是指校园人约定俗成的习惯定势，是师生员工思想和观念的外在反映。包括学术研究、学术讲座、教学方式、专业及课程设置、技能训练、人际关系、社团活动、群众性文化卫生体育和科技实践活动、健康生活方式等。

所谓校园精神文化是指校园人在办学实践和意识活动中形成的价值观、道德观、社会心理和思维方式，集中体现在校园精神。主要包括指导和支配师生员工的思想信念、道德意识、价值观念、精神寄托、文化传统、集体舆论、学术风范、校风、校训等。

关于高校校园文化体系构成的描述，由于运用的方法不同，或观察的视角有别，或剖析的层面相异，见仁见智，众说纷纭。有代表性的说法有如下几种。

二层次说。认为高校校园文化一般来说由物质文化和精神文化两大部分构成，精神文化又可细分为制度文化、组织文化和思维文化。

三层次说。认为高校校园文化有三种形态，即知识形态、观念形态、物化形态；参照企业文化的分类方法，认为从结构入手可以分为物质文化、行为文化、精神文化；认为校园文化包含着由浅入深的物化层、制度层、观念形态层；认为从形态上可分为三类，观念型文化、智能型文化、素质型文化。

四层次说。认为在物质财富方面，校园文化表现之一为物质文化，表现之二为制度文化；在精神财富方面，校园文化表现之一为精神文化，表现之二为教育文化。认为高校校园文化通常由精神文化、制度文化、行为文化、环境文化等四个层面构成。

六层次说。认为高校校园文化结构框架可以为精神文化、教学文化、管理文化、环境文化、行为文化、质量文化。

七层次说。认为目前高校校园文化的类型有七种，即知识型文化、娱乐型文化、服务型文化、环境文化、精神文化、制度型文化和活动型文化。

对高校校园文化体系构成有不同的划分和归纳，这是自然的、正常的。高校校园文化体系构成何种分类法比较科学,很难作出严格的判断,但这并不是说校园文化体系构成的各系统之间及系统内部诸多文化要素之间是杂乱无序、任意结合的,相反,各要素间是相互依存,彼此渗透,紧密联系在一起的。校园文化的四个层面相互依存,相互作用,是一个不可分割的完整体系。

从结构层次上分析,物质文化居于表层,是校园文化的物质载体和基础;制度文化由一定的物化形式构成,可达于表层,又隐含思想意识,指示价值取向,触及了文化构建的里层,因而它位于中层,具有中介性作用,既是适应物质文化的固定形式,又是塑造精神文化的主要机制和载体,既是物质文化、精神文化的反映形式,又是物质文化、精神文化得以实现的保证;行为文化处在中层偏里的位置,既受制于物质文化规范,又受制于意识观念,是精神文化在校园人身上的具体表现;精神文化是最高层次和最深层次的校园文化,是校园文化的源泉、核心和灵魂,既是物质文化、制度文化、行为文化的升华,又决定了物质文化、制度文化、行为文化的发展方向。

由此可见,高校校园文化是以社会文化为背景,以人才培养为主线,以校园文化活动为载体,以校园人为主体,以校园为活动空间,以校园精神文化为内核,是学校存在方式的总和。

二、高职院校校园文化的特征

随着我国经济的快速发展,特别是经济增长方式的转变,经济结构的调整和高等教育的大众化,为高等职业教育的发展提供了广阔的空间。高职院校是时代发展的产物。综观我国的高职院校,绝大部分是近几年由原来优秀的典型的中职学校升格或成人高校转型而来。其校园文化具有以下几个方面的特征。

(一)鲜明的时代性

20世纪90年代以来,随着我国经济的快速发展,特别是经济增长方式的转变,经济结构的调整和高等教育的大众化,为高等职业教育的发展提供了广阔的空间。经济增长方式的转变需要大量生产一线的高素质劳动者,经济结构的调整对一线生产者和管理者提出了更高的技术和技能要求,高等教育的大众化要求高等教育要适应经济、社会发展的要求,培养多层次、多类型、多规格的人才。在这样的形势下,我国高等职业教育得到了迅速的发展。可以说高职院校就是时代的产物,它诞生在我国进一步对外开放的社会转型时期。随着改革全面化、经济全球化、信息交流网络化等因素的影响,对高职院校校园文化的建设带来了全新的冲出和挑战。

(二)职业的独特性

高职院校虽然属于高等教育范畴,但它不同于普通高校,它培养的是技术型和技能型人才。《教育部关于加强高职高专教育人才培养工作的意见》明确指出,高职高专院校培养的是适应生产、建设、管理、服务第一线需要的,德、智、体、美等方面全面发展的高等技术应用性专门人才。高职生的职业能力比普通大学生强,技术水平比中职生高。它是直接为行业建设和地方经济服务的,是直接为就业服务的,它与市场特别是人才市场的联系最直接最密切。这就意味着高职院校具有与其他类型教育所没有的职业的独特性。

(三) 历史的短暂性

在目前1200多所高职院校中,大部分是在20世纪末和21世纪初建立的,高职办学历史普遍10年左右,与普通高校相比,办学的历史是极其短暂的。虽然有的高职院校的前身是具有较长办学历史的中职学校,但原先的校园文化属于低一层次的"中职学校校园文化",与高职院校校园文化有较大的差距。作为高职院校校园文化建设可以说是刚刚起步,还明显缺乏深厚的历史积淀。

三、高职文化区别于高校文化在于融入了企业文化

高职教育是高等教育的一部分,因此,高职校园文化与高校校园文化有其一般规律。内在特点都是以学术文化和道德文化为主线,通过制度、规则、礼仪、管理、社团、体育、艺术及教学、科研、校园环境等形成特有的价值观念、学术传统和校园文化氛围,并在领导者们的思想方法、学术思想和办学举措及师生员工身上具有的普遍性意义的行为、气质和观念等方面呈现出来。外在特点都具有稳定性和多样性。由于历史、地缘、专业设置、民族文化等诸多因素的影响,大学在其发展过程中,形成了各自独特的校园精神、人文风格,并具体体现为校园文化。如斯坦福大学"研究密集型大学"的思想,促使它们把教育与科研更紧密地与社会联系在一起,创造了"硅谷"的成功先例;哈佛大学的"开化教育"思想,培养出了一大批富有"思考力"和"洞察力"的杰出人才。抗战时期的西南联大以"刚毅艰卓"为校训,在异常艰苦的条件下,利用十分简陋的设施,却为国家培养了包括诺贝尔奖获得者和两弹元勋在内的160多位两院院士或学部委员等大批国家栋梁之才。

高职文化又有其特殊性。高职文化虽然也是在其历史的积淀中逐步形成的校风、学风,但它有别于普通高校、中等专业学校及其他高职院校的文化特征,具有鲜明高职个性特征的校园文化,在师生员工的潜意识之中已深深打上了"高职文化烙印"。如果说"学术自由、学校自治、教授治校"是大学的学者、教授们的理想追求和理想模式,那么,注重"理论够用,实践为重",培养"下得去、用得上、留得住、上手快",并初步具备创新精神和创业能力的高等技术应用性人才则是高职教育的显著特点;"以市场为导向、以学生为中心、以能力为本位、以特色促发展"是高职教育的办学理念;培养生产技术的管理者、技术标准的执行者、技术措施的处理者、技术革

新的推行者的技术应用型人才是其培养目标。因此,高职院校的办学理念是与企业、社会需求不断适应的发展观念;高职院校的价值追求是一种理想追求和现实之间不断抗争和协调过程的反映;高职院校精神实质是通过传授知识、培训技能、科技革新服务地方经济与社会的发展,培养具有职业技能和创新精神的人,促进人的多次就业和可持续发展。

高职教育的实践特征体现了高职文化精神的开放性和应用性。正如高校文化的稳定性使得校园文化具有特殊的教育功能一样,高职文化也陶冶、教化着学生,潜移默化地影响着师生。但高职文化又有其特定的教育内涵,主要由于高职教育更强调实践教学。高职实践课时占总课时的40％～50％以上,即学生在企业学习时间与在校学习时间基本相当。这表明一方面,学生在校学习了基础知识、专业知识与各种习惯;另一方面,由于占40％～50％以上的实践教学在企业中进行,学生又学到了岗位技能和企业精神。因此,一方面不同的高职校园文化有如味道不同的泡菜缸,将使高职生受到不同的“浸泡”,形成各具特色的思维方式、敬业精神、为人处世、表达习惯等。另一方面高职院校通过与其不同文化背景的企业合作,培养了学生职业技能,因而,高职生又受到不同的企业文化“浸泡”。这种校企文化的共享与交互“浸泡”,形成了多姿多彩的高职生个性特征。可以说,经过了多年的校园文化和企业文化的熏陶,高职生成为既具有一定理论,又具有较强实践能力,是集校园特色与企业特色于一身的“校园社会人”。

四、校企互动使得企业文化深深植入于校园文化

就职业技术教育而言,无论是日本人说的“企业眼中的教育”,还是德国人说的“企业手中的教育”,都说明,校企合作对于高职院校的办学是不可或缺的基础性条件。许多职业技术学院的办学实践也充分证明,只有走校企合作培养人才之路,高职院校才能有效地解决经费短缺问题,改善和提高办学条件,提高学生就业竞争力和毕业生对口就业率,提升企业员工素质、产品技术含量和社会影响力。校企合作对高职教育如此重要,高职院校通过开展各种实践活动与企业共同培养现代高技能人才,企业文化也因此而渗透至校园文化,形成了新型高职校园文化。

企业精神丰富了高职文化精神。企业文化精神丰富多彩,企业标志性文化鼓励与鞭策学生,对学生踏踏实实、爱岗敬业起到很大的教育作用,养成了历届学生良好的职业道德,也逐步形成了务实求真的校风;影响着学生的世界观形成,养成了诚信、守法、文明、自信、自尊、自强不息的人格品质。

校企对话也更新了师生理念。一些高职院校邀请大型企业且与专业相关的成功企业家与大学生进行人生、创业、企业管理、管理理念、人生定位等内容的对话,各类学生社团邀请企业高层管理人员、优秀毕业生、劳动就业部门负责人开展各种讲座,如“中国经济发展走势”、“成功企业家与你共谈人生”、“应聘语言技巧”、“如何融入社会"等活动。校企间的各种形式对话,使企业的理念逐渐为学校、为师生所接受,企业文化也逐步融入了高职校园文化。

理念互融完善了学校管理制度。如组织师生到企业、社会参观学习,收集企业理念,了解企业管理、企业文化、用人之道等信息是其任务之一,再将企业先进的理念、优秀的制度创造性地运用于教育教学中,加强学校教育教学管理,使学生在校期间能熟悉企业规范,促进毕业生校企间自然过渡。如企业的5S(整理、整顿、清洁、清扫、素养)制度,企业实施ISO9000系列(质量认证)、14000系列(环保认证)、18000系列(安全认证)、SA8000(企业社会道德责任认证)等标准,学校也可将之运用于教学管理中。这些做法有效地缩短了学校与企业的距离,促进了学生校企间的"零过渡";企业成功管理方法运用于学校教育教学中,也更新和完善了学校的教育管理制度,使学校教育与企业对学生的教育逐步趋同。

文化互动培养了学生综合素质。企业要打文化牌,充分利用学校资源,用校园文化来活跃企业文化,也使校园文化融入企业文化。如高职院校组织学生介入公司庆典及集团公司的一些大型活动,可组织文艺队、体操队参加,丰富了企业文化,提高了学生的综合素质。学生积极为企业的内划撰稿,学生通过撰写文章,活跃了企业文化,也锻炼了写作能力;校企间经常性的体育比赛,也会成为校企间员工感情联系的纽带,培养学生人际沟通与协调能力;学生还可以为企业进行形象设计、广告设计、礼品设计、企业拍摄、网页设计等,提升企业的社会形象,扩大企业的社会影响,同时也锻炼了学生的专业技能。

校企合作密切了校企联系。学校也因此而了解、学习了企业文化,锻炼了学生各种实践能力,培养了学生综合素质,促进了校企间文化互融,为毕业生能在校企间的"零过渡"、"无缝对接"做好准备,培养了适应社会需求的高技能应用型人才。

第二节 通识教育与高职院校校园文化的辩证关系

一、校园文化的发展催生了通识教育

教育活动和社会因素之间的关系十分复杂,以至于无法用一种简单的线性关系来描述它们之间的因果关系,但是从历史发展的角度还是可以看出大学文化对教育活动的重要影响。

在工业革命以前的漫长时期,通识教育理念一直在欧洲大学占据主导地位,从古希腊亚里士多德的自由教育观,到近代高等教育先驱纽曼的自由教育思想,直至19世纪美国著名的哈佛报告,都体现出对通识教育的重视。在文艺复兴以前的欧洲,通识教育已经形成完整的体系,此时的大学也已经形成了深厚的人文传统和底蕴。借助于文艺复兴的巨大进步力量,西方于17世纪兴起了第一次科学革命,科

学主义思潮也随之产生。在随后的一个多世纪里,近代科学取得了巨大的成就,18世纪 60 年代,西方资本主义国家开始了第一次产业革命,科学技术开始显现出对社会进步的巨大推动作用。相应地,科学知识越来越多地成为学校教育的内容,而科学教育思想也开始成为一种重要的教育哲学。科学教育的倡导者极力推崇科学技术为社会服务的作用,唾弃传统的通识教育中的那些与现实脱节的教育内容和形式。但是这一时期的科学教育还没有形成足够的影响力量。进入 19 世纪,科学技术得到了迅速发展,并日益影响到人类社会生活的各个方面。英国高校首先开始对传统大学的教育思想和教学内容进行大规模的改造,科学技术的作用日益为人们所重视,科学知识开始取代人文知识而成为大学教育的主要内容。面对科学教育思潮在高等教育中的影响日益增大的现实,以纽曼、赫钦斯、阿若德为代表,他们认为,大学应该是人生最重要的阶段,高等教育的目的是培养"完人",教育应是主体为人的教育,①教育的目的在于使人达到完善的境界,要帮助学生学会自己思想,做出独立的判断,并成为一个负责的公民。

　　但是,通识教育流派的反击并未动摇科学教育在高等学校中的主导地位。进入 20 世纪,科学技术继续得到迅猛发展,传播与发展现代科学技术已经成为高等学校最重要的社会职能和任务。科学主义的倡导者们也因而越加走向极端,他们极致地否定任何思辨的活动,鼓吹技术决定论,相信科学技术可以彻底改造自然并解决一切社会问题,高等学校的任务就是为社会培养掌握现代科学技术知识和技能的专业人才。同时,科学技术在社会生活中所发挥的巨大作用也使得年青一代把掌握科学技术作为谋生的必要条件。在这种双重的驱动力的作用下,高校的专业和课程设置越来越趋向专业化和职业化,科学与工程技术方面的专业和课程所占比例日益增大,人文社科专业和课程则日渐受到冷落。这种科学至上的价值观念在 20 世纪的大部分时间里都占据了统治地位。各类学校按照"统一的教育内容,统一的课程编制,统一的考评标准,制造出统一的教育成品"。

　　在这样的教育指导思想的影响下,大学的教育显现出忽视文化素质、片面注重专业技能和职业能力的倾向。这样的教育批量生产出来的人不关心世界的价值和意义,只服从功利性目的,充其量只是发育不全的"技术人"、"工具人"。科学主义对大学文化发展的影响非常深远,直至今日这种影响依旧存在。

　　20 世纪中叶以来,科学技术的发展在给人类带来巨大财富的同时,也日益显露出其对人类生活的负面影响:环境恶化、生态失调、资源枯竭、生活节奏日益加快而带来的身心疾病、在物资利益驱使下所表现出的道德沦丧和价值观念的颓废、更加残酷的战争以及贫富不均日益加剧等。这些伴随着科学技术的发展而出现的问题迫使人们不得不重新思考教育对人性的影响,以通识教育为主要内容的通识

①　陈学飞:《美国高等教育思想研究》,辽宁师范大学出版社 1996 年版。

教育在高等教育中的作用问题重新又受到人们的关注,一股重振通识教育的浪潮首先从西方发达国家高等学校中兴起。

1984年美国人文学科促进会发表了《必须恢复文化遗产的已有地位——关于高等学校人文学科的报告》,该报告详细分析了美国大学生的人文学科知识水平,针对美国大学生严重缺乏人文知识的现状发出了重振通识教育的呼吁。[①] 在这份报告的推动下,美国高等学校开始兴起一场以加强通识教育为目的的课程改革运动。这份报告的发表也被视为是西方发达国家通识教育出现"回归"的重要标志。1987年4月,英国政府发表了《高等教育——应付新的挑战》白皮书,提出要把增进人文学科学术成就作为高等教育目标之一,鼓励人们在人文学科与社会科学上取得高水平的学术成就。1988年英国政府公布教育改革法案,明确规定要加强道德教育,把培养学生诚实、自强、富有责任心、懂得尊重他人的价值观作为教育的主要目标。1989年在北京召开了"面向21世纪教育"国际研讨会,会议再次呼吁人们重视通识教育,提出"学会关心"(关心自己的健康,关心自己的家庭、朋友和同行,关心他人,关心社会和国家的经济和生态利益,关心人权,关心其他物种,关心地球的生活条件,关心真理、知识和学习)的教育目标。通识教育的重要性再次成为教育政策制定者和理论工作者关注的问题,人们从各自的角度认识和强调了通识教育在科技高度发达的今天所扮演的重要角色。

近10多年来,欧美众多著名高校实施了多种通识教育课程改革计划,如"综合课程计划"、"核心课程计划"、"跨学科课程计划"、"基础课程计划"、"人文课程研究"等。[②] 这些倡导者们反对教育过早专业化和过分职业化,推崇大学的通识教育,重视人文学科、艺术和社会科学及哲学的课程内容等。这些改革的初衷都是要加强通识教育与科学教育的融合,尤其是要在高校教学活动中加强通识教育所占的比重。从这些教育改革中我们可以清晰地看出通识教育理念在西方大学的"回归"势头,同时也揭示出通识教育在西方大学文化发展中的地位的回归。

二、中国大学校园文化的发展制约通识教育的发展

在中国,通识教育虽然一直受到古代教育家的推崇,但是通识教育并未伴随高等教育在中国的引入而受到应有的重视。早在20世纪20年代,当时的国民政府所制订的有关高等教育的法律规章等已经显现出重理轻文的政策导向,加之当时知识界提出的"科学救国"思想的影响,高校中的通识教育已经受到旁落。

1949年新中国成立以后,我国的高等教育全盘接受和照搬了苏联的高等教育模式。经过1953年开始的全国高校院系调整,许多综合院校被分解改建为专业院

---

① 单中惠:《西方教育思想史》,山西人民出版社1996年版。

② 王天一:《外国教育史》,北京师范大学出版社1993年版。

校,高校专业设置和课程设置日益突出专业性,科学技术学科和专业被重点建设,而人文学科则被置于相对次要的位置上。1957 年开始的反"右"政治运动和随后的"文化大革命"更是给高校人文学科和通识教育带来了灭顶之灾。改革开放以来,政治上的拨乱反正和经济领域的改革使高等教育重又获得新生,但依旧没有摆脱"重工轻理,重理轻文"教育观念的桎梏。在大多数院校,尤其是理工科院校中,通识教育依旧没有受到应有的重视。近年来的相关研究表明,目前大学生的人文素质(人文精神、人文知识、实践活动等方面)存在较大缺陷。

最近 10 年,在国际和我国港台地位高等教育新思潮的影响下,我国内地高职院校和高职教育研究领域也掀起了一场通识教育热潮,从教育主管部门到学校教师对高校加强通识教育,促进通识教育与科学教育相融合问题都给予了高度重视。一时间有关通识教育的研究成果纷纷涌现,一大批高职院校纷纷开设通识教育课程、制定通识教育与科学教育相融合的通识教育改革方案,通识教育与科学教育相结合的通识教育改革模式并已经取得了良好的效果,通识教育开始回归它在高校中的应有地位。由此可以看出,高职院校校园文化的发展直接影响到通识教育的发展水平。

三、通过校园文化建设促进通识教育发展的路径

(一)挖掘教学过程中的文化因素

高职院校教学过程是开展通识教育的关键环节,也是实现通识教育目标的主要途径。挖掘教学过程中的文化因素则是提高通识教育效果的重要因素。具体而言应从以下几个方面入手。

首先,要正确认识人文社科课程和科学课程教学的多重目的。教学活动应避免单纯知识性教学,注重教学活动的教育性。不仅要通过知识传授实现通识教育与科学教育的目标,更要通过教学活动形成对学生心灵的教化,潜移默化地塑造其文化素养、道德品质、文明习惯、科学素养和科学精神等品质。其次,应充分发挥人文社会科学学科和院系的作用。20 世纪 90 年代,许多高职院校在工科专业也在通识教育改革中加强了通识教育,经过这几年的实践已经显示出良好的成效,不仅丰富了学校的专业和课程布局,而且通过通识课程的建设,在师资建设、校园学术活动、专业交叉和融合等方面都对加强学生人文素质的培养起到了很大的促进作用。实践表明,在高职院校开设人文学科和通识教育课程,对高职院校人文环境的塑造、学生人文素质的养成、校园文化的建设具有不可替代的作用。第三,准确理解通识教育与科学教育相融合的含义。融合不是简单的相加,而是加强二者的内在联系和相互渗透,赋予通识教育全新的"融合"内涵。通过专业和学科调整,合理构建专业和学科结构,修订各专业的教学计划,重点突出通识教育和科学教育相融合

的综合性专业和学科的建设。在课程设计上应更加注重基础知识和基本技能教育,加强各个专业教学计划中的综合性课程所占比例,纠正片面追求专业化的倾向。

（二）提高专业任课教师的人文修养和科学修养

在过分强调院校、专业和课程设置的专业化要求的影响下,我国高职院校教师的知识结构也表现出文理分离的倾向。大多数教师的知识和能力被局限在一个狭窄的学科领域,对通识教育和科学教育的内涵缺乏认识,其知识与思想观念也很难适应通识教育与科学教育相融合的要求。对于大多数人文学科的教师而言,科学技术,尤其是高新技术是高深莫测的,要让他们在教学中贯穿和体现现代科学技术、渗透科学思想,培养学生的科学精神是难以想象的。反之,要让大多数理工科教师在其教学工作中渗透通识教育的理念和内容也同样是非常困难的。教师队伍的文化素质不完整、不全面直接影响到一所学校的文化品质和文化发展的潜力。

无论人文社科专业教师还是理工科专业教师都面临提高自身人文素养和科学素养的任务。虽然学习人文和科学知识有助于提高大学通识教育的人文素养和科学素养,但是单纯学习专业知识与提高自身的素养之间并不是一种必然的关系,事实上我们的教育恰恰存在着片面重视知识教育而忽视人自身的素质提高的弊端。因此,专业教师不仅要熟练掌握本专业的知识技能,而且要具备一定的历史、哲学、文学、艺术和现代科学技术的基本知识,必须在道德与行为习惯、价值观念、情感与意志品质、思维方式与方法、人际交往、敬业精神与责任感等方面以及科学的思维方法、科学的态度与严谨、务实的科学精神等方面加强自我修养。通过教师自身表现出来的人文和科学素养,人文和科学精神,在学校形成浓郁的人文与科学氛围,使学生在这样的环境中受到潜移默化的影响。学校应该适当安排教师接受跨专业、跨学科的进修,以提高教师的综合素质。

（三）改进实践环节的教学工作

学生人文素质和科学素质的形成绝不仅仅是掌握知识的过程,而且是以一定的知识为基础,通过社会实践活动将知识掌握与情感体验、主动思维及判断等结合在一起而逐渐完成的个性心理品质的形成与发展过程。因此,按照通识教育与科学教育相融合的教育理念重新设计与组织实践环节的教学工作,是提高学生的人文与科学素质的重要举措。传统的实践课程教学目的是使学生熟悉理论知识在实践中的应用情况,掌握运用理论知识和技能解决实际生产、社会问题的能力,这种设计思想当然是正确的,但是却相对忽视了对学生人文素质和科学素质的教育。实践环节的教学课程应该而且能够体现出通识教育和科学教育的要求,实践课程设计应充分考虑通识教育和科学教育的要求,充分利用丰富的社会实践事例和社会现象指导学生体验和领悟人文精神和科学精神。

（四）通过第二课堂加强通识教育

高职院校课外教育是开展通识教育和科学教育的另一重要途径,学校应通过开设系列素质教育讲座、组织通识教育与科学教育的学术讨论、知识竞赛、科技发明与创新、特殊才艺表演、文体竞赛等课外活动来加强通识教育和科学教育。高校应有组织地利用学术讲座和专题研讨活动对学生进行通识教育与科学教育。学术讲座是交流和传播研究者独特见解和学术研究成果的重要形式,也是向学生进行人文思想和科学思想教育的有效途径,学者们在各自研究领域的独特见解和创新成果往往对学生的思维和价值观念具有巨大的影响力,其教育作用因而备受关注。此外,学校开展的各种学术研讨、知识竞赛、科技发明和创新活动等第二课堂活动也有助于加强学生之间、学校之间的交流,有助于引导学生更全面地了解社会、了解自己,在这些有益的活动中陶冶美好情操、感悟人生哲理、培养科学爱好、训练科学思维。

（五）加强校园文化,特别是大学学风、教风建设,培育大学的价值体系

要正确处理知识教育与价值观教育、情感教育的关系。所有课程都面临如何处理知识传授与思想教化的矛盾。解决的对策包括教师自身深入领会知识内容并形成自己的观点和思想;科学选择教学内容;采用灵活的、学生乐于参与的教学方式;通过教学努力明晰科学发展线索,把科学思想、思维方法与知识传授有机结合;在教学以及课堂外的活动中有意识传递科学的价值观念并通过实践活动使学生体验健康积极的社会情感。

（六）处理好民族文化传统与当代人文思想教育、现代科学技术教育的关系

民族文化传统是一个民族在长期的历史进程中形成的价值观念体系,是本民族的发展历史、对自然和社会认识的知识体系和思维方式、习惯等的总称。每个民族的文化传统都是历史的产物,是影响这个民族发展进步的重要因素。民族文化传统既是教育活动的重要内容,也是影响教育活动的重要因素。中华民族是有着悠久灿烂文化传统的民族,这些璀璨的文化遗产不仅是我们每个中华儿女的骄傲,同时也是我们教育活动的重要财富。继承和发展民族文化传统是学校教育,尤其是高等教育不可推卸的责任。加强通识教育与科学教育的融合必须充分重视民族文化对高等教育工作的影响,用现代科学和正确的价值观做指导,对传统文化做合理科学的分析和重构,在民族传统与当代人文思想和现代科学技术之间建立起内在的联系,将传统的文化融入当代的文明之中,使之成为具有鲜活生命力的教育财富。

（七）提高教育管理过程中的文化内涵

管理活动是直接影响教育成效的重要因素,高校要实现通识教育与科学教育相融合的目的,就必须重新调整教育管理的理念和体制,提高教育管理工作水平,充分发挥管理活动在实现学校教育目标过程中的作用。

1. 实施学分制改革,为学生发展提供更大空间。教学管理是管理活动的核心,也是直接影响教育成效的关键。改革学校教学管理体制是实现通识教育与科学教育相融合的重要任务。教学管理体制改革的突破口是实行完全意义的学分制。学分制较之我们目前采用的学年制具有许多显著的优点:学分制在体制上为学生提供了更广阔的选择学习活动内容与进程的空间(自主选择课程计划和学习时间),有利于学生个性化发展和创新能力形成。从通识教育和科学教育的角度讲,学分制最大限度地为学生扩充自己的学习领域和发展个人的认知兴趣提供了教育空间,从而有利于实现专业之间、学科之间的融合,有利于避免过分强调专业学习而导致学生发展过程的片面性倾向。学分制为学生的发展提供了更多的选择,因而体现了对学生权益的最大尊重,而尊重学生利益应该是学校管理的基本原则,也是对人文精神的最好体现。学分制改革还应包括建立以帮助学生选课和选择学习进程为主要目的的导师制,由学校委派优秀教师担任学生的顾问教师,为学生的选课和其他学习活动提供各种咨询服务,加强对学生成长过程的科学指导,帮助学生选择发展的途径,解决其面临的各种困惑和问题。顾问教师在指导学生的过程中所体现的人文关怀对学生品质的发展具有不可替代的示范作用。

2. 提高教育管理人员素养,更新管理理念。通识教育的核心之一是培养学生的"与人为善"、"关爱社会"等品质。学校的管理工作自身首先就要以人文关怀作为学校管理工作的最高理念。当前学校管理工作中占统治地位的理念还是一种"管教"的思想,把学生视为被教育、被管制的对象,管理者以领导和裁判自居,学生对管理者俯首帖耳,唯命是从。各类管理活动都是建立在命令和强制的前提下的,缺少基本的服务意识和人文关怀的理念。因此,高校管理工作首当其冲的任务就是提高管理人员的素质,转变管理理念和管理作风。只有真正确立以学生为本,以服务为己任,并将这种理念渗透到具体的管理活动中,我们的学校才有可能形成良好的人文环境,才能使学生感受到人文关怀,感受到人的价值和尊严,才能培养出懂得尊重他人、关爱社会的年青一代。学校的各级管理人员,包括行政、教学、后勤等部门的管理人员都应调整自己的角色,把为学生提供周到的人性化服务作为自己的根本任务,尊重信任每个学生,在平等、理解、和谐、融洽的人际环境中行使自己的管理职责。

（八）改善教育环境，创设良好的校园文化

教育环境因素包括学校的生态与物质环境、组织管理环境、文化和社会环境、人际环境等。生态与物质环境包括学校所在地域、国家、地区的地理位置、气候，学校的物质条件、校舍、设备、设施等。组织管理环境包括学校的形态、组织类型、管理体制、校长、教师构成、班级、团体等。文化和社会环境包括学校内部的校风、传统、习惯，学校所处社会环境中的价值观念、信仰、思维准则与思维方式、社会民俗、宗教、社会风气等。人际环境包括教师、教学管理人员和各类教辅人员之间以及他们与学生之间的人际交往和相互影响。改善教育环境主要应从教育理念、教育管理、教育资源投入与分配以及具体的管理措施等方面入手，统一组织和管理，努力构建完善的、具有浓厚人文与科学教育氛围的学校教育环境。

校园文化与学生生活和学习活动息息相关，这种由特定的社会文化传统、政治、历史背景和学校自身历史、人文、学术、人际关系和物质环境等诸多因素共同整合而成的文化环境对学生的行为与习惯形成、观念与意识的改造、知识与能力的掌握具有一种潜在的、隐形的却又是巨大的影响。校园文化建设应突出通识教育的功能，充分利用各种历史的、文化的、科学的和自然的教育因素，如校史馆、博物馆、科技馆、图书馆、历史人物和事件、科技成就、模范人物、典型社会生活事例、校园文娱、体育、科技创新和其他因素创建宽松而活跃、开放而自由的校园文化环境，促进学生健康人格和积极价值观念的形成与发展。

参考文献

1. 李曼丽.通识教育——一种大学教育观.北京：清华出版社,1999
2. 宋尚桂,王希标.大学通识教育的理论与模式.青岛：中国海洋大学出版社,2007
3. 杨颉.大学通识教育课程：借鉴与启示.上海：上海交通大学出版社,2009
4. 姜大源.职业教育研究新论.北京：教育科学出版社,2007
5. 王斌华.教师评价：绩效管理与专业发展.上海：上海教育出版社,2005
6. 黄俊杰.全球化时代的大学通识教育.北京：北京大学出版社,2006
7. ［美］赫钦斯著.大学的功用.汪利兵译.南昌：江西教育出版社,1993
8. ［美］A.C.奥恩斯坦著.美国教育学基础.刘付忱等译.北京：人民教育出版社,1984
9. ［法］保尔·朗格朗著.终身教育引论.周南照等译.北京：中国对外翻译出版社,1996
10. 单中惠.西方教育思想史.太原：山西人民出版社,1996
11. 王天一.外国教育史.北京：北京师范大学出版社,1993
12. 崔相录.二十世纪西方教育哲学.哈尔滨：黑龙江教育出版社,2006
13. 刘德华.科学教育的人文价值.成都：四川教育出版社,2003
14. 陈学飞.美国高等教育思想研究.沈阳：辽宁师范大学出版社,1996
15. 张通志.大学通识教育的理念与实践.武汉：华中师范大学出版社,2001
16. 张华,石伟平,马庆发.课程流派研究.济南：山东教育出版社,2000
17. 黄俊杰.大学通识教育的理念与实践.台北：乐学书局,2003
18. 杜威.新旧个人主义.上海：华东师大出版社,1981
19. 雅斯贝尔斯.什么是教育.上海：上海三联书店,1991
20. 杨叔子.永必求真,今应重善——21世纪高等学校的文化素质教育与精神文明建设.太原：山西教育出版社
21. 卢得斯·R.奎苏姆宾,卓依·德·利奥主编.学会做事——在全球化工作中共同学习与工作的价值观.余祖光译.北京：人民教育出版社,2006
22. 全国十二所重点师范大学.教育学基础.北京：教育科学出社,2002
23. 胡显章,曹莉主编.大学理念与通识教育.北京：清华大学出版社,2006

24. 陈五琨等.课程改革与课程评价.北京：教育科学出版社,2001

25. 潘永庆.多元评价创新教育的有效机制.太原：山西教育出版社,2004

26. 陈玉琨.教育评价学.北京：人民教育出版社,1999

27. 刘献君.专业教学中的通识教育.医学教育探索,2003(3)

28. 何亚非.专业技术教学应渗透人文社会科学知识教育.教育与职业,2007(7)

29. 樊文强,赵婷婷.COE职业教育院校认证标准及其启示.职业技术教育(人大复印资料),2008(1)

30. 童学敏.高职教育"工学结合"模式的实践思考.中国职业技术教育,2007(21)

31. 潘安福,湛俊三.通识教育与新世纪人才培养.中国电力教育,2002(2)

32. 冯惠敏,陈闻晋,罗毅刚.WTO与大学通识教育.黑龙江高教研究,2002(4)

33. 龚放.重视异质文化的交流与理解——全球化时代大学通识教育的新使命.高等教育研究,2002(6)

34. 季诚钧.试论高师院校通识教育的课程设置.高等师范教育研究,2002(2)

35. 陈向明.从北大元培计划刊通识教育与专业教育的关系.北京大学教育评论,2006(4)

36. 鲁洁.实然与应然两重性：教育学的一种人性假设.华东师范大学学报(教育科学版),1998(4)

37. 李效宽.经济全球化对道德教育的影响与对策.教育探索,2004(4)

38. 陈庆修.诚信：市场经济的座右铭.中国流通经济,2003(1)

39. 李太平.全球问题和德育内容的更新.高等教育研究,2002(6)

40. 李曼丽.美国大学通识教育实践研究.高等工程教育研究,2000(1)

41. 赵晓梅,俞永康.通识教育课程规划之实例研究—以麻省理工学院为例.电子科技大学学报(社会科学版),2005(7)

42. 陈向明.从北大元培计划看通识教育与专业教育的关系.北京大学教育评论,2006(3)

43. 李曼丽.中国大学通识教育理念及制度的构建反思：1995—2005.北京大学教育评论,2006(3)

44. 吴飞,赵晓力.作为文化事业的通识教育——"全国首届文化素质通识教育核心课程讲习班"综述.北京大学教育评论,2007(4)

45. 程东峰.论大学通识教育课程结构的三板块.长春工业大学学报(高教研究版),2007(2)

46. 王义道.高等教育培养目标中的"博通"与"专精".北京大学学报(哲学社

会科学版),2008(3)

47. 韩凝.对高职院校通识教育课程体系的认识.科教文汇,2008(4)

48. 周建松.国家示范性高职院校建设的真谛:机制创新与文化引领.高教研究,2008(9)

49. 庄丽丽,刘楚佳.通识教育与职业关键能力培养.深圳信息职业技术学院学报,2008(3)

50. 唐福萍,刘志浩.高职金融人才的社会需求与培养.辽宁高职学报,2008(5)

51. 邵宇.论中国高校金融专业人才培养目标与模式.金融教育与改革,2009(6)

52. 臧冠荣."应用型金融人才培养模式"高层论坛综述.上海金融学院学报,2008(3)

后 记

　　长期以来,通识教育的理论、实践及其相关的研究,一直在本科院校尤其是一些声望极高的本科名校间进行。这固然同通识教育始自本科、兴自本科有关,但更重要的因素,应该与我国高等教育一直是本科院校的一统天下更有关联。直到 20世纪 80 年代后,高职教育顺势发力,很快以庞大的规模和令人瞠目的速度据有中国高等教育的半壁江山,通识教育才在高职院校一批勇于探索者的呼唤与引导下,进入高职院校的课堂。此后,通识教育才和中国的高职教育有了实质性的融合。

　　其实,通识教育从国外引进中国的本科学校,就有着水土不服的纠结和困惑,更何况当通识教育要一种全新的培养理念和运作方法渗入高职教育领地时,其遇到了困难和在实务层面的行进艰难就更可想而知。正是基于这样一个思考,对高职教育体系的通识教育诸环节进行一个全面的梳理、分析与论证,并在方法论上尽可能地予以明确,以期对高职教育的通识课程有所帮助。成为我写作此书的初衷。

　　真诚地感谢学术界前辈的丰厚的理论功底和缜密厚重的研究成果。在李曼丽、宋尚桂、王希标等老师的通识教育理论的引领下,使我得以对高职院校的通识教育理论进行多元维度的思考和整合,以其玉得己砖,自当惭愧。真诚感谢学术界许多前辈在近年发表的诸多关于通识教育的著述与论文,使我能站在他们肩头,窥得通识教育理论与在高职教育中的实践的真谛,并使得自己的写作变得严谨而又底气十足。感谢周建松教授、王琦教授对本书形成的指导与扶持,感谢王华教授、陶永诚教授、唐林伟博士、陈汉聪博士对本书的理论体系提出的宝贵意见。本书编辑李玲如老师对本书的篇章布局、观点阐述付出大量心血。她的严谨学风让我受益匪浅。

　　难忘在父亲身患癌症住院治疗期间,我陪侍父亲之余在医院旁边一家网吧修改书稿时五味杂陈的感受。回思自己虚度的四十余年,于孝未尽,于业未成,不禁感慨万千。不知道已经故去的父亲能否理解我的万分愧疚、些许无奈。唯有以此书的出版鞭策自己敬业精学了。

　　由于水平所限本书肯定有不少遗漏谬误,真诚期盼各位专家的赐教。更期待通识教育在高职院校的教学实践中收获更多的成果。

作者

2010 年 12 月于杭州下沙